国家社科基金重大项目“中国宗教艺术遗产调查与数字化保存整理研究”成果

隐性“博物馆”的多媒体呈现

邓启耀　主编

科学出版社
北　京

内 容 简 介

本书为国家社科基金重大项目“中国宗教艺术遗产调查与数字化保存整理研究”的成果之一。全书内容涉及媒介人类学理论与方法、田野考察、虚拟社区研究、文化遗产的数字化保护、新媒体方法在宗教艺术遗产保存整理中的应用等，呈现了中国宗教艺术遗产保存、整理与研究方面的最新进展，颇具参考价值。

本书适合社会学、人类学、历史学与艺术等相关领域的研究者参考。

图书在版编目（CIP）数据

隐性“博物馆”的多媒体呈现/邓启耀主编. —北京：科学出版社，2019.3

ISBN 978-7-03-060624-2

Ⅰ. ①隐… Ⅱ. ①邓… Ⅲ. ①多媒体技术-应用-宗教艺术-文化遗产-保护-研究-中国 Ⅳ. ①J196-39

中国版本图书馆 CIP 数据核字（2019）第 034993 号

责任编辑：李春伶 / 责任校对：樊雅琼

责任印制：徐晓晨 / 封面设计：黄华斌

科学出版社出版

北京东黄城根北街 16 号

邮政编码：100717

http://www.sciencep.com

北京虎彩文化传播有限公司印刷

科学出版社发行 各地新华书店经销

*

2019 年 3 月第 一 版 开本：720×1000 1/16

2020 年 1 月第二次印刷 印张：20 1/2

字数：293 000

定价：89.00 元

国家社科基金重大项目
“中国宗教艺术遗产调查与数字化保存整理研究”成果

中山大学“芙兰跨界学术研究基金”资助出版

中山大学媒介人类学研究中心
Media Anthropology Research Center of Sun Yat-sen University

序[1]

邓启耀

在全国各地纷纷筹建各类博物馆的热潮中，有一类隐性的活态博物馆不应该被忽略。它们遍布山野，拥有历史悠久、规模宏大的建筑群，各类雕刻、绘画、书法、工艺和文物珍品藏量丰富，伴以原汁原味、永不终场的音乐、舞蹈和戏剧表演，还有不离不弃、数量庞大的“观众”；在一些宗教信仰者占人口较大比例的族群中（如佛教之于藏族、傣族，道教之于瑶族，基督教天主教之于苗族、怒族、傈僳族、拉祜族，伊斯兰教之于回族、维吾尔族等），它们更是传统文化的传习学校，民族精神的凝聚圣地，也是本土文化与外来文化互动融合的交流平台。它们堪称中国物质文化遗产和非物质文化遗产的聚宝之地，传承多元文化的聚气聚人之地，当然同时也可能是社会神经的敏感部位。宗教寺庙和民俗信仰，由于汇集了形态多样的观念意识、社会组织、礼仪规范及文学艺术等复合性社会文化因子，无论过去还是现在，一直是构成中国文化传统和社会现实的基本成分。

中国的宗教类型复杂，有道教、佛教、伊斯兰教、基督教，以及民族宗教和民间信仰等诸多形式，而每种宗教又有不同宗派，各少数民族宗教和民间信仰更是五花八门。中国宗教艺术遗产包括前宗教、古代宗

---

① 本文部分内容以《隐性博物馆数字化保存和呈现》为题，发表于国家社科基金专刊《中国社会科学报》第38期，2013年4月3日头版头条。

教、民族宗教和民间信仰的大量物质及精神遗留，计有宗教建筑（寺庙、石窟、塔等）、宗教绘画（如岩刻画、寺庙壁画、卷轴画、木版画等）、宗教雕塑（石刻、泥塑、铜铸、木雕、纸扎等）、宗教舞蹈（如踏罡、跳神等）、宗教音乐（如仪式音乐、唱诗等）、宗教戏剧（如神功戏、傩戏等），以及宗教法器、宗教服饰、宗教剪纸等不同类型。艺术形式多样，文化内涵极其丰富，是中国物质文化遗产和非物质文化遗产的珍贵财富。可以毫不夸张地说，祭坛就是文坛①，就是学堂，就是舞台，就是美术馆和博物馆。

对于宗教艺术遗产价值的认知，我们可以从以下几个层面展开。

第一，对于研究对象，我们需要正视宗教作为一种传统文化遗产和社会精神需求的现实，同时需要剥离出宗教性后面的世俗性，彰显被神性遮蔽的人性。这样，我们才能充分理解几千年的宗教史，不是单线的圣王史，而是多元多层面的文化史；理解实际创造这些思想和艺术作品的祭司、僧侣、工匠、艺人，不是“迷信职业者”，而是传统文化的传承人。

第二，对于研究者，我们需要看到宗教及其宗教艺术在信仰之外的多重认知价值。在各民族宗教文化互动和融合的大前提下，研究者从理论和方法上应该关注如下问题的研究：宗教民族志研究应如何开展；全球化和世俗化如何影响宗教艺术发展；民间宗教艺术的地区流变；宗教学、人类学、民俗学与艺术学接轨的可能性；等等。由于涉及传播学，也应该关注宗教艺术在新媒体时代的“流行”与“变迁”，其传播的形式、平台、主体及其对经典宗教艺术产生的影响，少数民族信仰西方宗教及其宗教艺术形式的再创造等问题。

---

① 20 世纪 80 年代初，云南学者黄惠焜发表《祭坛就是文坛》一文，使过去被当作“封建迷信”打压的传统文化及其传承人得到保护，为现在的文化遗产保护和民族文化大省建设起到重要作用。参见黄惠焜：《祭坛就是文坛》，载《云南少数民族文学论文集》（第 1 集），昆明：中国民间文艺出版社，1982 年。

第三，对于公众，需要跨越“信或不信”“信什么”的门户阻隔，了解不同的文化，并分享那些凝结了智慧和心血的伟大艺术。例如，在面对同样一种宗教艺术作品时，我们不仅要从人类学学者的角度进行观察研究，也要听取宗教局内人的见解，从中发现宗教艺术在现实的人和场景中的状态。鉴于国际上出现由于极端信仰而破坏异文化宗教艺术遗产的现象，我们对于跨信仰族群如何看待其他文化的宗教艺术遗产，也进行了一些探讨。例如，有两位选择笔者作为学位论文指导老师的维吾尔族学生，愿意尝试对佛教艺术遗产的认知调查。她们把家乡的著名佛教艺术遗址纳入自己了解的范围，通过调查、问卷和访谈，探讨伊斯兰教信仰圈的人对佛教艺术遗产的认知等问题。这样的探讨虽然十分初步，但具有局内人专业研究所不能相比的社会价值。

对于“中国宗教艺术调查与数字化保存整理研究”这个课题提出的背景及对其重要性的理解，主要来自我们多年来的田野考察和文化保护经历。30余年来，我们一直秉承人类学、民俗学的基本传统，以田野考察为基础方法，在现场观察和考察宗教艺术生存和变异情况，探讨传统文化保护和传承的问题。我们参访已经做过田野考察的地方，藏传佛教有西藏布达拉宫、古格遗址、托林寺，青海年都乎寺、塔尔寺等；南传上座部佛教有云南傣族、德昂族、阿昌族各类缅寺、塔林；汉传佛教有云南石宝山石窟、鸡足山寺庙群、筇竹寺，重庆大足石刻，河南龙门石窟、少林寺、大相国寺，江西真如寺、东林寺，南京定山寺，广东光孝寺、国恩寺、开元寺等；道教有云南巍宝山、广东罗浮山、四川青城山等；伊斯兰教有甘肃、青海、海南、云南的清真寺；基督教和天主教有云南苗族、傈僳族、怒族、拉祜族的各式礼拜仪式。至于各族民间信仰方面，则关注更久，如白族本主崇拜、彝族土主崇拜、纳西族东巴教、普米族韩归教、摩梭人达巴教、景颇族的董萨、佤族和布依族的摩公、哈萨克族的萨满等，并已经出版相关研究论著[1]和民族志影视作品[2]，参加过敦煌石窟、故宫、陕西历史博物馆、青海佛教寺庙壁画、地震后羌族非物质文化遗产数字化保护等相关传统建筑、绘画、雕刻等数字化保存整理工作，并发表相关论文[3]，积累了一定的研究和科技实践经验，可以为项目开展提供较为务实的理论分析和方法框架。

在调查中，一方面，我们惊喜地看到中国多民族文化资源，其丰富多样令人赞叹。那是与西方理论描述和理解的文化系统大不相同的文化系统，具有独特的表述形式和思想内涵。另一方面，我们也惊讶地看到大量珍贵的文化遗产，由于种种自然和人为的因素出现大量损毁和病害，特别是宗教艺术遗产，它们或继续被当作“迷信”加以打压，引发新的宗教或民族问题；或被改造为各种营利的工具，迅速消亡或异化；而某些被“保

---

① 邓启耀：《宗教美术意象》，昆明：云南人民出版社，2000 年。邓启耀：《云南岩画艺术》，昆明：云南出版集团公司、晨光出版社、云南人民出版社、云南美术出版社，2004 年。邓启耀：《新媒体与传统学科的互动》，载国务院学位委员会“全国新媒体艺术系主任（院长）论坛”执行委员会编委会，廖祥忠主编：《新媒体艺术与创新教育——2007 全国新媒体艺术系主任（院长）论坛》，北京：中国传媒大学出版社，2008 年。Deng Q. Y. Visual Culture，Its Communities，and Media Transformation，Edited by Crouch C. *Contemporary Chinese Visual Culture*. New York：Cambria Press，2010.周凯模：《祭舞神乐》，昆明：云南人民出版社，2000 年。周凯模：《广东排瑶“歌堂仪式”音声研究》，香港中文大学研究院博士学位论文，2007 年。周凯模：《“仪式音声民族志”的文本建构》，《南京艺术学院学报》（音乐与表演版）2009 年第 3 期。周凯模：《“仪式音声研究框架”之阐释》，《上海音乐学院学报》（音乐艺术版）2010 年第 3 期。周凯模：《“西南彝语支民族仪式音声”再研究》，收录于《音乐人类学的理论与实践文库》，上海：上海音乐学院出版社，2010 年。Wang J. X. Uyghur Education and Social Order：The Role of Islamic Leadership in the Turpan Basin. *Studia Culturae Islamicae* No.76. Research Institute for Languages and Cultures of Asia and Africa，Tokyo University of Foreign Studies，2004。刘昭瑞、王建新编：《地域社会与信仰民俗——立足田野的人类学研究》，广州：中山大学出版社，2007 年。王建新：《现代语境中的新疆维吾尔萨满研究——基于人类学的视角》，《北方民族大学学报》2010 年第 2 期。王建新：《宗教文化融合研究三题——人类学的视角》，《中国宗教》2010 年第 3 期。王建新：《回族社会中的宗教移民组织与家族——灵明堂固原分堂研究》，《北方民族大学学报》2011 年第 1 期。康保成：《陕西韩城宋墓壁画考释》，《文艺研究》2009 年第 11 期。康保成：《佛经中的“谤佛”故事与大足“谤佛不孝”石刻》，《文史》2010 年第 2 期。肖海明：《真武图像研究》，北京：文物出版社，2007 年。肖海明：《中枢与象征——佛山祖庙的历史、艺术与社会》，北京：文物出版社，2009 年。

② 邓启耀等：《布依摩公》，2004 年。范志平、郝跃骏、邓启耀，等：《佤族拉木鼓》，1995 年。

③ 付常青：《敦煌 8 个特窟影像定位测量与文博管理信息平台》，《摄影之友》2011 年。付常青：《黄公祠虚拟漫游与潮州木雕数字化》，广东省博物馆官方网站数据应月，2011 年。

护”起来的东西，也因为展示条件限制或资源管理权限等问题，封存或幽闭，不能为公众提供服务，甚至不能为专家的研究提供方便，这些公共性文化遗产实际成为废物或权力垄断部门的资产。

此外，宗教艺术毕竟是附丽于信仰的宗教外化形式，内部戒律可能导致某种排他性，因此，除了指定人群（信众）对指定目标（如圣主或鬼神）的膜拜，尚不易形成社会共享的公共财富；那些“原版”性资源，如宗教艺术的重要载体——寺庙，一旦发生天灾人祸等意外事故，就会造成无法挽回的损失。虽然国际学界关于基督教艺术、原始艺术和少数民族艺术的研究已经达到一个很高的程度，国内改革开放后对宗教艺术的研究成果也有不少，但这些研究，大都是基于纸媒的成果，它们的传播和使用具有一定的局限性，信息还原不完整，特别是对活动性图像信息的记录保存，具有许多缺陷。

作为中国传统文化博物馆的宗教艺术遗产出现了令人忧虑的现状，作为非物质文化遗产的民俗信仰艺术正在大量消亡。我们面临的现状是，由于国内不同类型的宗教场所分别处于不同的生态和人文环境中,受到环境，温度、湿度控制，检测修复手段和方法等方面的制约，许多艺术品存在脆化、虫害、腐蚀等问题。病害的开始肉眼多半无法辨识，大范围的控制和检测系统也不能预警，只能根据以往的经验分析，对已经发生的情况进行现状初步判断，再借助其他探测技术检查文物的物理与化学变化程度。传统的工作模式依靠的是技术人员的经验、各种不同物理仪器的检测得出结论，往往无法及早发现文物的受损。另外，检测困难、周期长、来回搬运文物、采用其他辅助材料进行扫描和显微都对文物造成了一定的伤害。

鉴于此，我们希望在实地调查的基础上，应用多媒体技术对中国不同类型的代表性宗教艺术遗产进行系统的数字化保存整理，尝试采集可在较真程度还原的“文化 DNA”，建立中国宗教艺术遗产数据库开放式模板，探讨文化遗产为公众和专业研究提供便利路径的方式，让不可接触或不能见天日的艺术珍品面对公众，为社会文化建设服务。

进入21世纪，以互联网第二代、移动通信工具等为代表的新媒体正加速推进技术、社会和文化的急速变迁，知识生产、流通和传播的量急剧膨胀。由于数字媒体的作用，现在人类每年产生的信息，比人类有史以来产生的所有书面信息还要多。[①]个人日常生活的“数字足迹”大大刺激了数字宇宙的快速增长。通过互联网及社交网络、电子邮件、移动电话、数码相机和在线信用卡交易等多种方式，每个人日常生活都被数字化。数字宇宙已经通过许多方式对人类社会产生了深刻影响。

媒介的转型导致知识生产和传播的转型。它让许多传统文化和传统学科发生危机，同时也给它们带来生机。新媒体带来的全新认知、传播和交流方式及其导致的社会转型、文化变迁，将影响人类的认知模式、生活方式和知识生产，塑造一个新的社会。在媒介转型中，多时态、多语境的视觉表达格局出现了，多样化的视觉呈现方式出现了，多向化或非线性的传播和交流方式出现了，多元化的视觉文化群体和社区出现了，多学科化的视觉研究出现了。[②]包括宗教艺术在内的“传统”文化，也在新媒体时代有所“流变”，其传播的形式、平台、主体对传统经典宗教艺术产生了影响。这其实也是“数字化保存”的一种形态，它是宗教艺术在全球化和世俗化过程中，文化变迁与自我再生产再创造的过程，是当下宗教艺术的现状。[③]

正因为此，欧美学术界对新媒体的研究从20世纪90年代中期以来就变得极为关注，哈佛大学、麻省理工学院、斯坦福大学等世界名校，都专

---

① 美国EMC公司：《多元化膨胀的数字宇宙：到2011年全球信息增长预测》，自CNET中国旗舰网站：《美国研究显示“数字宇宙”急速膨胀超预期》http://news.zdnet.com.cn/zdnetnews/2008/0319/774927.shtml，2008-03-19. http://blog.sina.com. cn/biznewswire 82K 2008-1-10。

② 邓启耀：《新媒体与传统学科的互动》，载国务院学位委员会“全国新媒体艺术系主任（院长）论坛”执行委员会编委会：《新媒体艺术与创新教育——2007全国新媒体艺术系主任（院长）论坛》。北京：中国传媒大学出版社，2008年，第99—103页。Deng Q. Y. Visual Culture，Its Communities，and Media Transformation，Edited by Crouch C. *Contemporary Chinese Visual Culture*. New York：Cambria Press，2010.

③ 参见曾繁旭、周凯模在“中国宗教艺术遗产调查与数字化保存整理研究”项目开题报告会的发言。2011年度国家社科基金重大项目（第三批）“中国宗教艺术遗产调查与数字化保存整理研究”项目组：《工作简报》（第1期），2012年。

门建立研究机构来关注新媒体对社会文化的影响。围绕新媒体研究，文理结合开展相关的社会实验研究成为当前重要的学术前沿。国外博物馆早在20世纪90年代初便普遍开始将新媒体方法应用到文物或文化遗产的保护和研究当中，如多光谱影像采集技术等。经由红外摄影技术获取油画的信息，由于不同时期颜料成分的差异，辐射的红外波段也同样存在差异，在人眼无法识别或者自然光下无法反映的影像信息，透过红外摄影展现于研究和保护人员面前。在紫外荧光照射条件下拍摄能够发现肉眼无法察觉的病害变化。英国泰特现代艺术馆已建立起了平面藏品的多光谱影像档案系统，并应用于文物保护与研究当中。

国内的敦煌研究院、陕西历史博物馆、布达拉宫等尝试过一些数字化保存整理的工作。如敦煌研究院对莫高窟漫漶壁画进行多光谱成像调查与分析、陕西历史博物馆将紫外荧光成像技术应用到壁画修复等。但对于大量需要开展同类工作的国家级和非国家级文化遗产保护单位来讲，目前迫切需要做的是全方位开展的数字化保存和整理工作。例如，中国古建文物分布广，类型尺寸复杂，限制条件较多，因此长期以来对它们的数据采集难度大，在数字化工作中整理也比较困难。随着信息技术的发展，近年来已有许多更方便易行的高科技手段出现，利用这些技术可大大加快有关工作的进展，提高这项工作的水平和质量。我们认为，根据《全国重点文物保护单位记录档案工作规范》，对不可移动文物的数据采集，应包括建筑群总体平面图、单体平面图、立面图、结构图等，影像应包括内、外景及重要部位，附属文物及重要藏品、主要古树名木等的有关信息。以传统方式进行采集不但费时，在信息内容上也容易不完整，随着数字技术的发展，对该类数据采集可以采用更简易、精度更高的快速数字化采集方法，如三维全景扫描和虚拟建模。①

上述研究表明，多媒体数字采集技术应用在文物和非物质文化遗产保

① 详细介绍参见项目子课题负责人付常青关于数字化技术的讲解。2011年度国家社科基金重大项目（第三批）“中国宗教艺术遗产调查与数字化保存整理研究”项目组：《工作简报》（第1期），2012年。

护中是有用可行的方法，关于宗教艺术影像精确测量数据等技术措施，如寺庙建筑影像测量、壁画高精度影像数据采集等，教仪、乐舞等动态行为的记录，对田野考察与古建筑数据测量尤为有用。应用数字化多媒体形式，对于已有研究成果的更广范围传播和不可接触式文物艺术珍品的面向社会，具有十分现实的意义。对于这项工作，我们的基本思路是人类学、宗教学、艺术学和传播学等多学科结合，理论研究和多媒体应用研究结合。

一、中国宗教艺术遗产的田野考察

我们对云南、西藏、贵州、四川、青海、新疆、甘肃、宁夏、内蒙古、山东、河南、湖南、广东、广西、浙江、江西、北京、上海、重庆、香港、澳门、台湾等地的宗教艺术、宗教和民间信仰仪式等方面进行了田野考察，有很好的田野考察基础。拟在此基础上，借助过去的前期调查和人脉关系，采取点面结合的方式，进行结构性布局布点调查，兼顾样本典型性（如示范点）与一般性，为建立开放式的数据库系统奠定基础。一方面，对我们过去 30 多年的调查，借此机会作一个全面梳理，厘清大致的知识谱系和学术脉络，绘制宗教艺术遗产的文化地图，建立超媒体数据平台；另一方面，重点抓几个已经有一定基础的点，开展较为深入和全面的研究，取得类似艺术志或专题研究的成果，并用多媒体数字化手段呈现，形成有显示度和推广范本意义的示范点。

二、中国宗教艺术遗产的类型学研究和数字化保存整理

分类是研究的基础，也是对不同类型宗教艺术遗产进行系统数字化保

存整理及其数据库建设的基础。根据宗教艺术不同的异本，不同的母题特征，同一类型在不同的地区的变异，可以比较其异同，探寻其起源、原型和流变。另外，"功能"类型与"结构"分析等也是可以借用的方法。

采用的方法应该是全方位、多媒体齐头并进的。除了常规的数字摄影、摄像及录音，还可以根据现场情况和不同宗教艺术遗产的类型，利用不同数字化技术进行保存整理。

对于宗教建筑环境、布局和经典宗教建筑，可用地理信息系统、City Engine（城市引擎）的方法做虚拟重建，通过三维动画建模的动画形式对建筑结构作分解组合呈现，有利于观众和研究者了解建筑基本结构及其建筑过程。

对于洞窟、建筑、壁画等不可移动文物，特别是结构比较复杂的空间内部的拍摄，三维全景扫描、文物影像精确测量数据技术具有特殊的价值。该技术可以在不搭设支架、不动任何物件的情况下对建筑内外状态做全景扫描。扫描成像可以供观众和研究者全面了解建筑基本形态和相关数据。例如，我们对云南巍山古城、巍宝山道教和佛教寺庙群、大理天主教教堂、丽江大觉宫等作了 VR（virtual reality，即虚拟现实）拍摄并生成虚拟漫游，除了无偿赠送当地一套数据包，还上传到网络数字平台和微信平台上，让公众共享。对于具有民间信仰性质、包含丰富民间艺术内容的民俗大场面活动，我们也尝试采用 VR 全景拍摄与机动机位抓拍细节相结合的方式，进行全方位记录，如拍摄广东祭祖和龙舟赛会。

对于纸质易损文物，多光谱数字采集系统与图像分析系统是一种无损非接触的技术手段。通用的多光谱数字采集系统与图像分析系统，可以实现在不同光照环境下的数字采集、数据分析处理与整合，对有代表性的纸质文物在不同环境下进行数据采集并记录过程数据。在这方面，项目组成员在对藏区大尺寸纸质文物的数字采集及复制方面，作过一些尝试。

对于壁画，可以将多光谱成像、红外透视摄影和紫外荧光成像技术应用到壁画旧迹或病理透视中，为研究或修复提供科学依据。项目组负责数字化工作的成员尝试对有的寺庙被烟尘遮蔽的壁画作红外透视摄影，“看”到了烟尘下的壁画原样，这为壁画的发现和保护做了有益的工作。

对于宗教仪式、音乐、舞蹈等活态表现，除了月高清摄像全程摄录，在有条件的情况下，还可使用 3D（3 dimensions，即三维）动作数据捕捉。该方法采用光学 PIMC（Pioooo Motion Capture）系统，通过对人的动作的精确捕捉，可将其运动轨迹转换为三维数据并进行保存和分析。获得的数据相当于提取了非物质文化遗产传承人的动作 DNA（deoxyribonucleic acid，即脱氧核糖核酸），这些数据可以在任意三维软件中使用。

这项研究涉及面广，在具体进入调查和数据采集时，必然面临许多需要解决的关键问题与困难。最主要的困难是前期调查阶段与拍摄地关系的协调，这是本课题成功与否的关键。由于触及宗教、民族和文物几个敏感地带，牵涉信仰、宗教禁忌、民族习俗、文物保护等问题，开展这方面工作具有很大难度和复杂性。解决办法是依靠国家项目的政策支持，利用前期工作的调查基础和人脉关系，建立良好合作机制，谨慎地推进调查特别是数据采集的工作。

这是一项跨学科研究的项目。除了常规的人类学、民俗学田野考察和宗教学、历史学文献分析外，还需要艺术学、传播学及多媒体手段的介入。最终成果是系列研究报告和建立超媒体数据平台。分别为编辑出版“中国宗教艺术遗产调查丛书”，完成“中国宗教艺术遗产影像志”“中国宗教艺术遗产数字化采集整理数据库”和宗教艺术标本室的建设，建立了一个开放式的超媒体数据网络平台，该平台类似 Google Map（其他参考技术有 R2S 平台、flash 等），在地图上可以一目了然看到不同宗教的分布情况。其一般样本应能够呈现这样几个界面：地理位置（空间）、年代（时间）、宗教类型、艺术类型、媒介形式，而它们又是可以互相链接的整体框架；典型示范点则具有一定学术深度和丰富的多媒体呈现，可以十分方便地呈示文字、图片、动画、音响、视频、球幕扫描图像或虚拟建模图像等媒介形式。根据经费情况，我们将做出大致框架和数个多媒体范本，为后续项目提供预设空间和推广平台。数据库是开放的，可以交互建构，允许不断补充内容，可由各地研究者自主输入数据，并为国家、学校、博物馆、研究机构、项目参与者和文化遗产资源地所共享。

三、数字化技术在文化遗产保护中的应用

一些重要的遗产点，如敦煌石窟，已经在这个方面做出了很好的尝试。由于游客量剧增，可开放的石窟不堪重负，游客在光线昏暗的洞窟里匆匆而过，也无法有效地观摩壁画。所以，如何处理好保护与观摩的关系，的确是当务之急。近年敦煌在社会各界帮助下，开展了数字化采录、建档和多媒体呈现的项目，对控制和分流游客，更清晰地观摩起到很好的作用。所以，应用新媒体技术对中国宗教艺术遗产进行数字化保存和研究性整理，应该不失为一个可行的方法。

邓启耀

2018年12月

手机与宗教信仰关系的人类学考察
——以湖北宜昌天主教 S 堂口为例

熊　威[①]

在技术革命和现代化进程的引导下，人类逐渐步入信息时代、数字化时代。科学技术的创新、通信手段的革命、网络时代的崛起，手机、互联网等现代媒介手段已经成为日常生活的重要组成部分，它们不仅对社会制度、社会治理、政策制定等产生了重要影响，还对人类思维方式、行为实践、交际方式等也发挥了不可低估的作用。因此，有学者惊呼“网络社会的崛起”[②]，人类已经进入“数字化生存”[③]。

关于手机与现代社会的实证研究有两种研究取向：一种是研究社会弱势群体的手机使用情况，杨善华和朱伟志解读在现代化背景下农民工手机使用背后的消费文化和心态[④]，孙信茹关注哈尼族村寨手机在日常生活使用中的复杂性和差异性[⑤]，Assa Doron 通过对北印度低收入群体手机使用情况分析来探讨手机是如何既削弱又增强了妇女地位和政治权威的[⑥]，

① 熊威，华中师范大学中文系。

② 〔英〕曼纽尔·卡斯特：《网络社会的崛起》，夏铸九等译，北京：社会科学文献出版社，2006 年。

③ 〔美〕尼古拉·尼葛洛庞帝：《数字化生存》，胡泳等译，海口：海南出版社，1996 年。

④ 杨善华、朱伟志：《手机：全球化背景下的“主动”选择——珠三角地区农民工手机消费的文化和心态解读》，《广东社会科学》2006 年第 2 期。

⑤ 孙信茹：《哈尼族村寨手机使用的传播人类学考察》，《传播与社会学刊》，2011 年，（总）第 18 期。

⑥ Doron A. Mobile Persons: Cell Phones, Gender and the Self in North India. *The Asia Pacific Journal of Anthropology*, 2012, 13(5): 414-433.

文化遗产的数字化保护

新媒体方法在宗教艺术遗产保存整理中的应用

附 录

媒介人类学理论与方法

信息时代的民族民间工艺美术[①]

田少煦[②]

以民族民间工艺美术为主的“传统美术”是中国非物质文化遗产中最为典型的一个类型，它主要表现在人们的衣、食、住、行、用等各个方面，承载了民族精神文化和造物文化的精华。民族民间二艺美术的保护、利用与传承，在信息时代呈现出不同的方法、形式和路径，认真研究这些新的特点，将对少数民族非物质文化遗产的传承与创新起到积极的促进作用。

一、不同时代的设计样式

“设计”是人们生产和生活中不可缺少的文化活动，它贯穿着人类社会的各个时期，反映了一个时代的生产力水平、审美意识和文化状况，“设计”的目的是“为人造物”，它在不同的时代有着不同的内涵和表现形式。

---

① 国家社会科学基金艺术学项目“基于社会心理的中国人色彩情感系统及色彩设计方法研究”（13BG068）阶段性成果。本文原载《贵州大学学报（艺术版）》2015年第3期。

② 田少煦，深圳大学传播学院。

（一）农耕时代——“工艺美术”

人类在遥远的“童年时代”，就跟“设计”结下了不解之缘。开始是石器的打制，逐渐发展到石器的磨制，使人掌握了最初征服自然的工具。彩陶的出现，标志着原始社会人类造物的进步。大量的彩陶及纹饰，反映了我们的祖先驰骋想象的广袤空间，也反映了中国古代工艺美术中有一种卓越的创造力，孕育着最初的“设计”意念。

进入农耕社会后，几千年的农业社会及其农耕文化，造就了古代的设计形式——工艺美术（arts and crafts）。在生产力不发达的农耕社会，与人们生活息息相关的工艺美术主要表现为衣、食、住、行的设计和生产。工艺美术的一个显著特征是设计与制造的合二为一，工艺美术的设计者也是生产者，这在民间工艺中尤为突出。由于工艺美术是自给自足的自然经济发展的产物,是为满足自身的精神与物质文化需要的一种自发的造物活动。它一直保持了实用和审美分化之前的初始状态和“本元文化”的特征，也反映了中国古代早期朴素的哲学思想。

（二）工业时代——“艺术设计”

人类文明进入工业社会后，设计的内容与形式发生了翻天覆地的变化，“工艺美术”中的大部分行业和设计形式与现代化的工业生产紧密结合，而离传统手工艺的“工艺美术”越来越远。工业化的大机器生产奠定了现代设计的社会物质基础，设计与制造的分工，造物与使用的分离为现代设计的发展起到了积极的催化作用。从 20 世纪 70 年代起，西方现代设计思潮开始全面地影响中国，设计界逐渐使用“设计”“平面设计”“工业造型设计”等概念。到了 20 世纪 90 年代，“工业设计”的呼声日益高涨，甚至发展到把一切工业化条件下的设计活动都称为“工业设计”。“工业设计”的内涵从最初的“工业美术设计”“工业造型设计”扩展至“平面设计”“环境艺术设计”

“广告设计”“服装设计”等几乎所有的非手工艺设计生产的领域，大有替代一切视觉设计的趋势。直到20世纪的最后两年，中国教育界才正式启用“艺术设计”这一名称来替代传统的“工艺美术”，并在博士学位、硕士学位的专业目录中以“设计艺术学”涵盖了“工业设计”方向。

工业社会“设计”样式的称谓界定基础，是由它的大机器生产性质和与之适应的工业行业所决定的。我们可以把这一时代的设计样式概括为“艺术设计”（art and design）。它是工业社会“设计”的主体样式。

（三）信息时代——“数字媒介设计”

进入21世纪以来，人类社会逐渐步入信息社会。以计算机科学为标志的数字技术给“艺术设计”带来了空前的繁荣。从20世纪末至21世纪初，计算机介入的设计形式以惊人的速度席卷了包装、广告、印刷、影视、互联网、建筑、景观、工业造型、纺织、服装等几乎所有的视觉设计领域，“设计艺术”融入了崭新的数字化时代。

信息社会“设计”的“数字化”技术以及由此带来的设计思维和设计方式的改变，是这一时期“设计”样式区别于工业社会“艺术设计”的突出因素，“数字化”反映了信息社会“设计”领域的共性及其生产力的特征。

因此，我们可以把信息社会具有数字化特征的“设计”概括为“数字媒介设计”（digital media design），它与农业社会的“工艺美术”、工业社会的“艺术设计”具有基本相同的概念表述，是信息社会“设计”的主体样式，它应该是信息时代以数字科学为基础的跨行业的新兴的设计样式和设计学科的统称。

我们所说的不同时代的设计样式，是指每个时代有其代表性的、主体的“设计”样式，但不是绝对的样式。在中国，工业社会的相当一段时期内，“工艺美术”与“艺术设计”共存，2007年国家标准还是把视觉设计类的学科统称为“工艺美术”；信息社会同样也会出现“艺术设计”“工艺美术”与“数字媒介设计”共存的局面。民族民间工艺美术在信息时代将长期存在，并在与数字媒介的设计中，实现与新技术和新媒体的现代融合。

（四）工艺文化的“耗散结构”

文化学的“耗散结构”认为，文化体系存在和变迁的过程是开放性的，有其自己的耗散结构，它不停地与其他的文化系统进行物质、能量、信息的交流，不断地吸收新的文化特质，又不断地耗散旧文化特质。正是这种吐故纳新导致的平衡状态，文化既不断发展，又维持了一种特殊的有序稳定结构，为自身进一步的发展提供了条件。①以民族民间工艺为代表的工艺文化在社会转型期的继承与发展，体现了“耗散结构”的规律。

民族民间工艺文化是一个充满生机的文化生态系统，各种文化要素之间形成紧密连接的文化链，并实现着自身的文化功能。它较好地保存了早期人类造物的物质与精神未分化之前的混沌状态，蕴藏着丰富的人文内涵和保护生态、珍惜资源的合理因素，是人与物、人与自然和谐共存的典范，这为实现社会转型期的文化和经济建设以及未来社会的可持续发展提供了文化学的参照。

二、信息时代的民族民间工艺文化

（一）传统手工文化的现代启示

民族民间工艺美术是一种传统的手工文化，它是手和手工具在人的社

① 覃光广、冯利、陈朴：《文化学词典》，北京：中央民族学院出版社，1988年，第197页。

会实践中应用的结果，能“为生活在现代工业文明暗区的现代人送上一份切实的人文关怀，在健全人格构成、促进身心和谐发展、补偿人生价值缺失方面发挥着积极的作用”①。“从最一般的意义上说，手工生产或手工生产技术通过对个人的各方面素质和才能的顺应与发挥，通过对个人可能呈现的丰富性和多样性的维护与包容，通过对个人支配和表达自己的自由愿望的尊重与满足，而显示出一种天性般的‘生产完整的人’的可能性和倾向性。”②

手的进化，曾揭开了人类文明的篇章。工业社会的科学技术发展，使手发挥了极其重要的作用，各种科学技术的发明和创造都离不开手的参与，尤其是脑与手的无障碍配合，把手工具的功能延伸到更加宏观和更加微观的物质世界。手作为人类智慧与自然界连接和沟通的重要媒介，有着不可替代的作用与功能，它是人类智慧物化的必然通道，也是包括尖端科学在内的造物文化创新的基础和源泉。如果手的功能退化，某种程度上意味着人类文明创新之源的重要支流的枯竭，手工文化的“生态平衡”一旦破坏，将造成不可逆转的人类器官的退化，随之而来的是创造力的枯萎，它带给人类的灾难将是致命的。③

（二）“三网融合”环境下的传统文化资源开发

一个国家的文化历史越悠久，它的文化积累就越厚重、历史投资就越大。在生产技术主导的工业社会里，这种历史积累会变成沉重的文化包袱。而到了后工业时代，这一“包袱”的价值发生了质的逆转，国家的历史越久，它负载的文化资源就越丰厚，它的文化产业开发能力就越强、后劲就越大。从这个角度来看，在“三网融合”的环境下，中国的五千年历史就

---

①② 吕品田：《为生产完整的人——从马克思主义哲学角度重提手工生产》，《装饰》2002 年第 1 期，第 6 页。

③ 田少煦：《新技术·新媒体与少数民族非物质文化遗产的现代融合》，《中国少数民族地区信息传播与社会发展论丛》，2012 年，第 86 页。

不再是包袱，而变成了五千年的投资，现在也就到了回收的时候。[①]

“三网融合”使互联网、电信网和电视三合为一，它在拆除了各种传媒之间的传统壁垒、使之成为统一的载体的同时，极大地刺激了用户对“信息内容”的需求，引发了文化产业大规模的“媒体转移”与资源整合。传统的文化资源通过数字转化，可成为信息产业的“内容”，这既为传统文化在现代社会找到了新的应用途径，又拓展了传统文化的辐射面，让更多、更广泛的人群传播、了解传统文化。信息产业通过整合成为文化资源的操作平台，使其成为沟通传统和现代的桥梁，体现出新的价值，并使文化承载技术与其负载的文化内容之间出现了一种全新的关系。

在工业时代，由于人们过分强调工业化条件下的“物质”和“技术”，民族民间工艺美术只能作为一种富有人情味的怀旧的文化补充，它一直处于当代文化的边缘地带。进入“内容为王”的时代，民族民间工艺文化的命运将会发生历史性的转变。民族民间工艺美术等非物质文化遗产会以一种优质的文化资源通过新技术、新媒体转化为“数字内容”进入普通民众的视野，加入现代社会的文化供需和文化消费的行列中来。以往被认为处于经济生活“边缘”的民族民间非物质文化遗产，将可能从精神家园进入经济开发的中心地带。[②]这些丰富多彩的文化遗产与附着其上的民情风俗、生活习惯及审美意趣，在信息时代将会越来越具有开发价值。

（三）非物质文化遗产的数字化勘探

以传统的资源视角来看，民族民间工艺等非物质文化遗产是农耕社会的产物，它与人们的现代化生活相隔太远，没有经过重新设计的民族民间工艺品难以融入今天的生活，人们往往把它存放于博物馆内。其实，这些历史遗

---

① 鄂云龙、张晓明：《中国文化是否淹没在数字鸿沟》，《中国经营报》2001 年 5 月 22 日，第 6 页。

② 田少煦：《新技术·新媒体与少数民族非物质文化遗产的现代融合》，《中国少数民族地区信息传播与社会发展论丛》，2012 年，第 86 页。

存物是珍贵的不可再生资源，可以转换为新的文化或传媒内容。要想这些资源成为新的传媒内容，必须经过符合新媒体传播规律的数字加工。对民族非物质文化遗产进行数字化会导致一场深入、彻底的民族文化的数字化勘探。在这个过程中，人们以不同于传统的视角对文化遗产进行重新梳理、分析、归类和量化处理，可弥补原来质化研究的缺陷，并由此发现原来用传统的研究方法未能发现的民族文化特质，勘探出文化的 DNA。数字化勘探是一个破译文化基因的崭新过程，这就像描绘一个民族的“文化基因图谱”。这个过程会产生一系列巨大的问题，很多是以前根本发现不了的。[①]它以新的眼光对民族民间工艺文化进行一次重新评估和重组，使传统工艺文化获得再生。

三、新技术、新媒体与非物质文化遗产的融合

（一）研发适合非物质文化遗产特点的新媒体与新业态

站在文化的视角来看，一切人为创造的文化都可以看作媒介，技术是媒介的重要组成部分，在特定的语境下，媒介往往成为技术的代名词。从这个意义上讲，媒介是人的延伸。一种媒介（技术）的产生会在社会中萌生新的行为方式和价值标准，媒介（技术）创造了新的环境，而环境又影响人们的思维方式、生产和生活方式。新媒介是对原有旧媒介的革命或重组，从而产生新内容、新业态，促进产业和经济的发展和提升。

回顾人类的科学发展史，每一次大的产业革命都是由媒介（技术）引起的，科学技术的前进必然会产生绵绵不绝的创新动力，并由此带来思想、方法直至经济和文化的一系列变革。因此，新技术、新媒体与民族民间工艺美术等非物质文化遗产的结合不是简单地把民间工艺置入一种新的媒体

① 鄂云龙、张晓明：《中国文化是否淹没在数字鸿沟》，《中国经营报》2001 年 5 月 22 日，第 6 版。

之中，也不仅仅是换用一种新的技术来维系传统文化，这势必会坠入“技术理性”的误区。如果我们不研究新技术、新媒体给非物质文化遗产带来的观念、方法、产业模式、文化消费等变化，不探索新技术、新媒体背后可能导致的新的经济和文化增长点，我们就只能长期停留在“手段革命”和“计算机辅助”的初级阶段，我们的研究就可能避重就轻、本末倒置。我们开发新媒体、新业态的意义在于，让文化遗产由封闭的、沉寂的、固态的传统文化资源变成开放的、鲜活的、流动的当代文化资源。①

（二）人机交互的“非物质文化遗产数字博物馆”

数字博物馆可永久收藏各文化事项的结果（包括生活、生产、民俗、宗教、器物等），主要参与人和他们的行为过程，以及相关的社会背景与自然环境等资料，包括文本、图像、声音、视频、动画等，使其最大限度地保留和还原这些传统文化的原貌，而不会因存储介质（如原物、照片、磁带等）的变质而遭到损坏。在“三网融合”的大平台上，我们可以结合信息地理系统（georaphic information system，GIS）开发新型的传播方式，通过互联网特别是移动互联网等新兴媒体，人们在人机交互过程中体验、学习和研究民族民间工艺美术等非物质文化遗产，在任何时间、任何地点获取自己所需要的有用信息。我们正在通过国家社科基金艺术学重点项目“中国民间工艺美术传承人口述史数据库”的数字化设计，实现全新的保护、传承、传播和交互功能。

（三）新技术、新媒体蕴藏的可能性

基于云计算和数据海的物联网技术，可以对物质与非物质文化遗产的

---

① 田少煦《新技术·新媒体与少数民族非物质文化遗产的现代融合》，《中国少数民族地区信息传播与社会发展论丛》，2012年，第88页。

保护与利用提供强大的技术支持，同时也将在科技与文化的融合中碰撞出新的创意火花。例如，应用物联网信息流的五大特征，除了“三网融合”的信息传播之外，可以开辟更加广阔的应用前景。这五大特征如下：①广泛感知（人、物、环境）；②高效流通（传感器网、下一代互联网的互通）；③海量聚合（数据海）；④智能处理（知识挖掘、人机交互、脑机交互）；⑤及时调节（远程、快速调节、无人设备）。①

在“互联网+”的时代，互联网与传统行业的深度融合，能充分发挥互联网在生产要素配置中的优化和集成作用，将互联网的创新成果深度融合于经济社会的各领域之中，产生以“比特”为媒介的新的思想、新的方法和新的行为方式。由此，我们提高实体经济的创新力和生产力，形成更广泛的以互联网为基础设施和实现工具的经济发展新形态。

（四）利用学科交叉激发创新思维

理工科的专家大多习惯在技术层面上创新，而艺术家擅长在表现内容和艺术创作上下功夫，处于创新源头的创意（idea）较少有人提及，因为这种源头上的创新需要一定的文化积淀和横向的综合素质。如果仅有技术创新，乔布斯及其领导的团队就不会把普通手机变成智能手机 iPhone，把笔记本电脑演化为 iPad。这其中除了计算机科学与技术之外，还有认知科学、心理学、人机工程学、传播学、艺术学等学科的问题。特别是他们重视对用户心理和使用习惯的研究，大力倡导“良好的用户体验是苹果的根基”。

以动画科技的创新为例，我们总是习惯跟在外国人的后面亦步亦趋，“用别人的昨天来装扮自己的明天”②。建模、贴图比不过 Autodesk 公司的 3DMAX、Maya，我们就建设渲染集群，集成了 20 多万个甚至

① 潘云鹤：《物联网蕴藏的创新空间》，第四届中国（深圳）国际工业设计高峰论坛，2010 年。

② 习近平：《在中科院第十七次院士大会、工程院第十二次院士大会上的讲话》，中央政府门户网站，http://www.gov.cn/xinwen/2014-06/09/content_2697437.htm，2014-06-09.

更多的核心处理器，打造世界上规模最大、渲染速度最快的超级渲染平台，并宣布达到了世界先进水平。由“中国制造”打造的“世界工厂”早已誉满全球，但至今尚未出现一个像“苹果”那样在全球有影响的品牌。我们能不能换一个属于自己的视角，或者转换一下发展方式？能不能探索动画领域里一些外国人没有涉及的项目或领域？这就需要创新思维。

如今的动画生产已经完全数字化，而中国高校的动画色彩依然采用的是20世纪初基于色料媒介的减色系统的色彩理论和陈旧的色彩设计方法，追求与产业脱节的“花拳绣腿”，使色彩教学严重滞后于行业的应用。中国至少有5000名高校教师在教授色彩课程，但与时俱进钻研色彩教学的人凤毛麟角。大部分人要么循规蹈矩，要么新瓶装旧酒，为什么就不能深入民族文化的土壤中和色彩学内部去寻找新的研究课题呢？我们完全可以学习和借鉴计算机科学的色彩系统、色彩模型和色彩域①，从丰厚的中国民间工艺美术中吸取营养，探索中国人的色彩情感，研发适合现代文化创意产业的色彩教学新体系和数字色彩设计新方法。②

（五）非物质文化研究的新维度

每一个品种的文化遗存都包含着不同层次的文化特质和文化元素，这些文化特质和元素在其所属的“文化圈”空间里必然与相邻的“文化圈”空间发生联系，因此就构成了无数具有空间维度的节点和立体交叉的文化网络。这些网络经过历史的变迁会产生不同层级的数据，这些数据集合在一起就构成了研究所需的多元数据，当它们达到一定量时便形成大数据。例如，土家族织锦“西兰卡普”中图案的格律纹饰，与长沙马王堆汉墓出土的菱纹罗绮格律酷似；其代表型“实毕”（小野兽）纹又与湖北江陵马山

---

① 田少煦：《数字色彩构成》，北京：清华大学出版社，2007年。

② 田少煦：《数字色彩》，爱课程网-中国大学资源共享课，http://www.icourses.cn/，2014-09-25.

一号楚墓出土的“狩猎古丝绦”如出一辙，映射出强烈的荆楚文化的影子；它的“台台花”纹样在形象上既与巴人的虎崇拜相似，疑是古代巴蜀文化的遗存，在内涵上又与土家族“旱龙船”的习俗和“傩公傩母”的祖先崇拜密切相关；而它通经断纬的织法至今还保留着汉代古老的“经锦”遗风。土家锦的存在构织了一个具有共时性和历史性交叉的文化网络系统。当我们把这个子系统引入中国各民族的织绣文化研究中，就可形成一簇庞大的、相互关联的复杂数据集；如果把它投入世界不同民族的相关研究中，就形成了丰富的、立体交叉的大数据。这为我们从质化和量化两方面深入研究文化遗产，展示了一片崭新的、广阔的领域。

后人类思潮与新媒介下的文化遗产传承

杜洁莉[①]

一、文化过去、文化现在与文化未来

人不是活在当下，而是在过去的回忆与未来的想象中完成自己，现在是过去的未来和未来的过去。后人类思潮与新媒介下的文化遗产传承，恰恰是在人类现实生命的价值体现中巧妙的联结。

人类文明斗转星移，从刀耕火种、文字文明发展到今日的网络时代，一切无不印证着人类智能的不断自我超越。人类科技发展的同时，其“自然人”的基因也随之发生变化，使自我意识出现超越现实世界的限制，提出关于未来人类的设想。20 世纪 60 年代开始，随着生物工程与人工智能的应用，后人类思潮萌芽。马克思·莫尔、雷·库尔兹韦尔、克温·凯利、彼特·斯诺德蒂克和凯思·安塞尔·皮尔森等学者以科技为基础，通过理性的思考提出“后人类主义”。[②]“后人类”，是指信息时代中，人类以现有科学为基础，并凭借大尺度想象，将纯粹的自然人进行设计、改造，使之符合人类自我完善的审美需求以及自我超越的热切愿望，表达人类对永恒生命与无限智慧的追求。网络技术、赛博空间、电子人体、克隆技术、

---

① 杜洁莉，中山大学社会学与人类学学院博士，深圳职业技术学院。

② 曹荣湘选编：《后人类文化》，上海：上海三联书店，2004 年，第 2 页。

试管婴儿、基因工程、激光整容等现代技术的运用与日渐推广，给人类的发展空间提供了无尽的可能，人类正日益走出智慧局限的困境，并利用各种技术摆脱宿命的窘境。自然与技术从二元对立逐渐走向二元合一。

目前，新媒介技术及各种在新媒介影响下产生的现代技术仅在一定范围内运用，尚未在人类生活中产生全面广泛的影响。后人类时代尚未真正到来，但是后人类文化思潮已经势不可挡地席卷全球，对民俗生活造成深刻影响。依据现有技术与发展趋势，后人类思潮提出种种设想：未来的人类族群，将可以在不同的星际之间自由漫步；通过文化记忆植入实现无负累学习与智力增长；通过细胞修复实现生命的无限延长；通过变性手术与大脑嫁接实现生活的多元体验；通过试管婴儿与人工授精实现基因优化；通过整容技术创造人造美人；等等。这种对人类未来的乐观预示，符合人类发展的心理，因而深入人心。《阿凡达》[①]等科幻电影描绘了人类未来时代的生存空间，并对其生活方式与星际交往提出种种设想，其票房纪录反映的不仅仅是电影特技和想象力的胜利，更预示了一种未来文化将对人类生活产生全面的影响。人类思想已经在先于现实世界走入后人类时代。

在这种指向未来的文化思潮之下，代表过去的文化遗产保护研究受到前所未有的挑战。目前国内外文化遗产研究主要集中于文化遗产的概念辨析、价值功能、保护和管理措施，以及对于某个具体文化遗产的个案研究。其研究的着眼点主要在于“文化过去”与“文化现在”之间的联结，即文化的传承。须知，今日的文化即是明日的文化遗产。走入新的人类时代，人类思潮应当是具有前瞻性的，即以一种未来的心态和长远的眼光对近日的文化进行合理规划，使之成为一种符合未来时代需求的文化遗产，即文化遗产保护的着眼点应当放在“文化现在”与“文化未来”之间。在后人类时代，文化遗产研究的问题随之而来，今日文化随着后人类时代的到来将以什么样的形式存在和发展？非物质文化遗产传承如何借助后人类的新

---

① 《阿凡达》(Avatar)是一部由詹姆斯·卡梅隆导演，美国20世纪福克斯公司出品的科幻电影。

媒介进行传统的再造？在后人类文化中，非物质文化遗产的研究方向将必须做出什么调整？这是笔者在文中分析的主要问题。

二、新媒介技术下文化遗产传承的挑战

后人类时代到来，非物质文化遗产面临着两种命运走向：一是某些不适应时代的文化遗产逐渐淡出视野，直至消失；二是文化遗产的意义在新的文化体系下被重新建构。

文化遗产中的“宗教文化”首当其冲地受到后人类思潮的冲击。宗教是世界文明的重要部分，其作为一种熠熠生辉的非物质文化遗产，广泛地影响着人们的思想意识和生活习俗，并渗透到文学、艺术、天文、地理等各个领域，同时也成为一种宝贵的文化旅游资源。宗教文化的发源与延续存在，其主要原因便是生命的不可知性，以及自然力的神秘感。因此，宗教思想中体现人类内心深处对于生命起源的猜想,以及对永恒生命的追求。这种生命思考在佛教中表现为涅槃、轮回，在道教中体现为羽化登仙，在基督教中则是教徒对天堂的向往。不同宗教思想中皆蕴含着人类对自身肉体的不同看法，多数宗教认为人的肉体欲望是人类自我超越的障碍，通过放弃身体，即禁欲、涅槃方可实现生命的升华。这种宗教思想在后人类时代面临着新的思考。当后人类思潮席卷全球，天堂在3D、IMAX影视中以栩栩如生的形象出现在世人眼前，人类对于生命未来的想象方式必然发生变化。在新的技术条件下，人类更有能力医治疾病、优化生命，人类对生命的操控能力达到一个前所未有的高度，对生命延续的追求不再是可望不可即的奢望。这个时候，宗教的神秘感与功利性将逐渐淡化，宗教传统也将在新的文化语境下被重新建构。后现代思潮对宗教文化冲击的同时，后现代新媒介技术使宗教的传播方式、庆典方式也随之发生变化。微博、微信、电子邮件、网络敬拜成为新的宗教传播工具与宗教文化活动组织方式。

网络宗教社区（online faith community，即 OFC）成为宗教组织交流与管理的虚拟空间，在 OFC 中，宗教活动的时间呈现全天候、随时性的新特征，宗教对象呈现多元性、多变性的特征，宗教的话语权从结构组织为主导的控制转向意识形态为主导的控制，宗教活动从传统的组织性更趋向于后现代的参与性。在后现代社会，宗教文化的严肃性减弱，活泼性增强；时空地理的限制减弱，边界可以无限拓展；理性思考减弱，感官宣泄增强；政治权利性减弱，自由民主性增强。在后现代新媒介之下，宗教文化遗产的保护不再局限于某个政治主体、教派或者宗教内部人士、文化机构不遗余力的保护，而成为一种全民参与的文化自觉①。

非物质文化遗产中的“人生礼仪”也将面临不可避免的困境。不同民族，由于环境与生产、生活方式的差异，其人生礼仪（出生礼、成年礼、婚礼、葬礼等）皆表现出丰富多样的风貌，以此记录与印证不同人群每一段独特的生命历程。人生礼仪衍生出纷繁复杂的仪式体系，广泛地影响着各个民族的社会结构、族群关系、家庭婚姻及日常生活。其作为一种文化遗产，一种民族集体记忆，具有深远的意义。1978 年 7 月 25 日，英国兰开夏诞生了第一个试管婴儿，标志着一种新的生命形式开端。人类的生老病死不再单一地遵循自然规律，而是受到各种科技因素的制约。随着克隆技术、试管婴儿等现代技术的运用和推广，生命出现的神秘性、庄重性淡化，生命的不可控性减少，人生礼仪也在形式上相应地受到影响。随着同性恋婚姻逐渐被个别社会承认，人类的伦理观念发生剧烈变化，进一步影响到民俗文化生活的形式，出生礼、成年礼、婚礼等传统文化随之演变。与此同时，面对生命的终结，生于忧患的人渴望死于安乐。随着技术风险的控制与社会道德水平的提升，安乐死日渐被接受，甚至在技术上还可能

① “文化自觉”这个概念是 1997 年费孝通教授在北京大学校务咨询会和第二次社会文化人类学高级研讨班上提出来的。费孝通指出，在世纪转折的过程中，任何一所力求在社会变迁中作出贡献的高等院校，都应担当起文化自觉的任务，这就是应通过人文与社会科学的长期性探索，达到对的文化的“自知之明”的目标，在急剧变迁的世界文化格局的框架中认识自身文化的地位，以中华民族“兼容并包”的深厚底蕴来推动世界上不同文化之间的“美美与共”。

推进一步，在人死亡之后通过大脑移植等方式实现生命的延续。生、老、病、死相关的各种人生仪礼在后人类时代前夕，将何去何从呢？

霍布斯鲍姆在其著作《传统的发明》中宣告：“那些表面看来或者声称是古老的传统，其起源的时间往往是相当晚近的，而且有时是被发明出来的。”①后人类思潮正是一股神奇的力量，在短时间内快速地改造、创造传统。口头传统、表演艺术、节庆活动等非物质文化遗产的转变已经初露端倪。例如，魔术的发展，人类蒙昧未开的时候，对生命本体与自然界存在种种困惑，巫术等带着迷信色彩的现象流行于民众之间。而后随着人类文明的发展，巫术仅仅在局部地区流传，文明世界里的巫术渐渐演变为魔术。当今魔术已经成为备受推崇的大众文化，并且成为一种广泛采用现代技术的高水平表演。人们不再对魔术存在神秘感，而是在欣赏表演的同时，破解技术并学习技术。刘谦在春晚的魔术表演在短短的十分钟便被破解，魔术作为一种文化遗产，其与技术的高度结合使其实现了华丽转身，从平民艺术登上大雅之堂，并展现其时代的魅力。其他的表演艺术、口头传统也必定面临转型。

值得一提的是，中国独特的文化遗产——玄学，在新的知识情境下亦难以延续其原有的意义。例如，中国古人根据人出生的年、月、日、时进行八字推断，然而当剖腹产成为一种普遍的技术，八字推断中声称的人与自然的连接在现代技术环境下显得毫无根据，很难有其继续存在的信任基础。随着整容技术的日新月异和基因控制工程的发展，人类有能力控制和改变自己的形貌，中国传统相术更成为无稽之谈。玄学不复其玄，也必将丧失生长的土壤。

自古以来，人类由于生理、技术的局限，过着一种有限的生活。祖祖辈辈守在一个地方，固守一种生活方式，直至老死。在当今信息时代中，交通工具日新月异，互联网无所不及，如同阿帕杜莱所言“正是数字技术

---

① 〔英〕E.霍布斯鲍姆、T. 兰格著：《传统的发明》，顾杭、庞冠群译，南京：译林出版社，2008 年。

手段制造出‘没有位置感’（no sense of place）”[①]的共同体，“我们的世界一方面是个人与个人以及群体与群体之间的异化状态和心理距离，另一方面则是那种天涯若比邻的电子幻觉（或梦魇）”[②]。人类文化差异性已经受到前所未有的挑战，人类正日渐突破自身的环境局限，深入其他的生命个体感受不同的生活方式。随着后人类时代到来，新的技术风起云涌，通过在人体中植入机器或者计算机增强人的体能智能，人与机器实现无限融合，即人类可通过技术控制自己的味觉、嗅觉、听觉、视觉、触觉；通过人体大脑细胞移植，或是大脑网络集成技术，可以实现人类对于其他生命个体的访问与嵌入，体验其不同的生活方式。人类由于群体差异而产生的各种文化遗产将日益趋同，并对其他生命体失去原有的吸引力。随着生命体之间的恣意交流，文化遗产的独特性也面临着威胁和瓦解。

三、后人类思潮下文化遗产传承的契机

后人类思潮对文化遗产传承形成全面冲击，与此同时，后人类时代为文化遗产传承也提供了新的场域、方式及传承媒介，成为文化遗产传承与创新的契机。

随着现代科技的发展，网络、影视、通信等成为非物质文化遗产传承的新平台，非物质文化遗产的传承从现实场域转向虚拟空间——赛博空间。例如，各种民间传说、神话故事被电子游戏开发商借用，制作成网络游戏，从而作为一种新的流行文化而被大众广泛接受。流行的恐怖冒险电子游戏“零——红蝶”便是借用日本的民间传说“红赘祭”，即一种双胞胎姊妹被当作活祭品的民间仪式创作而成。整个游戏围绕民间传说的内容展开，通过光影渲染、音乐等技术操作渲染恐怖气氛，玩家通过机器寻找隐藏的区

①② 刘仲蓓、颜亮、陈明亮：《数字化生存的人文价值与后人类中心主义》，《自然辩证法研究》2003年第4期。

域并与鬼魂战斗。民间传说、神话故事等非物质文化遗产被进行传统再造，并在新的场域中得以传承。与此类同，中国的民歌、诗词、舞蹈等亦在赛博空间中脱胎换骨，成为后人类时代的消费文化。赛博空间作为人类生活的“第三空间”，为“赛博公民”文化的传承提供新的场域。赛博空间中，人类可以实现无身份性，文化传承中的身份障碍将会消除，各种信息可以在人、机器、文本之间畅通无阻。机器将超越人体的限制，为人类技艺、思想的传递提供辅助，亦为非物质文化遗产的保护与传承提供场域与监督机制。

非物质文化遗产传承场域拓宽的同时，其传承方式也日益多样化。传统意义上，非物质文化遗产的传承主要借助口口相传、文书等方式。后人类时代中，人类借助影视技术进行文化的记录、创造与再现，甚至在后人类时代，人类可能通过记忆植入的方式实现对文化记忆的操纵，各种民间造型艺术，如绘画、雕塑、工艺、印染织绣等，将不再需要一代又一代的民间艺人经过夜以继日地千锤百炼方能代代相传，仅仅通过文化记忆植入的方式便轻而易举地继承。

电子人（即机器人）将与民间艺人相辅相成，成为非物质文化遗产新的传承者。电子人即机械和基因组成混成的新生物，打破了自然与机械、肉体与精神、现实与虚拟的界限，成为一个备受推崇的新文化概念。电子人在当下已经不是一个陌生的概念。曾几何时，施瓦辛格扮演的“终结者”①迅速走红，电子人作为一种新的人类形态逐渐被世人知悉。自 20 世纪 30 年代始，各种科幻小说、影视作品便开始创作电子人。目前，电子人已经从想象成为现实，并在医疗、销售、服务等行业里开始应用。在深圳举办的“中国高新技术产品交易会”上，电子人以千姿百态的面貌出现在观众的面前。展会上各种电子人功能各异，有会炒菜的电子人、吹奏长笛的电子人、骑单车的电子人、组装精密零件的电子人等。电子人初步具备的各

① 《终结者》（1984 年）是由詹姆斯·卡梅隆导演，施瓦辛格主演，美国 20 世纪福克斯公司出品的科幻电影。

种娱乐科普功能在人类社会发挥其作用，其在非物质文化遗产传承中的应用指日可待。相对民间艺人而言，电子人在文化的传承上具有精确性高、不受时间精力限制、不受情绪影响等优势，尽管也存在感染力不足、灵变性较差等劣势，但是电子人足以辅助民间艺人，成为文化遗产的传承者。

四、文化未来的思考

现下社会处于传统社会向后人类时代的过渡期，物欲横流，文化成为一种奢侈品，文化遗产的传承步步艰难。民间传承人重利轻文，致使某些无用武之地的遗产面临传承绝境；某些政府越俎代庖，将“民俗”变为“官俗”；商业旅游借用文化遗产牟取暴利，其文化味日渐庸俗化；学界将文化遗产视为“标本”，断了其传承发展的根脉。旨在“保护”非物质文化遗产的种种举措，事实上却南辕北辙。“保护”成为“监护”，限制了非物质文化遗产的传承与发展。非物质文化遗产的保护在窘境中当寻找新的出路。

自从哲学家尼采宣告“上帝死了”，人类就已经开始以一种强悍的精神撼动固有的物质世界，逐步走向一日千里的未来时代，其自我超越是加速度的。曾经被认为不可理喻的后人类时代，竟然不知不觉地逼近了，今日我们已经清晰地窥见豹之一斑。后人类时代的到来，如同福山所断言的，人类社会将出现“历史的终结”①，文化遗产的传承必将走上新的平台，将有一批新的传统被迅速发明，从而取代原有的文化遗产成为新的文化遗产，文化遗产的传承规律、方式也将推陈出新。

后人类时代的文化特质是开放的、解构的、多元的、超验的，非物质文化遗产的传承不再墨守成规，而是在时代思潮中海纳百川。笔者以为，非物质文化遗产的传承、发明规律将发生如下变化：①非物质文化遗产没

① 〔美〕弗朗西斯·福山著：《国际学术前沿观察：历史的终结及最后之人》，黄胜强、许锦源译，北京：中国社会科学出版社，2003年。

有终始形态，也难以追溯其原生态。原生态的保护与传承是违背事物发展客观规律的，应当在时代发展中由其自然传承；②非物质文化遗产的传承无须按部就班，一旦产生合适的技术、文化遗产的传承将实现跨越式发展，在新的文化语境下被重新创造；③非物质文化遗产植根于不同的文化人群，同时也可以作为流动性资产被不同的文化借用；④非物质文化遗产不仅仅是沉淀过去的，更是指向未来，其存在、传承既是集体记忆的延续，亦是引领文化走向的方向标。

社会存在决定社会意识。技术是第一生产力。随着科技发展，作为文化主体的族群关系、性别差异、婚姻家庭、意识形态等因素发生变化，后人类的种种不确定性预示着文化传承的多元取向。在这种情境下，人类将从文化遗产的传承走向文化未来的创造。过去的时代里，人类对于文化遗产的研究主要耽于其作为文化记忆，尤其是文化集体记忆的价值功能、保护措施。后人类时代，文化遗产研究将破壳而出，从记忆中寻求其与未来的联结。文化遗产研究的重点将转向以下几个方面：①文化遗产传承新媒介的开发与应用；②文化遗产被创造的规律，以及如何运用其被创造的规律使之成为适合后人类需求的未来文化产物；③非物质文化遗产如何借助后人类的发明进行传统的再造？④非物质文化遗产的传承如何实现与社会其他领域发展的联结？这些是亟待我们探索的问题。

田野考察

民族志考察及影像拍摄中的“叠影”现象[①]

胡台丽　邓启耀[②]

2016年7月，在云南艺术学院的国家艺术基金项目“民族影像志人才培养”培训班上，台湾著名视觉人类学家胡台丽研究员播放了她拍摄的民族志纪录片《矮人祭之歌》，同时介绍了她在田野考察中发现的“叠影”现象。这个问题的新视角，引起了与会者的极大兴趣。讲座结束后，我们对胡老师作了进一步访谈，向她请教关于“叠影”的种种问题。

以下内容主要来自对话录音整理，并经过参与者修订补充。本次访谈涉及的“本族纪录片导演的盲点”问题，将另文讨论。

一、“叠影”现象改变自己的观影方式

邓启耀（以下简称邓）：胡老师，今天在培训班讲座上放映和讨论您摄制的民族志纪录片《矮人祭之歌》时，您讲到了台湾赛夏族在民间信仰“矮人祭”仪式中的“叠影”现象，说它改变了您的观影方式。一些在人类学田野考察中习见的现象，经您这么一剖析，让人在事件的表象后面看

---

① 本文原载《民族艺术》2017年第四期。

② 胡台丽，台北“中央研究院”民族学研究所。邓启耀，中山大学社会学与人类学学院、传播与设计学院。

到了更复杂的信息和深层的意义。我们觉得“叠影”这个概念的提出，是视觉人类学研究中一个很有理论新意的问题。能否请您再谈谈什么是民族志考察及影像拍摄中的“叠影”现象。“叠影”到底在什么程度上叠？怎么叠？如何理解这种“叠影”现象？“叠影”是如何改变您的观影方式的？

胡台丽（以下简称胡）：不同的文化对于记忆、视觉有不同的表达体系，这一现象是我在做人类学田野和摄制民族志纪录片过程中慢慢体会、慢慢发现的。例如，在台湾赛夏族的文化体系中，我意识到这里存在着很特别的“叠影”现象，而台湾排湾族则有其特殊的在地美感和面对镜头的方式，这都和该族群的视觉和内存系相链接，并影响到其与外来研究者和拍摄者的互动关系。

我是在赛夏族摄制和研究矮人祭仪歌舞的过程中发现“叠影”现象的。“叠影”现象的发现让我非常激动和兴奋。当学界试图理解一种异文化现象时，有些人是随意套用外国的理论，而不是真正体会后作出与当地文化极为贴近的理解和诠释。我在参与赛夏矮人祭歌舞仪式中逐渐体会到多重影像叠合的“叠影”现象的存在，并尝试将重叠的影像拆开再叠合起来观察分析。“多重意象”的叠合如同电影或照相的“叠影”（superimposed images），是好几个具有透明性质的影像的重叠，合并为一，但是并不因此而丧失个别影像的特质，反因重叠而使意义的层次更加丰富。对于习惯观看单一影像者，“叠影”是一种困扰，看不清楚重叠影像的个别属性与叠合为一的意涵。当“叠影”现象产生时，如果研究观察者仍视之为单一影像寻求了解，在描述与解释时就会产生许多矛盾、迷惑。和“叠影”现象相对的是“叠盖”现象，叠盖现象就如同考古文化层，上层把下层覆盖，使之隐没不见。但是，叠影现象就是这么有趣，每层是透明的，你可以同时看到好几个层次。当我发现“叠影”现象的存在而改变自己的观影方式后，对赛夏矮人祭仪歌舞文化原先感到矛盾迷惑之处便豁然开朗。我这个外来的研究者和拍摄者后来也逐渐变成他们“叠影”现象中的一部分。赛夏族的“叠影”现象并不是杂乱无章地叠合在一起，而是在某些意涵或主题上具有共同性才会叠在一起，并不是那种没有逻辑性的叠合。

邓：对您关于在田野中“真正体会后作出与当地文化极为贴近的理解和诠释”的说法，我很有同感。这种来自田野现场的体会、发现、理解和诠释，是任何外来理论的“套用”无法相比的。我现在最怕看这样一类论文，当你正想看看他对所叙述的田野情况如何分析时，他却来一段某某大师怎么说，引文貌似高深，却与他面对的田野事实毫不相干。发现和独立思考不易，所以“套用”泛滥成灾。

还是回到我们讨论的话题。您提到赛夏族的 tatini 概念是“叠影”现象。tatini 不仅是自己民族的祖先，也将外族的人物或灵异吸纳进来，成为共同祭拜的对象。在仪式中，tatini 与纯粹的祭祖有所不同，因为它同时将外族和灵异的身影叠合在祖先影像上了。您在田野观察到的这种“叠影”现象，可以再具体介绍一下吗？

胡：赛夏族有个概念叫 tatini。其实，tatini 的含义和范畴是很广的，有点类似我们通常讲的祖先。但他们的 tatini 涵盖的不仅是自身的祖先，还包括传说记忆中与他们关系很密切的外族人，如曾为邻居的矮人（ta’ay）和由天而降的雷女（koko yo’aew）。这个外族或外来人后来在某种程度上和赛夏族祖先叠合在一起，都成为赛夏族祭拜的对象。所以，我后来将 tatini 翻译成“老前辈”。赛夏族在讲 tatini 时，除了包括我族和外族的长辈，还把活着的年长者也称为 tatini，也就是死者和生者、我族和外族可以在同一个观念中交叠。由于赛夏族 tatini 观念的特殊性，在矮人祭（pasta’ay）中，不但雷女和矮人两种不同时空的 tatini 交叠在一起，并且矮人等老前辈也与赛夏族传承祭歌的朱姓（tition）主祭交叠。另外，赛夏族人和某些代表矮人的植物（芒草和台湾赤杨）也是叠影在一起。这种叠影现象真是太有趣了。譬如，《矮人祭之歌》纪录片的送灵仪式中朱家主祭方代表领着赛夏其他各姓代表到山上砍取台湾赤阳树干时，来来去去往返三次，祭场中的赛夏族人似敌亦友既挑衅又带戏谑的对唱情景，在我没有意识到“叠影”现象前很难理解这一行为。我最初拍摄时，只觉得是某种欲拒还迎情绪的表现。后来，我才发现上山的赛夏族代表和矮人形成叠影，亦即上山者同时有两种身份：一方面，他们是赛夏族的代表；另一方面，他们也是矮人和雷女等老前辈的代表，去砍取象征福气的台湾赤阳树，带下山给祭场中的赛夏族人。如果只从单一身份去理解，会看不懂上山者与祭场中的赛夏族人相互对立又带戏谑表情的奇特唱跳和比划动作。赛夏主祭和矮人等老前辈的叠影是很难察觉的现象，直到有一年主祭不经意地告诉我“我吃东西就是 koko ta'ay 在吃东西”时，我不由得大吃一惊，也才恍然大悟。站在我前面的明明是一位正常的人，但竟然同时是矮人，呈现“叠影”状态。

二、祭祀主体的多重“叠影”

邓：您在这里谈到了这样几重叠影：死者和生者、我族和外族、人和植物、人和灵、灵和灵、不同时空的 tatini，都存在“叠影”现象。您还特别提到赛夏族矮人和雷女二者的“叠影”现象，可不可以进一步说明一下？

胡：矮人和雷女是赛夏族文化记忆中非常重要的人物，二者都与赛夏族人有恩怨交织的关系。

传说中赛夏 tition（朱姓）的第一位祖先 aro 将由天而降的雷女 yo'aew 娶为妻。开垦土地时 yo'aew 要 aro 置三样耕具，林木立时倒下，成为良田。yo'aew 播下葫芦种子，葫芦成熟剖开，里面装满了小米，是赛夏小米的起源。据说 aro 原为瞎眼，yo'aew 摸他的身体和脸后就复明了。可是 yo'aew 不能摸煮饭锅，aro 却逼她摸锅，一摸，yo'aew 就消失了，只见一株芭蕉树出现于门外。关于矮人的传说则是：住在河对面岩洞中称为矮人（ta'ay）的族群曾与赛夏族共同举行祭典，并协助赛夏族种陆稻，让作物丰收。可是祭典中有矮人男性好女色，非礼赛夏妇女。赛夏人气愤之下将山枇杷树桥割断，矮人坐在桥上纳凉时树桥断裂，都落水而死，只剩矮男 ta'ay 和矮女 toway 二人幸免于难。存活的矮人教赛夏族矮人祭歌，但只有朱姓学会。矮人离去前边撕山棕叶片边说：“我们将沿河前去东方，今后你们如不举行矮人祭，会农作物歉收，族群灭亡；祭典时如有不良行为，我们会鞭打，让你们昏死，要经朱姓的绑芒草结后才能复生。”据说以前山棕叶如同芭蕉叶，是完整的一片，后被矮人撕成分裂的叶片。此后，赛夏族都在收获结束之后举行矮人祭 pasta’ay。

赛夏族人在提到矮人 ta’ay 时，前面会连 koko 一起说，亦即 koko ta’ay。赛夏族人都说 pasta’ay 时是迎接和祭拜 koko ta’ay。koko 是祖母或老妇之通称，赛夏族人会在称呼祖母辈女子名字时在前面连接 koko，baki 则是称呼祖父辈的男子名字前的连接词。ta’ay 则是矮人的通称，也是矮男的名字。但为什么 ta’ay 前面是连接 koko（祖母）的称呼？我之前也和一般人一样，以为矮人祭只是关于矮人的祭典。但在我请朱家最会唱祭歌的主祭朱耀宗（baunai Kale）解释 15 首结构完整、每节以不同植物名尾音押韵的 pasta’ay 祭歌歌词后，赫然发现矮人和雷女二者的叠影：ta’ay 指的是矮人，koko 指的是雷女。祭歌第 1 到 5 首以矮人为主，大多是以矮人的口气表达沿河归来赛夏聚落的情形以及对赛夏族人的叮咛教诲，并叙述被害落水而死的幽怨心情；另有一部分是以赛夏族人的身份和语气表示招请、款待矮人之意。pasta’ay 第一晚本祭之夜只能唱跳此 5 首祭歌到天明。第 6 首祭歌是一个转折，歌词提到雷女 koko yo’aew 和朱姓祖先 baki aro，而且是以他们的口吻唱出过往的事迹。

《矮人祭之歌》纪录片中显现：在连续三晚歌舞的第二晚午夜十二时，当火炬、米臼进入祭场后，全体赛夏族人面向东方，由朱姓（tition）领唱，立正唱第 7 首祭歌 waLowaLon，气氛非常肃穆。第 7 首祭歌经过探究，反映的是矮人和雷女的叠影。waoLowaLon 指的是矮人，在哀诉过去被赛夏族人陷害，从树桥上落水而死的事件，充满被遗弃的悲怨之情，最后两句则转为赛夏人的语气，祈求矮人怜顾他们、眷念他们。有朱家报道人提到 waLowaLon 是雷女，下降人间，成为赛夏人的媳妇。她的原名是 yo’aew，而 waLowaLon 是她的赛夏名，赛夏族人也称她为 koko yo’aew。雷女和矮人在不同的时空中与赛夏族发生恩怨交织的关系，成为赛夏文化中最重要和难以忘怀的人物，在矮人祭仪歌舞中形成叠影现象。

雷女与矮人意象的转接与重叠还可以用芭蕉和山棕两种植物，以及象征这两种植物的矮人祭歌舞肩旗 kilakil 来呈现。我刚才已提到雷女消失转化为芭蕉树，以及矮人离去时边撕山棕叶边诅咒赛夏农作物歉收的传说。由雷女化为芭蕉树，到矮人将原来似芭蕉叶的山棕叶撕裂，可以看到雷女（koko）到矮人（ta’ay）的连续性。矮人祭典期间活跃于歌舞祭场的祭帽 kilakil 原本有两种形状，一种是长形的似芭蕉叶（目前出现于南祭团），另一种是圆形的似山棕叶（目前出现于北祭团），也在暗示着雷女和矮人的叠影现象。

三、研究者如何变成他们“叠影”现象中的一部分

邓：看您的作品并听您讲述，我理解这种“叠影”现象是多重的：有赛夏族祭祀者在仪式中出入于不同角色的“叠影”，有死去祖先及活着长辈的“叠影”，有被祭祀的雷女和矮人等灵异的“叠影”，也有祭祀者与被祭祀者的“叠影”。这种人与灵“叠影”的现象，主要出现在祭祀主体中。但我注意到，您之前谈过，甚至您这样的外来研究者和拍摄者，后来也逐渐变成他们“叠影”现象中的一部分。这个问题十分有趣，也是我们在影视民族志拍摄中常常遇到而不自知的问题。能否就此再谈谈，这种局外人和局内人、研究者和被研究者的“叠影”，对于您这样的外来研究者和纪录片拍摄者，有什么影响？

胡：有些族群本族人和外族人的界线分得很清楚，很难跨越。但是赛夏族的叠影现象中，外族人像矮人和雷女会和死去的祖先及活着的长辈在 tatini 的观念中叠影。因为赛夏族存在这种“叠影”现象，在某种状况下，

像我这样一个外来者，也变成类似矮人的角色，融入他们恩怨交织的“叠影”现象中。

我在花了许多工夫熟悉矮人祭歌的曲调、词意与祭仪脉络之后，对于15首结构完整、诗意盎然、回转唱法、含意深刻的祭歌赞叹不已，成为极其热心的祭歌拥护者，唯恐它在台湾社会中销声匿迹。因为现在当地只剩少数的几位会背唱整套祭歌了。每次参与矮人祭典，连续三晚的歌舞活动中，我最关心的是祭场中的歌声能不能顺利地接续下去。我曾带着由原住民年轻人组成的“原舞者”团体，在矮人祭练唱期间去赛夏部落学习矮人祭歌，并请钱姓长老引领我们认识祭歌中出现的27种植物。“原舞者”学习一年后，打算搬上台湾最具声望的剧院演出。演出前先请传授祭歌的主祭朱耀宗（bonai kale）召集各姓氏代表，通过仪式征得他们的同意。演出当天“原舞者”包车请族人去剧院观赏。他们看完以后很开心，尤其是年轻人特别感动，也受到激励，外族的年轻人都学会了他们难学的祭歌，他们自己能不奋发学习？

可是，演出结束后没几个月，在该年矮人祭开始前南北两祭团河边相会化解族中问题时，南祭团的主祭便问北祭团主祭朱耀宗夫妇：“你们是不是有协助maya（我的赛夏族名字），去台北的剧院演出矮人祭？”主祭朱耀宗的妻子以为是怪罪他们，回答说：“没有，我们没有同意他们去演出。”我那次没有参加两祭团河边相会的活动。没想到那个活动结束后没多久，朋友就打电话告知：主祭妻子忽然倒下去，非常严重，不能讲话，住院没几天就过世了。我听说南祭团那边有人在传：“那个‘中研院’的maya害死了主祭的妻子，因为maya把我们赛夏族的神圣歌舞搬到剧院演出了。”我参加了主祭朱耀宗妻子的丧礼。丧礼前遇到那位带“原舞者”认识祭歌中植物的钱姓长老。我问他：“你有听到台北的maya害死主祭妻子的传言吗？”他说：“那是因为南祭团的赛夏族人不了解情况才这样子传。事实上，我们知道，那是因为朱耀宗的妻子没有讲真话。他们明明做了同意演出的仪式，在仪式中除了传喝你们买的酒外，还有接受你们表达歉意的几百元赔罪金。主祭妻子不应否认有同意你们去演出，也该在那个场合拿出你们给的赔罪金，说明你们有拿钱给他们，也就是拿给 koko taay，取得同意后才演出。”钱姓长老从北祭团参与此事者的观点来看，认为主祭妻子是被 koko taay 处罚了，因为主祭夫妇已代表矮人等老前辈同意了“原舞者”的演出，不能否认。由于主祭和他妻子一向对我很好，也慷慨协助我带去的“原舞者”团员学习祭歌和演出，我参加那次丧礼时非常伤心，也很抱歉在过程中带给主祭夫妇很大的压力。因此，无论如何我脱不了关系，有“我不杀伯仁，伯仁因我而死”的感觉。丧礼开始前，我拿着酒，跪在主祭朱耀宗前面向他赔罪道歉。在这整个事件中，我感觉自己很像矮人，与赛夏产生恩怨交织的关系。虽说我是外族人，但有时又像是赛夏族人；我一方面对赛夏文化的传播和传承有帮助，另一方面又好像害了他们。许多时候，我觉得我完全融入了赛夏群体和文化。我被允许拍到他们那么多东西，他们让我进入其文化里面很私密、很特别的部分。

邓：您说的这个例子让我特别感动。因为这样的经历，几乎是做人类学田野考察时经常会碰到的事。有时候，人类学家的善意，往往会让自己卷入当地的纠葛中去。为了躲避这类无法预见的麻烦，很多研究者采取置身事外的态度，尽可能抽离出去，和对象保持距离。明明在现场，却要冒充上帝，以所谓“客观”的方式冷眼旁观，冷漠地写作。所以，像您这样深度融入其中，热心介入，正视田野现实、相互关系及所遇困境的研究者，是极其不容易且需要勇气的。由于他们让您进入了他们文化里面很私密、很特别的部分，所以，他们对待您的方式就像对待矮人一样，既是朋友，又有戒备；既感激您对保护、记录和弘扬赛夏文化所做的贡献，也会把某些意外归咎于您的介入。换句话说，您也进入了“叠影”？

胡：对。我觉得我拍摄《矮人祭之歌》，包括后来跟赛夏族人的互动，都受到“叠影”现象的影响。经由“叠影”现象这层理解，我对某些遭遇也比较释怀。与外界恩怨交织的情感和“叠影”是赛夏文化的主题。

四、疏离与迭套

邓：的确，由于历史原因，与外界恩怨交织的情感，是许多族群的文化主题和认知惯习。亦敌亦友的他我关系，使彼此隔离的族群边界出现了一个模糊地带，从而有机会形成不同形式的“叠影”。我联想起某些民族，如云南白族，它的本主崇拜也是这样的。本主是他们村寨的保护神。他们不仅会把地方诸神奉为本主，也会把传说中的英雄烈女当作本主，甚至会把敌人也变成本主来供奉。例如，南诏史上曾有著名一战，唐代大将李宓带领十万大军攻打南诏国，结果全军覆没，李宓将军也死了。南诏国人把死去的唐军士兵好好地安葬在万人冢，把李宓奉为本主。有一次我们去供奉李宓的将军洞考察，碰到一个老太太，正在那儿祭祀将军洞本主。我问：“你们知道不知道里面供的是谁啊？”她说：“知道啊，李宓将军啊。”我说：“他不是侵略者吗？”老太太回答说：“那是过去的事啦，我们现在要讲民族团结，不管哪个民族，将军都是一样要保佑的啦。”“侵略者”和“保护神”，竟以这样的方式“叠影”了！突然想起这个例子，和您说赛夏人亦敌亦友的“叠影”现象十分神似。也许不只赛夏族是这样，别的民族在处理与外族外界的恩怨时，也有不同的“叠影”形式。

胡：对。在某些时候可能有些类似。但是，我觉得赛夏族这个 tatini 的概念真的很特别，己族和外族、生者和死者都可以涵盖进去。赛夏的己族和外族间的界线比较流动和模糊，我们外人才比较容易进入他们的文化中。我拍影片和带外族人去学他们的东西都被接受。在祭典里面，只要我们穿上他们的服装，他们都会让我们站在舞圈里面，跟他们一起歌舞。但是，在别的族群，如排湾族将己族和外族分得非常清楚，你就是穿得跟他们一样，还是不能进入祭场和舞圈。

邓：我们做田野考察的时候，也常遇到类似的情况。例如，广东瑶族，他们十几年一次的祭祖大典，就是通过“起法名”“过九州”等仪式，使子孙与祖先“叠影”，生前和死后“叠影”，几重“叠影”。在“叠影”的同时又有疏离和隔绝。我参加过广东连南瑶族家族自发组织的一次祭祖大典，叫作“耍歌堂”（又叫“唉歌堂”或“旺歌堂”）。按照他们的文化传统，他们需要在俗名之外，重新起一个法名。法名是得到祖先认可的身份证。要是没有起过法名，他死了就回不了祖地，进入不了家谱、族谱，会成为与祖先祖地隔绝的孤魂野鬼，所以一定要起法名。还要请回祖灵，所有人列队“过九州”，象征性地回溯到祖先大迁徙的那个时空状态中，与祖先会合。他们在仪式中穿用红色丝线绣的衣裙，佩戴写有法名的法冠。据说这些衣物一生只穿两次，一次是耍歌堂，一次是入殡，都是要与祖先“叠影”的时候。因为我们关系处得比较好，他们允许我全程参加拍摄。但是，到了一个核心仪式，他们躲在一个房间里面做完那个仪式，不允许任何外族人参加，看都不能看。本家族地位一般的男人、女人，也不能参加。

刚才看完《矮人祭之歌》，朱靖江注意到片中好像有一个空间，不只是外人，就连赛夏族其他姓的人都被隔绝在外。

胡：是的，赛夏族朱家主祭屋内有一间房间，经常关着门，里面生了火，是朱姓主祭和返回的矮人等老前辈休息、烤火之处，一般人不能随便进去。还有一个现象很值得注意。矮人祭期间，主祭屋、一般的家屋、个人身上都会放置芒草结，芒草几乎无处不在。芒草很特别，原先我以为就是草，可能是辟邪之物，后来发现芒草就是矮人等老前辈的化身。在祭歌里面，凡是讲到芒草时，不直接称芒草 oe’so，而是以白茅 lemozae 代替，因芒草就是矮人等老前辈而有所避讳。换言之，芒草和矮人等老前辈的叠影。

邓：靖江注意到的这个空间关系和胡老师谈到的芒草与矮人等老前辈的叠影现象，很有意思！这个话题最终又归结到视觉人类学乐于探讨的问题了——物象、灵像和空间。

芒草（或其他物象，如赛夏部落矮人祭歌中出现的 27 种植物），在赛夏族矮人祭的仪式情境里，不仅仅是植物，一种自然物品，也是一种具有文化意义的物象，一种被人为地赋予了精神内涵的象征物。在祭祀者眼中，芒草不再是草，而是复生之结，是恶灵惧怕的利剑，是祖灵或享受祭祀的精灵栖身之地。在芒草上，叠合了祭司的法器和精灵的身影。芒草与辟邪物或矮人等前辈灵魂发生关系，并和它们产生叠影。

灵，貌似不可见。然而，在许多族群的认知中，灵是有像的。它们可以通过可见的视觉形式，以物象、雕刻、绘画等在人们眼前呈现；也可以在一种超视觉的情况下，以不可见的意象或有视觉感的幻象在人们心中呈现。在胡老师的案例中，可见的和不可见的都在“叠影”：芒草和灵魂叠影，参祭的真实赛夏人与传说中的矮人之灵叠影，神圣歌舞与世俗表演叠影。瑶族“耍歌堂”通过“起法名”和“过九州”仪式实现后辈与祖先的叠影，白族的本主崇拜甚至实现“侵略者”与“保护神”的叠影。人们在可见的日常世界里，通过物象、图像、歌舞及仪式行为等视觉、听觉形式，把不可见的灵性世界，象征性地呈现了出来并与之交流互动。

因此，空间，在祭祀现场，也就有可见日常世界和不可见灵性世界的空间“叠影”。对于局外人（外来的研究者和拍摄者）来说，赛夏人的生活空间（日常世界）和神圣空间（灵性世界），属于两种不同性质的空间关系，它们经由仪式进行分隔、互动并产生叠影。对于局内人（祭祀者）来说，生活空间和神圣空间，本是在同一空间关系中叠合的。人们经常出入于其间，难分彼此。所以在生活空间，也会“拜对神”或“撞到鬼”，与灵异世界发生关系，出现交融互动性“叠影”。即使神圣空间脱离本土环境，被转移到另外一个无关的生活空间里，仪式主体发生变化并将仪式变成表演（如胡老师把由原住民年轻人组成的“原舞者”团体，在矮人祭练唱期间去赛夏部落学习矮人祭歌，并搬上城市剧院演出的事），空间关系、文化功能和表演主体发生错位，却依然会在局内人心中发生奇异的感应性“叠影”，如那个意外死亡事件。在赛夏人看来，这不是一个偶然事件，而是具有相当直接的因果关系。正如胡老师所说，与外界恩怨交织的情感和“叠影”，是赛夏文化的主题。虽然空间错位，但跨时空的因果不会错位，它依然无所不在地叠加在所有当事人的心中。

空间的多重叠合，在很多人群中都有存在。在他们的心目中，青山绿水的自然空间之外，还叠合着一个超自然的空间。而在超自然空间里，又是通过自然空间的区隔,呈现一种胡老师说的多层级叠合而不叠盖的状态。例如，赛夏族矮人祭祭场中，还叠套着一个特别的空间，这就是主祭屋内那个经常关着门的房间。它是叠套在公开的祭祀空间里的另外一个封闭空间，具有特殊的功能。它不仅隔绝外人，连家族内的一般人也禁止进入。但它又是祭祀空间的一个部分，如棺椁般层层叠套，最终形成一个核心层，具有明确的内外、主次或权力关系。也就是说，这里可能存在一个“双重空间”甚至“多重空间”的问题。这个多重叠合的空间，与其他“叠影”现象一样，其实是历史与现实时空中的社会系统、族群关系和文化心理的投影。在不同“光源”和“场域”的作用下，折射出或对应了复杂的文化镜像。

仪式及其记录影像：基于独龙族“开昌哇”的讨论

郭建斌[①]

问：如果原始宗教都消亡了，对独龙族来说，意味着什么？

答：意味着文化灭亡啦！因为独龙族的很多文化、传统的文化习俗，包括社会的管理（即规矩、习惯法），都在这些祭神仪式中。你搞不好，神就会怪你……未来如果原始宗教消亡的话，我不知道独龙族未来信仰什么？当老的一辈消亡了以后，有些文化可能也就消亡了。

上述对话，是一部记录独龙族的一种传统仪式《开昌哇》[②]的影像片结束处，本文作者问云南省民族学会独龙族研究委员会会长李金明的问题及其回答。正如李金明会长所说，如果原始宗教消亡，老一辈人去世，像“开昌哇”这样曾经是独龙族一年之中最重要的年节，以及很多附着在这一仪式中的文化传统，都将消亡。

---

① 郭建斌，云南大学新闻学院传播与民族文化研究所。

② 在既往关于独龙族的文献中，对于这个年节的称呼，并不完全统一。有称为‘卡雀哇”“开昌瓦”“卡江尔瓦”等的。2006 年 6 月，国务院批准文化部确定并公布第一批国家级非物质文化遗产名录，独龙族唯一一项入选的即为该年节，非物质文化遗产目录中的名称是“独龙族卡雀哇”（471 Ⅸ—23）。有独龙族研究者这样认为：“卡雀哇”是学者取的名字，开强哇更接近独龙话。独龙族学者李今明曾这样讲过：我的著作按人类学的方法使用了“卡江尔哇”，这是学术上最认可的发音……现在只是统一了写法“开昌哇”而已，以后我要写“卡江尔哇”（以上这些内容截取自 2016 年 2 月 2 日“独龙族研究委员会会员群”中的相关讨论）。《开昌哇》这个纪录片由李金明任会长的独龙族研究委员会组织拍摄，因此名称按李金明会长的建议，也使用了“开昌哇”。因此，在本文中，笔者用的是与这部片子相同的名称。

正是出于对这样一种即将消亡的文化传统的保护，2011 年 12 月中旬，由云南省民族学会独龙族研究委员会发起，并在当地政府部门及乡、村、组各级的配合下，在云南省怒江傈僳族自治州贡山独龙族怒族自治县独龙江乡迪政当村组织了一次规模较大、较为完整的“开昌哇”，并且雇请专业人士用摄像机记录下来这次“开昌哇”的整个过程。在此基础上，独龙族研究委员会委托本文作者（本文作者也是独龙族研究委员会的会员）完成了后期剪辑，最后形成了一个时长近两个小时的影片，作为独龙族研究委员会的内部资料在小范围内赠送。

早在 2001 年，当时还在巴黎第十大学攻读博士学位的法国人施帝恩（Stéphane Gros）曾在独龙江乡迪政当村拍摄过一些关于“开昌哇”的影像素材。2003 年他又在当地人举办“开昌哇”时回到迪政当村进行补拍，在两次拍摄的基础上，施帝恩于 2010 年剪辑出一个时长近 100 分钟的影片，名为《独龙节“卡雀瓦”》。[①]这或许是关于独龙族的“开昌哇”较早的、较为完整的影像记录。除此以外，关于“开昌哇”，还有一些影视工作者或学者拍摄过一些影像资料[②]，但是从内容的完整性方面来看，由独龙族研究会组织拍摄的《开昌哇》是最完整的，并且更为重要的是，这几乎是迄今为止唯一的一部由独龙族的本民族学者组织拍摄并参与后期剪辑的关于“开昌哇”的影片。笔者直接参与了该片子的后期剪辑，因此对于这样一个影像文本的后期制作过程，也有较为清楚的了解。[③]

本文以“开昌哇”这样一种特定的仪式及其相关的影像文本作为考察

① 该影像资料由独龙江乡迪政当村陈永全提供，在此表示感谢。

② 如由云南大学高志英教授主持完成的《中国节日影像志·卡雀哇节》(2105）等。

③ 这部由独龙族研究会组织拍摄的片子最初是想请素材的拍摄者做后期剪辑，但因为拍摄者对后期剪辑的要价太高，独龙族研究会无力承受，本文作者在 2002 年在独龙江乡迪政当村进行田野调查期间曾参加过当地村民组织的“开昌哇”，对这仪式有一些具体的认识和了解，并且本文作者所在的云南大学新闻系的实验室有相关的设备和技术支持。在《开昌哇》的后期剪辑中，云南大学新闻系教师李元昭提供了很多的技术支持，并且还亲自动手对片子做了一些技术处理，在此对李元昭老师表示感谢。

对象，拟围绕以下问题展开讨论：“开昌哇”到底是怎样的一种仪式？记录影像是如何介入这一仪式中的？这样一种记录影像的方式是否能够做到如实的记录？影像的介入对这一仪式又带来了一些什么样的变化？进而，本文还将对如下问题进行追问：除了影像之外，还有哪些力量在促使着“开昌哇”的变化？记录影像是否可以起到文化传承的作用？独龙江乡目前发展中暴露出来的一些问题与社会巨变、传统的“断裂”之间有何关系？传统“消逝”之后，社会如何得以维系？

一、作为仪式的“开昌哇”

独龙江乡位于云南省怒江傈僳族自治州贡山独龙族怒族自治县的西部，北与西藏察隅县相连，西面与南面与缅甸接壤，行政区划属于贡山县的一个乡，也是中国境内独龙族最大的聚居区。在既往的文献资料中，“开昌哇”被称为独龙族一年中最重要的年节。据一些学者的观点，过“开昌哇”这一年节的主要是居住在独龙江中上游（主要是目前的孔当、献九当、龙元和迪政当四个行政村）地方的独龙族，下游（包括现在的巴坡、马库两个行政村）村子并不过“开昌哇”。[①]因此，有些下游村子的独龙族对把“开昌哇”作为独龙族最重要的年节这一做法并不认同。有学者对“开昌哇”在独龙族内部认同差异进行过讨论，提出了“复数位”的观点，认为：“主客位的‘复数位’一方面保留了作为认识主体的主位和客位这一方法，另一方面则强调此处的主位与客位的多重性。”[②]这当然符合当地的实际情况，但是这样一种理论表达，似乎也只是对现象的一种“浅描”。在查阅相关文献时，笔者也发现在既往对于“开昌哇”相关的讨论中，有一个最大

---

① 张桥贵：《独龙族文化史》，昆明：云南民族出版社，2000年，第66页。

② 马翀炜、覃丽赢：《复数位：独龙族“开昌瓦”节日研究及方法论启示》，《华南师范大学学报》（社会科学版）2017年第3期，第148—155页。

的问题是对于这一仪式到底是一种什么样的仪式，论者们大多含糊其词。究其原因，很重要的一点是没有亲历过这一仪式，甚至也没有注意到关于这一仪式的较为详尽的文献。因此，在这里，结合相关文献以及笔者所亲历的“开昌哇”，有必要对这一仪式本身做一个较为详尽的介绍。

在既往的相关文献中，对于“开昌哇”最为详尽的记录是独龙族学者李金明的《独龙族原始习俗与文化》一书。或许是因为该书只是一本内部资料，所以流传不广。李金明在该本书中关于“开昌哇”的记述是根据访谈而来的。因为李金明于 1979 年就离开了家乡独龙江乡到贡山县城读初中，1982 年到北京中央民族学院附中读高中，1986 年在云南民族学院读大学，1990 年大学毕业后分配到云南省社科院工作。[①]1979 年之后，李金明应该没有参加过当地严格意义上的“开昌哇”，因为当地举办“开昌哇”的时间，均是独龙江乡封山的季节。李金明应该无法归家“过节”。而且据笔者于 2008 年对迪政当村冷木当小组的李自才的访问：1966 年以后至 20 世纪 80 年代初，冷木当就没有举行过“开昌哇”。[②]在李金明的记述中，他没有明确是什么时候对什么人进行的访谈。对于本民族的学者来说，有些事情是他（她）亲历过的，有些则是通过对相关知情人士的访谈得到的，最后通常以知情者的方式讲述出来，这也是一种惯常的做法。

由于李金明对“开昌哇”的记述较为详细，本文不便全文转引。笔者曾在 2002 年初在独龙江乡迪政当村参加过一次“开昌哇”[③]，因此下面的介绍是结合了李金明的记述及笔者的观察综合而成的。

李金明认为“开昌哇”“是过去独龙族一年中唯一的节庆活动”。[④]如上所述，这一说法有些过于宽泛。李金明在《开昌哇》中对这一节日进行介

---

① 政协怒江州委员会文史资料委员会编：《独龙族》，潞西：德宏民族出版社，1999 年。

② 郭建斌：《边缘的游弋：一个边疆少数民族村庄近 60 年变迁》，昆明：云南人民出版社，2010 年，第 238 页。

③ 关于本文作者参与“开昌哇”的详细记录，参见：郭建斌：《边缘的游弋：一个边疆少数民族村庄近 60 年变迁》，昆明：云南人民出版社，2010 年，第 371—385 页。

④ 李金明：《独龙族原始习俗与文化》，《民族文学研究集刊》1999 年第 13 辑，第 264 页。

绍时，他修正了这一说法，指出“开昌哇”主要是独龙江上游村庄的节日。

“开昌哇”的目的是什么？李金明写道：独龙族信仰“格孟”和“拉”（“格孟”和“拉”是原始宗教中的神氏，居住在天上），人们认为“格孟”和“拉”能保佑人们延年益寿，保佑人类不被疾病夺去生命，不被滚石压死，不被树木砸死。所以，独龙族人每年都要举行一次祭祀“格孟”和“拉”的“卡江尔哇”（即本文所说的“开昌哇”，详见前面的注释）节庆仪式，即祭天过年节。①

何时举行“开昌哇”？李金明这样写道：年节一般在独龙族原始历法的“投提龙”和“得日干龙”两个月间。“得日干龙”是独龙族历法一年中的最后一个月，“意思是植物或树木皮可以割下来的月”，“投提龙”则是独龙族历法一年中的第一个月，“意思是无事可干的月，呆坐得皮肤也磨破了”。②

由于既往的“开昌哇”通常是以村寨或氏族（家族）为单位举行的，因此，“各村寨、各家族过节的时间不一致，各村寨自己选定节庆的日期”。③

2002 年初笔者在独龙江迪政当村调查得知，迪政当一带的“开昌哇”通常表示新的一年的开始，并且选择在有月亮时举行。这也就意味着农历的月头和月末不适合举行这样的仪式。当地的独龙族认为，没有月亮时阴气太旺，“鬼”的活动最猖獗。2002 年迪政当村的“开昌哇”的举行时间是 2 月 11 日至 14 日。2 月 11 日是农历的除夕，照理说也不是适合举行“开昌哇”的日子。

1991 年贡山独龙族怒族自治县第九届人民代表大会通过了《云南省贡山独龙族怒族自治县自治条例》,《条例》的第 54 条规定把每年公历 1 月 10 日定为独龙族的“开昌哇”节。这样一种根据西历的时间做出的

①③ 李金明:《独龙族原始习俗与文化》,云南省社科院民族文学研究所编:《民族文学研究集刊》1999 年第 13 辑，第 264 页。

② 李金明:《独龙族原始习俗与文化》，云南省社科院民族文学研究所编:《民族文学研究集刊》1999 年第 13 辑，第 263—264 页。

规定，同样与传统不符。

2003 年，独龙江乡政府在乡政府所在地孔当举办过一次全乡性的“开昌哇”（具体时间不明）。2016 年 2 月 3 日至 11 日，独龙江乡政府又在孔当组织过一次规模较大的“开昌哇”。这个时间同样不是 1991 年贡山县规定的 1 月 10 日，并且名称也不是 2006 年作为“非遗”项目的“卡雀哇”。有学者把这次“开昌哇”称为“独龙族真正意义上的全民性节日”[①]，这样的说法同样不够严谨，更像是一种新闻语言。

在“开昌哇”举办之前要做很多的准备工作，整个仪式过程中需要量很大的水酒，可能提前一个月就要开始酿制，仪式中所需的数量不菲的独龙毯，可能提前半年就要开始准备。其他的仪式过程中需要的竹子、荞面等，也要提前几天准备。

按李金明的说法，整个“开昌哇”仪式通常要持续五天。[②]但笔者认为，“开昌哇”最重要的活动主要集中在两天。在这两天里，前一天的活动主要是以家庭为单位在各自家里举行，后一天的活动则是从户内转移到户外的公共祭台。在此之前，搭建户外的祭台也是过节准备的内容之一。即便是这两天的活动，其具体内容十分丰富，在此无法一一细说，只能选择几个重要的环节进行介绍。在各个仪式环节之间，还伴随着歌舞等娱乐活动。

（1）“拉达尔族”。这是第一天上午在家门口进行的一项活动，活动的内容是把独龙毯挂到竹子上，呈旗帜状，也有些像藏族的经幡，然后把挂着独龙毯的竹子插在各家门口。这种“拉达尔”有两种，一种是较大的，每家一个，并且是先做这个。据当时的观察记录，这个大的“拉达尔”有一个单独的名字，即“东玛”。在各家做“东玛”之前，先是有人在距离住

---

① 马翀炜、覃丽赢：《复数位：独龙族“开昌瓦”节日研究及方法论启示》，《华南师范大学学报》（社会科学版）2017 年第 3 期，第 148—155 页。

② 据李金明的记述及笔者的观察，这五天大致是这样分配的：第一天，搭祭台，净身、净物等；第二天，挂“拉达尔”（即把独龙毯挂在竹子上），用荞面捏制各种猎物的模型，取净水等；第三天，户外祭台的集体祭祀；第四天，集体娱乐；第五天，分食炒玉米、黄豆等，吃一顿“散伙饭”。

家有三百余米远的半山腰上的一块巨石上燃起松烟，看到半山腰上的松烟燃起之后，各家的火塘也开始烧起事先准备好的青松针，火塘里还撒进一些当年收获的各种粮食，以及一些家禽、牲畜的骨头，松烟燃起后还往松针上洒一些水酒。有人摇响铜铃，有人敲打铜锣。在做完代表整个家庭的“东玛”之后，再做小一点的“拉达尔”。“东玛”每个家庭只有一个，而“拉达尔”的数量，则与家庭人口的数量相同。“东玛”位于中间，“拉达尔”分布在“东玛”的两侧。在做“东玛”和“拉达尔”时，参与这一活动的人嘴中念念有词。据李金明的记述，此时的念词是：“格孟南木萨呀，保佑大地之上的男女老幼，不要随意死亡，保佑好你们的子孙延寿年长吧。”①笔者 2002 年参与迪政当的“开昌哇”时了解到的情况是：“拉达尔族”的意思是通知他们氏族的鬼，他们在做“东玛”和“拉达尔”时所念的就是他们自己氏族的鬼。当时举行“开昌哇”的“玛珑”氏族共有 15 个鬼，都被一一念到，最大的鬼叫“夏江木切雄”（或“嘎哇嘎布”），据说是住在村庄东北方向的高黎贡山的最高峰上，此后的 14 个鬼从东北沿着逆时针顺序分布在村庄四周，他们也是按这个顺序来念的。

（2）“达休”。在“拉达尔族”结束后的当天下午，家里的男子用荞面捏制各种动物的模型，并把这些捏制好的动物模型放到一个盆（或类似的容器）里，盆的中央是一个同样是用荞面做成的山峰，各种动物模型分别“爬”在盆边的四周，盆里还要插上一个小的“拉达尔”。这些动物模型做好之后，有一个简短的“达休”仪式，捏制动物模型的人把做好的动物模型放到房间里的一个台板上，手里拿着几根燃烧的松针念道“请‘拉’把野兽放下来到这地方，把野兽放下来给我，这样，我就能捕到野兽”。②这些动物是以前独龙族打猎的猎物，“达休”仪式即向“拉”索要各种猎物。

① 李金明：《独龙族原始习俗与文化》，云南省社科院民族文学研究所编：《民族文学研究集刊》1999 年第 13 辑，第 265 页。

② 李金明：《独龙族原始习俗与文化》，云南省社科院民族文学研究所编：《民族文学研究集刊》1999 年第 13 辑，第 266 页。

2002年的“开昌哇”，其中一个家庭做的猎物主要有鸟、麂子、牛、野牛、山驴、狗等。其中，狗应该是打猎用的，其余那些是猎取的对象。

（3）“涵玛贝果”。“涵玛贝果”的意思是占卜，所使用的道具是碗（独龙话“贝果”）。这样的占卜活动在两天的活动中要进行两次，第一次是前一天在家里，通常是在晚上在自家的火塘边举行，第二次是在第二天在户外的公共祭台上举行。在家里举行的“涵玛贝果”，李金明的记述如下：

> 天黑后，全家人都站起来，穿上新衣服，挂上刀弩，先在自己屋内的火塘边的“斯亚”那地方唱歌跳舞。领唱者家族长手端盛满清水的碗，唱毕念祷道：“假如过了一年后，到了明年的这个时候，家人都健康，没有人死亡的话，就让这碗口朝上吧。”随后把碗抛到火塘上方竹编的“黑木”（即楼台）上，若水碗碗口朝上，则认为全家吉祥，不会死人。若碗口扣底则为凶卜，此年内家中将会死人。若水碗从楼台上滚下来，则认为家中不久将有人死去，遇此情况，再把碗捡起来，盛水、念祷，又抛出，直至碗口朝上为止。一般反复三次，三次为定数。①

第二次的“涵玛贝果”则是在后一天祭祀转移到户外的公共祭台时，其意义与前一次完全相同。

在第一次的“涵玛贝果”结束之后，所有参加“开昌哇”的人轮流着到各家的火塘边唱歌跳舞，意思是送祝福。这样的歌舞活动，通常持续到第二天天蒙蒙亮时。

（4）“杂达普里及”。“杂达普”即位于户外的公共祭台，“里及”是去的意思，“杂达普里及”完整的意思即为到户外的公共祭台去，也即整

① 李金明：《独龙族原始习俗与文化》，云南省社科院民族文学研究所编：《民族文学研究集刊》1999年第13辑，第266页。

个“开昌哇”仪式的一个重要的转场。第二天天蒙蒙时，各家在自家的火塘里再次燃放松烟，然后开始祈祷，祈祷来年风调雨顺、五谷丰登。然后，各家人举着前一天做好的“东玛”和“拉达尔”，端着做好的猎物的模型，举着火把，浩浩荡荡地到达位于室外的公共祭台，并把各家的“东玛”和“拉达尔”插在公共祭台前。此过程中还有一些更具体的细节，暂不赘述。

（5）“干木拉斯义休”。这是第二天上午户外活动的一项重要内容，通常在太阳出来时举行。李金明的记述中对“干木拉斯义休”的解释是——“干木拉”是护身符，“斯义休”是自带在身上，即意为自己带上护身符。[①]

之后是“涵玛贝果”，意义与前一天晚上在家里举行的相同。这次“涵玛贝果”之后，把那些荞面捏制成的猎物模型也一并扔到祭台后方铺了松针的地上。据李金明的记述：“野兽头朝向自己（意）为打得着野兽，否则相反。”[②]笔者在 2002 年参加迪政当村举行的“开昌哇”时，看到人们把那些猎物的模型抛出之后，还把有些猎物模型放到祭台后的一个空旷的地方，用弩弓进行射击。这似乎有某种竞赛的性质，是否能射中代表着箭法的好坏。

（6）送“嘎伊”。这是第二天上午户外活动的一项内容。“嘎伊”在独龙话中是“运气”的意思，送“嘎伊”也即把“好运”送给各家各户。有人举着部分“拉达尔”，手里挥舞着砍刀，边走边舞朝家的方向走去。当他们把“拉达尔”在各家门前插好之后，交叉着到其他人家（即我家人到别人家，别人来我家）送“嘎伊”。李金明记述的这个阶段的念词是：“让咱家富裕起来吧，让福气和运气在咱家里，使咱家

---

① 李金明：《独龙族原始习俗与文化》，云南省社科院民族文学研究所编：《民族文学研究集刊》1999年第 13 辑，第 267 页。

② 李金明：《独龙族原始习俗与文化》，云南省社科院民族文学研究所编：《民族文学研究集刊》1999年第 13 辑，第 268 页。

有粮吃，有肉吃，有酒喝，女人生孩子，让母子平安成长，让咱家兴旺发达……”[①]

（7）“当亚休普”。这是“开昌哇”户外活动的最后一个环节，“普”在此的意思是“歌曲”，“当亚休普”意思是结束时唱的歌。此时，户外祭台旁边的篝火再度开始燃放松烟，人们围着篝火又唱又跳。李金明对此时的唱词的记述是：

> 这是独龙族人的习俗，是祖祖辈辈传下来的习俗，设祭台，祭“格孟”和“拉”，在祭台处聚会过年，这是古老时候就传下来的习惯，现在聚会要结束了，刚才来祭台前的鬼怪也可以走了，可以散去了……[②]

之后，所有参加仪式的人排成一队，男人挥舞着砍刀，边唱边跳把鬼魂送到村尾。此时手中有刀的人用刀尖蘸一点水酒，挥向空中，在场的每个人均要喝一口水酒，然后燃放爆竹，所有人迅速奔回各自的家里。“开昌哇”的户外活动正式结束。

（8）“江布登”。之后的时间，是喝酒娱乐的时间。直到“开昌哇”的最后一天，还有一个活动，称为“江布登”。李金明的记述是：

> “卡江尔哇”节要结束的那天，每家出一些豆子、包谷，一部分人炒包谷，一部分人炒豆子，给牙不好的老人吃的磨成炒面。全村寨的人又相聚在一起，吃爆米花和豆子，叫作“木达阿闹开”，即吃散伙豆子。人们饮酒，唱歌跳舞，把所有的酒喝完，爆玉米和豆子吃完，

---

①② 李金明:《独龙族原始习俗与文化》，云南省社科院民族文学研究所编:《民族文学研究集刊》1999年第13辑，第269页。

跳舞跳到太阳西沉才散去。到此，“卡江尔哇”节庆活动宣告结束。[①]

（9）剽牛仪式。在李金明的记述中，讲到了剽牛仪式是“开昌哇”中最隆重的活动，但是在笔者2002年在迪政当参加的“开昌哇”中，并没有这项内容。并且李金明的记述中也讲到，过去也只是在龙元以上的地区（俗称“拉拉达”，即今天的龙元、迪政当两个行政村），“剽牛仪式在节日期间进行，不再单独举行剽牛的‘投荣哇’”。[②]用于“开昌哇”仪式中所剽的牛，由当地富裕的人家贡献。

在正式剽牛之前，要在牛所属的主人家为牛进行一番装扮，给牛披上一条独龙毯，牛角上也挂上妇女戴的珠串，然后绕主人家的房子三圈。其间念念有词。实施剽牛的人一般是当地的巫师，当地的巫师分为两种，另一种是“乌”，一种是“南木萨”。剽牛由两名巫师来完成。李金明的记述如下：

两个乌人或南木萨手持长竹矛或铁矛，手舞足蹈，绕牛而跳，群众也围城一个大圈，边唱边跳。此时，大铓锣、小铓锣一起敲打，热闹非凡。两位巫师边喝酒边祝祷，时而把酒用嘴喷在牛身上，群众中有人拿着水碗和一块石头念祷道：“若此乌人是作祟于人的畜的乌人，那么，剽牛时就像刻到这块石头一般，牛身坚硬得刺不进去；若是一个好乌人好南木萨，那么，就像刺到水里一般，把牛毫不费力地剽进去。”念毕，两个巫师也喝足了酒，分别持矛舞到牛的两边，猛然一矛刺向牛的腋下。牛大跌大撞，几刺之后，牛被刺倒而死。[③]

---

①② 李金明：《独龙族原始习俗与文化》，云南省社科院民族文学研究所编：《民族文学研究集刊》1999年第13辑，第270页。

③ 李金明：《独龙族原始习俗与文化》，云南省社科院民族文学研究所编：《民族文学研究集刊》1999年第13辑，第271页。

以上就是独龙江迪政当一带的“开昌哇”的一个较为详尽的介绍。

二、作为记录影像的“开昌哇”

如前文所述，在20世纪六七十年代，独龙江北部的地方就基本上停止了“开昌哇”活动。据笔者对迪政当村冷木当小组的李自才的访谈，他说直接的原因是当时冷木当的很多村民得了一种病（独龙话叫“班日里”，医学名称不清楚），一个姓和的医生来冷木当给村民治病，他说“开昌哇”是迷信，不能开展了，于是这项活动就停止了。[①]这样一种解释和“开昌哇”一样同样充满了太多的神秘色彩。但是这种同样充满神秘色彩的解释，与当时主流的意识形态是合拍的。据李自才介绍，在20世纪80年代初期，当地又举行过“开昌哇”，那次开展了三年。[②]根据目前了解的情况，后来就是2001年迪政当村举行的“开昌哇”了。

2001年，独龙江乡迪政当村的几户村民为何举办“开昌哇”，是因为法国人施帝恩要拍摄影像，在与村民协商之后，由迪政当村迪政当小组的几户人家在位于独龙江江东的地方举行的。从某种意义上来说，2001年迪政当村再度举办已经停止了多年的“开昌哇”，是研究者为了拍摄的需要，完全是一种偶然因素促成的。按照当地的传统，“开昌哇”一旦举办一次，就要连续举办三年。虽然2002年法国人施帝恩没有在场，但是前一年举办“开昌哇”的那几户人家按照以往的“规矩”，接着举办了第二次“开昌哇”。也正因如此，笔者才有幸亲历了一次以前只是在文献资料中看到过的“开昌哇”。2003年，迪政当的那几户人家连续第三年举办“开昌哇”，法国人施

---

① 郭建斌：《边缘的游弋：一个边疆少数民族村庄近60年变迁》，昆明：云南人民出版社，2010年，第238页。

② 李金明：《独龙族原始习俗与文化》，云南省社科院民族文学研究所编：《民族文学研究集刊》1999年第13辑，第238页。

帝恩又回到了迪政当，拍摄了一些影像素材。迪政当村的部分村民在 2001 年初举办“开昌哇”，在某种意义上是为了满足研究者影像拍摄的需要而促成的。笔者不清楚施帝恩当时是如何说服当地人的。笔者在前文中也讲到过，2002 年定在除夕的前一天举行“开昌哇”，和当地传统的举办“开昌哇”的时间是有抵牾的。其时间是否和前一年及后一年举办“开昌哇”的时间完全相同，笔者只能根据当地人目前已经习惯以日历计时（并且主要有春节这样一个具体的时间点）来做出某种推测。可以说，这次举办“开昌哇”的具体时间，主要是根据影像拍摄者的需要而确定的。

前面已经讲过，独龙族研究会为何要举办这样一次“开昌哇”，主要是出于文化传统的保护考虑，并且还聘请了专业人士把整个过节的过程拍摄下来。2011 年“开昌哇”开始的时间是 12 月 12 日，为何确定这样一个时间？是因为那时独龙江公路隧道还未贯通，若时间再晚，很可能封山。这不仅仅是笔者的猜测，因为此前学会开会时就讲到过这方面的情况。2011 年 12 月 12 日，是中国农历的十八，这个日子和既往当地独龙族在有月亮的时候举办“开昌哇”的规矩，倒是基本吻合的。

可以看出，2011 年独龙族学会在迪政当组织的“开昌哇”，如同 2001 年（也包括 2003 年）迪政当村部分村民在法国人施帝恩的要求下组织的“开昌哇”一样，其中一个主要的目的是要用影像的方式把该仪式记录下来。2011 年的“开昌哇”，无论从参加的人数还是仪式的完整性来看，均是 2001—2003 年的“开昌哇”无法相比的。这次“开昌哇”的举办地点与 2001 年的也不相同，是在和 2001 年举办“开昌哇”大致相同的位置的独龙江西岸的平地上。从影像中可以看出，迪政当、冷木当两个村民小组均有参加。李金明的老家是冷木当小组的，并且他是独龙族研究会的会长，由他出面来组织这样的活动，应该没有太大问题。

前面说过独龙族研究会之所以要把这个仪式过程记录下来，是出于保护文化传统考虑，因此整个活动的组织、拍摄等，主要是由独龙族研究会来“规划”的。这和当地人按照传统的“规矩”过节，影像记录只是进行跟踪拍摄，同样存在差别。

影像拍摄者是独龙族研究会请去的，他似乎对“开昌哇”没有过多的了解，哪些地方需要拍摄，应该也是由“组织者”安排的。由于拍摄者并不真正地了解“开昌哇”，因此他的拍摄，并不是“民族志”意义上的。拍摄者或许仅仅是为了完成一个具体的拍摄任务，主要关注的是具体的活动本身，而缺少一些涉及当地文化生活细节的内容，甚至周围的环境等在素材中也很难找到。这一点在后期剪辑时也发现了，但因时间关系，没有再去补拍。在这一点上和 2001 年、2003 年由施帝恩自己拍摄的“开昌哇”有很大的不同。施帝恩虽然是外国人，但是他在独龙江一带进行了较长时间的田野调查，听当地人说他的独龙话讲得非常棒，在田野调查期间他可以自如地使用独龙话和当地人进行交流。在他 2010 年剪辑出的片子里，除了仪式本身之外，还有不少关于当地人日常生活的细节，虽然他的片子中有些内容和“开昌哇”并无直接关系，但是这些素材，对于了解“开昌哇”仪式的文化持有者的日常生活，是有意义的。因此，可以说施帝恩所拍摄的片子是“民族志”意义上的。从拍摄者的角度来说，施帝恩的拍摄是入戏的，独龙族研究会请去的拍摄者，他仅仅只是一个“旁观者”。这是一个民族志影片中的有趣的问题，因为篇幅所限，暂不展开。在施帝恩摄制片子的最后，他和当时参加“开昌哇”的人在户外的祭祀即将结束时合影，也进入了影像当中。一直作为观察者的研究者，在片子的结尾处直接出现在了与仪式参与者的合影中，这仿佛是电影拍摄中的花絮。这样的处理方式，颇具意味。

前面已经讲到过，在目前可以看到的文字类的文献中，最为详细的记述是李金明的著作中的那个版本。因此在后期剪辑时，笔者虽然参加过一次“开昌哇”，但是对于整个片子的结构，还是按李金明的意见来执行的。只是笔者在看过将近 8 个多小时的素材之后，感觉到如果只是按原有的素材来进行剪辑，外人（亦包括未亲历过这一仪式的独龙族）很难明白这个仪式到底是怎么回事。因此，笔者建议让李金明把这个仪式的相关背景作一个较为详尽的介绍，并且把李金明的讲述以影像的方式拍摄下来，后期剪辑时穿插在整个片子中。并且，整个片子是按一种时间顺序来进行结构的，片子的分段及在分段处所加的字幕，基本上是按照前面讲到的“开昌哇”的几个重要环节并经李金明的认可之后才确定的。这样的方式，更多的是一种介绍式（或说明式）的。在法国人施帝恩拍摄的片子中，完全没有这样的分段，也没有字幕。

由独龙族研究会组织拍摄的“开昌哇”片子的最大的亮点，应该是剽牛仪式。在施帝恩的影像中没有这项内容。这头牛是由活动的组织者购买的，而不是像以前一样由当地富裕的人家“赞助”的。但无论如何，在2011年的“开昌哇”的影像中完整地记录了剽牛的过程。这段素材，应该说是十分珍贵的。

三、影像介入给“开昌哇”带来的变化

对于影像介入之后给“开昌哇”所带来的变化，本文将主要从时间和空间两方面入手来进行分析。这两方面虽然不是影像介入之后“开昌哇”变化的全部，但是在笔者看来，从时间与空间所展开的分析，一方面是与实际情况较为吻合；另一方面，由此延伸出去，甚至可以对发生在独龙江的其他方面的变化做出一个较为合理的解释。

（一）时间

在以上介绍中，可以看出，由于影像的介入，给传统的仪式带来了一些变化，其中很重要的一点是为满足影像拍摄者的要求，仪式举行的时间发生了变化。2001—2003年，以及2011年在迪政当村举办的“开昌哇”，均与影像拍摄有直接的关系。如果没有影像拍摄的要求，在民间已经中断

了多年的“开昌哇”是否会得以再度举办？两次影像拍摄的时间与传统的“开昌哇”举办的时间并不完全相同。2001—2003 年的“开昌哇”，其实只是在迪政当村的几户村民家举行的，范围很小。2011 年举办的“开昌哇”，规模要比 2001 年的大得多。但是两次“开昌哇”的具体举办时间，均是为了迁就拍摄者的时间而选定的。有个有趣的问题，在这两部关于“开昌哇”的记录影像中，均没有明确地提及这个问题，两部片子均只是相对“客观”地、“完整”地呈现了整个仪式的过程，而对于传统的“开昌哇”举办的具体时间是要通过巫师占卜这一点，两部片均有意无意地“遗漏”了。虽然从周围的景致也大致可以判断出“开昌哇”举办的季节，并且影像中所反映出来的季节与传统“开昌哇”举办的季节看不出有较大差异。就整个“开昌哇”举办过程中各个环节的活动而言，还是较好地遵循了传统。对于拍摄者来说，做到了这一点或许就意味着完整地记录下了整个仪式过程。由于缺失了仪式的具体举办时间，影像记录和其他文字记录一样，变成了一种“讲故事”的时间叙事方式——“在很久很久以前”。由于缺少这一环节，或者由于拍摄的需要而改变了这一“传统”，因而有意地去回避这一点，因此使记录影像也就显得不那么“客观”。

由于影像的介入，传统“开昌哇”的时间被压缩并凝固了。如前所述，传统的“开昌哇”的时间通常是 5 天，但是在两部片中，时长均未超过两小时。即便时长还可以增加，但是与实际仪式的时长，一般不会完全相同，也似乎没有这样的必要。此外，传统的“开昌哇”的时间是随着时间转瞬即逝的，是不可逆的，但是作为影像记录的“开昌哇”的时间，则是凝固的。从某种意义上来说，可以说是永恒的。这正是影像时间和现实时间的区别。2002 年笔者在参加迪政当村几户人家举行的“开昌哇”时，对于各个环节的活动，笔者会不自觉地问别人几点开始，但是当地人并无如此精确的钟表时间的概念，因为那时他们几乎没有钟表，他们确定各个环节活动开始的时间，完全是根据太阳的位置来确定的。虽然经由影像所记录下来的时间是可以确定具体的时间的，但是在片中似乎也无须去呈现具体时间。有些场景完全可以根据影像作出判断，如夜晚、早晨、白天等。但是有些时间节点，影像拍摄者似乎都没有留意到当地人根据太阳的位置来确定时间这一细节。因为在影像的素材中是有具体时间记录的，既然有此便利，其实后期剪辑时是可以标出各个环节的具体时间。这一点，笔者在帮独龙族研究会剪辑时并没有意识到。

关于“开昌哇”的举办时间问题，并非仅仅是因为影像的介入而发生改变的，本文前面也提到过，在 1991 年贡山县就把每年的 1 月 10 日定为“开昌哇”的法定节日。这个时间与传统的“开昌哇”的具体举办时间，更是两个完全不同的时间体系。作为官方法定节日的“开昌哇”，从某种意义上来说，与所谓的传统已经没有太多的关联，更多的是一种假日的意义。并且这样一种法定假日，仅仅与公职人员有关，与普通百姓没有太大关系。如果说民间传统的“开昌哇”还意味着某种神圣时间，那么，官方规定的“开昌哇”则完全是一种“制度时间”或“世俗时间”。

就笔者所了解的情况，作为官方规定每年 1 月 10 日的“开昌哇”，民间似乎不太认同，其中一个重要原因就是时间。因此，无论是 2001 年还是 2011 年的“开昌哇”，均没有选择当地政府规定的 1 月 10 日，而是更希望按照“传统”来选定时间。但是在具体的执行中，同样无法与传统做到完全一致。

（二）空间

传统“开昌哇”的仪式空间与影像所建构的空间，是两个完全不同的空间。传统的“开昌哇”所建构的仪式空间，准确地说是一种人神空间，“开昌哇”仪式，正是连接人神空间的一个节点。正如前文说到的，独龙江北部的村庄以前举行“开昌哇”，是为了祭祀“格孟”和“拉”。并且，不同的氏族（或家族），虽然天神“格孟”是相同的，但各个氏族（或家族）的“拉”是不同的。

但是经由影像记录的仪式，如同前面讲到的除了在时间方面发生了变化之外，在空间方面也发生了较大的变化。这样一种从仪式空间到影像空间（或“媒介空间”）的变化，在既往关于仪式的讨论中，似乎并未被充分地意识到。

在《仪式互动链》的第二章中，柯林斯专门用其中的一节来讨论了“9·11”事件中团结符号的创造[①]，在这部分的分析中，柯林斯所使用的是“9·11”事件的纪录片，其文本恰恰不是柯林斯前面所说到的那种面对面的仪式，而是一个由传媒建构出来的“媒介仪式”（或“媒介空间”）。在阅读柯林斯关于传媒与仪式关系的讨论的文字和此后他对“9·11”事件的纪录片所做的分析时，常常让人感觉到柯林斯的论述逻辑前后并不一致，甚至是自相矛盾的。在前面的讨论中，如果不说柯林斯对传媒完全持一种批评的态度，至少可以看出他在看待传媒对于“情感连带”方面的作用是十分有限的；但是当他讲到“9·11”事件时，通过传媒所建构出来的这样一个仪式文本，又让他对这样一种“媒介仪式”的“效果”赞许有加。身处一种现代传媒环境中的柯林斯，此时或许完全忽视了作为“社会皮肤”的传媒环境的存在，这就使他在考察通过传媒所建构起来的关于“9·11”事件的相关仪式中的所蕴含的那种团结和亲密感时完全忘记了这些都是由传媒建构出来的。

英国学者库尔德里和麦卡锡曾经对“媒介空间”作过较为详细的讨论，他们把“媒介空间”的研究分为五个层次（或类型），即“媒介的空间表征”“媒介对社会空间的改造”“媒介的消费空间和生产空间”“媒介在空间中运作所导致的错综复杂的联系”“媒介所产生的错综复杂联系在不同地方的不同的经历和理解”。[②]对于库尔德里和麦卡锡上述五个层次（或类型）的

① 〔美〕兰德尔·柯林斯著：《互动仪式链》，林聚任、王鹏、宋丽君译，北京：商务印书馆，2009年，第135—144页。

② Couldry N., McCarthy A. *MediaSpace: Place, Scale and Culture in a Media Age*. London: Routledge, 2004.

媒介空间，潘忠党和於红梅在一篇文章中作了这样的解读：

> 在他们看来，当代电子媒体的发展，本身就是一个空间的过程，它突破了很多空间构成中的藩篱，也提供了很多可以开拓、重塑空间的可能性。这个过程既是物质的，也是象征的；既涉及媒介内容的生产和消费场所、文本再现的空间和由该再现的流动所构成的空间，也跨越不同规模的空间，涉及地方与全球之间的交织（entanglement）以及人们在不同条件下对此多元的体验。①

2008年北京奥运会期间，笔者刚好在独龙江迪政当村做田野调查，有机会观察到了当地人通过电视直播观看奥运会开幕式的情况。在此之后完成的一篇文章中，笔者这样写道：“正是由于媒介仪式和那些没有传媒参与的仪式在时空结构上的区别，使得二者在呈现方式以及功能上都有了很多的不同，进而在考察的重点上也需要做出一种转向，即从过程分析转向时空分析。”②在该篇文章中，笔者还对媒介介入之后的仪式和没有媒介介入的仪式之间的区别做了说明：

> ……时空结构上的差别是媒介仪式与传统仪式的一个重要区别。通常，人类学所分析的仪式是在一个具体的时空结构中的仪式，在时间上具有不可逆转性，在空间上相对有限，通常就是仪式发生的现场。但是传媒（为了讨论的方便，笔者在这里把传媒限定为电子传媒）介入了仪式生产之后，情况发生了很大变化，经由传媒所生产出来的仪式的时空结构与传统仪式有很大不同。在时间上，由于传媒的特殊性，

① 潘忠党、於红梅：《阈限性与城市空间的潜能——一个重新想象传播的维度》，《开放时代》2015年第3期。

② 郭建斌：《媒介仪式中的“家—国”重构与游离——基于中国西南一个少数民族村庄田野调查的讨论》，《开放时代》2012年第5期。

> 使得传统仪式在时间上的不可逆转性得以改变，一些没有观看到直播或是要对这一仪式再度回味的人，事后可以再看重播或是那些现场记录下来的影像。在空间上，由于电子传媒在消除空间感方面的神奇功能，使得这样一种媒介仪式完全打破了传统仪式在空间上的局限性，在某种意义上实现全球的现场直播。正因如此，使得这样一种媒介仪式除了在仪式发生的第一现场之外，还有了很多第二现场，或是第三现场、第四现场。此时暂且不论时间的逆转，也暂时忽略信号传播上的时间差，仅就“现场直播”所构筑的这样一个媒介时空而言，这样的仪式较之传统仪式，情况就更为复杂得多。而恰恰是这种复杂性，或许可以给媒介仪式分析带来另一个新的“问题空间”（problem spaces），进而有必要把媒介仪式分析从过程分析转向时空分析。①

就“开昌哇”而言，虽然与通过电视现场直播所参与的上述“国家仪式”有着较大区别，但是在影像介入之后仪式空间所发生的变化，却是完全相同的。经由记录影像介入之后，原来的仪式空间已经转变为“媒介空间”。在作为记录影像的“开昌哇”所建构的“媒介空间”，情况变得更为复杂。正如同由于现代传媒进入独龙江之后，当地人经由传媒进入了另一种“媒介空间”中。“他者”很难通过“开昌哇”的记录影像进入“开昌哇”的仪式空间，如同当地人同样难以通过现代传媒进入“他者”的生活空间一样。很多问题，仅仅通过记录影像并不能挽回。

四、对相关问题的进一步讨论

前文主要是对作为仪式的“开昌哇”和相关记录影像进行介绍，并对

---

① 郭建斌：《媒介仪式中的“家—国”重构与游离——基于中国西南一个少数民族村庄田野调查的讨论》，《开放时代》2012 年第 5 期。

影像介入之后给“开昌哇”带来的变化进行了初步的讨论。这并非是说“开昌哇”这一仪式在近几年来所发生的变化均是由影像介入引起的，而是由于篇幅有限无法对其他方面的影响进行讨论，只能主要围绕仪式及其记录影像以及相互之间的关系进行讨论。即便如此，在这里还是想对一些相关问题进行一种尝试性讨论。

一方面，作为一种记录影像的“开昌哇”，真的能够承担一种文化传承的重任吗？另一方面，对于“开昌哇”近几十年来所发生的变化，影像介入之后的变化仅仅是其中一个细微的方面，这种变化，还有更为宽泛的社会原因。

先讲第一个方面。在法国人施帝恩拍摄的影片的开头，有这样两行字幕：“为了回忆丰富多彩的节日”“为了让珍贵的文化资源保存下来”。正如李金明会长所说的，之所以要通过影像的方式把“开昌哇”记录下来，是出于文化的传承考虑。在前面的讲述中可以看出，影像介入之后，已经对传统的仪式带来了一些改变，经由影像记录下来的仪式，已经与仪式本身有了较大的差别。记录影像作为一种直观、形象的资料，无疑具有文字所不具备的价值。但是即便不论记录影像对于仪式本身的改变，作为记录的影像与文化传承之间，也不是同一码事。从前面的讲述中可以看出，目前存在三种不同的“开昌哇”，第一种是曾经存在于民间的，第二种是学者整理及拍摄的，第三种是当地政府组织的。第一种目前已经基本绝迹，第二种有文字及影像的内容留存下来，第三种估计未来的变数还会很大，甚至有可能变成一个大型的“文创项目”。在这三种不同的“开昌哇”的版本中，如果从文化持有者的角度来看，第一种版本是完全属于文化持有者的，是鲜活的文化，与当地人的日常生活完全交融在一起。第二种版本的“开昌哇”，它虽然声称是对第一种版本的“开昌哇”的记录，但正如前面所讲到的，这两种之间是有较大差别的。更为重要的是，如果这样一种影像记录最终回不到原来该文化的持有者那里，或者说原来的文化持有者的社会环境已经发生了变化，使这样一种原有的文化失去了生存的土壤，那么，这种记录影像同样难以担负起文化传承的重任。第三种版本的“开昌哇”，虽然原型仍然是第一种，但是从某种意义上来说，这样一种“开昌哇”的文化主体已经发生了根本性的改变，虽然文化传承同样是一种文化形态“发明者”的正当理由，但是这一种版本的“开昌哇”，与前面提到的当地政府作为法定假日规定的“开昌哇”，却有某些类似之处。更为重要的是，这一类型的“开昌哇”，具有更加浓郁的“文化展演”的意味，展演者目前还是当地人（以后也可能变成“他者”），但展演的对象则是“他者”。这也是当代很多“文创项目”共同的路径。在这个前提下所谓“原生态”，只不过是一种“卖点”，所谓传承，更是不知从何谈起。

再说第二个方面。如果从 1999 年独龙江公路通车算起，在过去将近 20 年的时间里，独龙江的面貌发生了翻天覆地的变化。这样一种变化，如果沿用前面讨论记录影像给“开昌哇”带来的某些变化时所使用的术语，可以表述为一种“时空压缩”。这样一种“时空压缩”，在某些官方的表述中，表述为“跨越式发展”。无论是“时空压缩”，还是“跨越式发展”，在这一过程中，传统意义上的“开昌哇”所存活的文化环境已经发生了一种根本性的转变。前面讲到的影像介入也出现在这一过程中，但是导致“开昌哇”发生根本性转变的并非是影像本身，而是某种符合当代中国主流意识形态话语的、甚至有些粗暴的完全以“发展主义”为主导的疾风暴雨式的对当地人日常生活空间的彻底改变。

例如，前文讲到的“开昌哇”中的“达休”环节，这个环节中那些荞面捏成的动物模型是猎物，但是在独龙江，在高黎贡山成为国家级自然保护区之后就实行了“禁猎”。因此，即便在“开昌哇”中还保存着这一环节，但是已经不具有实际意义。在 2002 年独龙江全面实施“退耕还林”后，所有坡度在 25 度以上的山地均退出，荞等山地作物的种植面积大量减少，使祭品制作的原材料也出现了短缺，或是通过市场从外地购买。

有研究者从“聚落空间”的角度对独龙江过去半个多世纪以来的社会

变化进行讨论[①]，还有学者从火塘、教堂和电视的角度对独龙江社区的社会传播网络进行讨论[②]，这些均是具有启发的讨论。不少研究者也意识到独龙江地区在高速的社会转型过程中所出现的一些新问题。这些问题，如果有过田野调查的经历，并不难看到。由于篇幅的原因，本文无法细说这些问题。概而言之，在传统迅速消失之后，整个独龙江地区的普通民众（甚至是整个族群）的心理及文化处于一种明显的“断裂”状态。这一问题集中体现在最近10余年来独龙江地区奇高的非正常死亡，在这些非正常死亡中，自杀又尤为突出。当地政府以及某些研究者把自杀的原因归咎为饮酒，这种归因同样过于表面化。笔者认为，这其中最为根本的原因是在高速的社会转型过程中文化心理的失衡。在既有的文化环境被彻底改变后，原有的很多文化难以在新的文化环境中延续，包括晚近乃至当代才出现的一些文化形态并未完全在当地“生根”，甚至包括已经有近半个多世纪的基督教，某些文化传承名义下的实践同样很难担负起传承的重任。因此，独龙江甚至包括中国境内的独龙族，正处于一个传统回不去、未来飘忽不定的极具阵痛时期。这些问题，是目前包括精准扶贫在内等政策的执行者们所注意到的；或者说已经意识到，但还没有采取有效措施去解决。

五、结语

结合相关文献资料及田野调查资料，本文对独龙江北部迪政当村一带的“开昌哇”，以及拍摄于该地区的和“开昌哇”有关的记录影像的相关情况进行了介绍，这样一种描述，一方面是想说明独龙江北部迪政当村传统的“开昌哇”到底是怎样一种仪式；另一方面，从时间与空间两个维度对

---

① 尤伟琼：《独龙江地区独龙族聚落空间变迁及其重构》，《思想战线》2017年第2期。

② 吴飞：《火塘·教堂·电视——一个少数民族社区的社会传播网络研究》，北京：光明日报出版社，2008年。

影像介入之后给“开昌哇”带来的变化进行了讨论。在此基础上，围绕“开昌哇”这样一种特定的少数民族仪式及其最近几十年来所发生的种种变化，以及相关的文化传承问题进行了进一步讨论。

笔者于 2002 年初在迪政当村参加过一次“卡昌哇”，虽然时间过去了 15 年，但是对于“开昌哇”中那哀婉的曲调记忆尤深。在当时的田野笔记中，有这样一段文字：

> 其中不少人可能此时已经喝下了几斤水酒了,歌声同样是凄婉的，这凄婉的歌声似乎更加能体现出人神之间的交融。JC 和 LYQ 也来了，JC 的酒量并不太好，连续几杯下去也就有些晕乎了。我跳一会又歇一会。连续好几个小时的酒歌有不少人已经唱哑了嗓子，但还在声嘶力竭，这人神之间的交流并没有严格的嗓音要求，哪怕是嘶哑的叫声，已经没有太多的音乐的成分了，我想他们所敬的鬼神应该能够明白这祭者的歌。在所有唱歌的人中，退休 DB 和他的大儿子最卖力，也是嗓音最早变哑的。小姑娘们喝了几杯酒后把身边小伙的手握得紧紧的，这种纵情的夜晚是青年男女们平时难得的手拉手、肩碰肩的机会，人神之间的交流中也有人与人之间身体语言、心灵语言的交流。我的手也被身边一个年轻姑娘一只有些粗糙的手紧紧地握住，握得我的手心有些冒汗，以至于有时歌者换曲暂停时握在另一个小伙的手早已被放开了她还不放手，同样紧紧地抓着我的手。从她的面容上我判断不出她是已婚还是未婚。我平时由于语言的原因极少与村里的女性有过正式的对话，那只有些粗糙的手是我和独龙族女性之间的第一次亲密的接触。①

在这里我不是要对“卡昌哇”的真伪问题进行争论，而是在亲历这样

① 郭建斌：《边缘的游弋：一个边疆少数民族村庄近 60 年变迁》，昆明：云南人民出版社，2010 年，第 377—378 页。

一场仪式的过程中，我真切地感受到了仪式中的人神之间、人人之间那种近乎亲密无间的交流。在我离开房东家去参加“开昌哇”的那天，房东叮嘱带我去的人，在“开昌哇”户外的祭祀活动结束送神时（即前面提到的“当亚休普”），一定要让我走在队伍中间（据说走在最后会被鬼缠身）。从这样的叮嘱中，我感到当地人对于该仪式中的神力的信仰是毋庸置疑的，同时也体现了房东对我这样一个“外人”体贴入微的关照。虽然“开昌哇”不一定就是最真实的，但是“开昌哇”的确是一种活生生的文化，如同独龙江的水在自然地流淌着，并且随着季节的变化，或是汹涌奔腾，或是宛如碧玉。影像可以把这样的仪式记录下来，但是那些被记录影像凝固下来的时空片段（或影像记忆），在当下独龙江流域迅猛的发展过程中已经渐行渐远。或许当地未来也还会再举办“开昌哇”，当那些“巫师”或是掌握这样一些传统文化资源的人逝去之后，影像或许也会成为未来当地人举办“开昌哇”的某种“蓝本”，但是文化若失去了其生存的土壤，如同独龙江的那些“文面女”一样，最终将随着社会与时代的发展而消亡。

回到本文开头李金明会长所说的那段话中的一句——“你搞不好，神就会怪你”。这句记录在影像中的话，是否也暗含着某种“玄机”？

宏观视角与虚拟在场
——番禺大岭村“龙舟节”全景影像记录

叶 枫[1]

一、引言

端午的“划龙舟”粤语称为“扒龙船”。地处珠江三角洲的岭南水乡，河涌密集交错，连接每一个村落和城镇，滩涂、河流与湖泊是当地人重要的且公共的生活空间。自古以来当地村民多以出海捕鱼为生，大多数村民从小熟悉水性更善于扒船，宗族内部和不同村落的村民都在共同的河涌水域谋生，劳作过程中彼此交集，日常生活中的物质工具、行为、群体情感维系都与水和船两个元素相关联。因而地理环境和生活方式为龙舟文化的形成、发展和传承提供了天然的条件，并在悠久的历史过程中形成地方特色的龙舟文化。

岭南地区的传统民间龙舟节活动，除了村民祭祀海龙王等诸神灵，祈求一年的平安顺利、祛邪消灾外，更是村落和当地不同族群之间社群关系维护和展现族群能力的活动。龙舟节活动有一套完整的礼节仪式，把每一个村民、每一家、每一姓氏宗族和村落都联动起来，形成层层叠叠活跃的社群关系网络。在当地的龙舟节活动中，宗族社群所投入的时间精力和财物，村民所获的心理喜悦或兴奋程度都大大超过春节。

---

① 叶枫，北京电影学院中国民族文化影像传承研究中心。

地理环境和生活方式是形成岭南龙舟文化特色最重要的两方面因素。众所周知，近二三十年来在城市化、工业化浪潮下，珠江三角洲地区人们的生活方式发生了根本性的转变，完全靠出海捕鱼为生的人几乎不存在了，河涌两岸的水田盖起了厂房，河涌不再是谋生的水域而只是排水排污的渠道。虽然龙舟节活动在经济支持和政府组织下不断扩大，但历史语境中的龙舟活动环境景观和人群参与心理都发生了较大变化，作为当地一年中最重要的节日的文化意义也自然会慢慢发生改变。

在这样的背景下，出于考察和记录尽可能接近“传统”意义上的岭南龙舟节活动的目的，笔者试图以视听文献资料的方式对当地环境、水域空间和社群的节日状态、节日仪式流程及宗旨进行更深入全面的记录和保存。近年VR全景影像技术兴起，其具有的记录方式和沉浸式体验效果等特性，都适合作为龙舟节活动记录和视听呈现的媒介，所以笔者选择VR全景影像作为拍摄纪录和呈现的手段。经多次田野调研和影像实验后，2017年5月19日，笔者带团队在广州番禺区大岭村进行龙舟节的纪录拍摄。

二、全景影像在龙舟节记录中的形式与意义探索

此次拍摄的作品形式要求是全景影像，最终作品需要观众通过头戴显示器来体验。相对于我们熟悉的平面影像而言，全景影像的拍摄及后期制作工具、记录拍摄理念等是一种新的影像记录方法，需要在技术、表述语言和作品定位等方面进行全新的探索和思考。毫无疑问，以头戴显示设备（VR眼镜）为硬件平台的全景影像是一种新的视听媒介，正如人类学家Frank Rose所说：“每一种新的媒体，都会带来全新的叙事形式。”而在笔者看来除了叙事形式，全景影像的体验诉求和表达诉求也是有别于其他媒介的。

既然全景影像记录的方法和诉求有别于平面影像，那么在作品中如何

体现对全景影像表达优势的理解、在本次纪录项目中的内容重心是什么，以及如何让素材剪辑成片，也就是全景影像在人类学考察中作为影像记录的形式是否成立，其纪录形式及意义、技术实现手法都是在本项目中要进一步探索和验证的。

在全景影像形式中，平面影像的景别概念是不存在的。在纪录拍摄过程中，以近、中、远景方式捕捉和记录现场细节的拍摄方法难以实现，以景别为基础的剪辑和叙事逻辑也不完全适用于全景影像。全景影像作为视听媒介的特征，即在拍摄故事现场全角度地记录和观看体验中，能获得超强的沉浸感，也就是虚拟“在场”的体验。可以理解，在全景影像的视听媒介中，对空间的记录是有独特优势的，对于记录在一个特定空间中的事件、人物群体行为、人景关系具有相当的完整度，形成了一个主题性叙事的“场”。这个场的概念涵盖了场景、场面、场所甚至气场的一个整体的“文化场”的意义，这样的媒介独特性对于视觉人类学具有更逼近“客观真实”的价值。换角度来思考，全景影像在记录具有场面感、更强调地理特征和空间上具有文化特质的研究对象时具有其独特的价值。

基于岭南水乡地理环境而发生的“龙舟节”，具有群体性活动、行为活动与文化空间相互交融而成的强“景观”性特征，与全景影像的记录特性有相匹配的可行性，在一定程度上可以保证最终成果的成立。从视觉人类学的学术视角看，成果内容也是有价值的。当然，不能以平面视听媒介的学术标准和研究纪录诉求来判断全景影像的意义。

带上 VR 眼镜，“故事”现场立体呈现在眼前，让人恍如时空穿越到达事件现场。这是全景影像媒介在理论上成立的体验效果，也是笔者在创作时期待可以实现的作品体验目标。平面影像作品以具有景别特性的镜头为基础，实现对故事时间的剪辑，作品始终是导演对观众说“你看这，你再看这……”的表达逻辑。而在虚拟现实头戴设备中，全景影像给人的体验更接近于把用户“载入”现场的效果，当用户戴上头显时，作品告诉用户“你来到这里，你在这里……”在全景影像中，沉浸体验的在场感与叙事修辞意义上的场是相应的。全景视域的完整性，不是通过画面的时空切割和重组来实现叙事情节的完整性。更重要的一点是创作者（记录者）、作品、被记录对象和受众之间的叙事关系，不是经典电影理论说的“窥视”，而是“在场”，或是需要我们去重新构建的另一种新型关系。

全景视听媒介在记录价值上的诉求，沉浸于在场感和叙事完整性，都对视听质量提出更高的要求，以凸显其媒介价值，这就不得不谈到设备和技术方面的内容。我们在全景影像画面和全景声音的制作方面都采取了相应的解决方案。在针对龙舟节这样大场面、事件突发性强、场面调度不可控的纪录片制作时，我们使用了自己团队研发的拍摄录制设备，并构建了一套独特的后期制作方案，努力达到高端全景式电影的视听标准。其中，现场同期声录制，也是采用全景声录制，这在设备组装、现场录制方法和后期制作等方面，都需要全新的技术解决方案。这些实验具有创新性，主要体现在其实现了纪录性质的全景化视听体验效果。对大岭村龙舟节的纪录来说，龙舟活动现场本身，是环境视觉空间和场面声音的重组，声音在空间中行进穿插、变换方位远近，随着事件变化而变化，在复杂的立体空间中龙船行进、敲锣打鼓，扒船时船手的吆喝、现场的喝彩等声音本身具有独立的研究价值和纪实意义，同时也会大大提升最终的“在场”体验。可以说，以全景影像为媒介的视觉人类学作品，在强调视觉元素作为重要叙述元素的同时，通过全景视听技术手段把声音元素的价值体现出来，共同实现全维度的“场”的纪录，这方面的创新价值对于视觉人类学的媒介发展具有重要的意义（图 1）。

图 1　采用全景影像和全景同期声进行纪录拍摄

三、番禺大岭村的龙舟节

（一）大岭村龙舟节的环境空间

因在广州番禺地区有较长时间的生活经历，笔者对岭南的龙舟活动有一定了解。确定拍摄龙舟节活动之后，笔者又到番禺石楼镇一带进行多次访谈、环境及景物察看，最终选择了大岭村九队的龙舟活动作为拍摄主要对象。

大岭村是个曾出过状元的历史悠久的村落，位于番禺石楼镇西北，背靠菩山面向西南，据说在明嘉靖之前也叫菩山村，村屋建在菩山脚下和大岭涌之间，整体排列基本呈半月形。目前整个村落包含西约、东约、中约和九队几个村大队，村内到处可见祠堂、门楼、石牌坊、麻石巷、古榕树，村中穿过的玉带河把几个约连接起来，也与其他村落河涌相交接，其中九队位于大岭村南角。

大岭村距石楼镇中心只有不到 10 分钟的车程,距离热闹的番禺市区中心大约半小时的车程，但是大岭村的河涌水面和水田湿地密集交错，且有菩山等山丘屏障，相比周边地区的工业化景观，大岭村的发展慢了很多。村落中各家虽然大都盖起了水泥盒子住房，但是大的环境布局，河涌农田、屋舍街巷的空间结构依然得到基本保留，村落内部没有大片拆除旧屋宗祠和遍地建立厂房的情况，在当前的珠三角地区，是传统龙舟文化景观保持得较好的村落。

大岭村各队都有自己的龙船，一般都有两条以上，一条长龙一条短龙。每条龙船都有其祠堂和龙庙。赛龙时，龙船上都插有四枝盘旗，写上自己所属的队名、祠堂属地和庙号等，架在龙船上的大鼓也会有相应宗祠或神庙的名号。除了用宗祠名号区别龙船队伍的出处，村民还会给每条船的桡（船桨）涂上不同的颜色，即红、白、蓝、黑来区分各个队的龙船，日常中也以红桡、白桡等来称呼不同的龙船。龙舟活动以宗祠为单位组织村民参与，自然地整个活动也以宗祠为据点召集和展开。作为本宗的集体活动同时也为了图吉利，村民都会积极参与，因而龙舟活动的兴旺与否也直接反映了该宗祠氏族群体的经济及人丁、社群凝聚力等方面的状况。

大岭村九队的宗祠位于九队村民住屋群落中间，既是拜祖先的祠堂又是村民集体活动的室内公共场所。两层的祠堂大概建成有 10 年左右，祠堂背靠菩山，大门正对大概 50 米开外的河涌。河涌和祠堂门口之间有个上千平方米的大坪，大坪往河涌这边的河岸上有一棵合围直径超过 1.5 米的大榕树，村民在榕树下布置了大理石桌椅，靠水边建了栏杆，形成近 100 平方米的树下活动空间，他们称之为“钓鱼台”。钓鱼台下的河涌可以划船去中约、西约，据说可以直接出海。河对岸是竹林掩映着的宽阔的农田和池塘。河涌岸边的钓鱼台成为九队村民日常活动和聚集、休息的地方，自然也成为穿游河涌的渔船和龙船停靠九队的小码头。河涌、钓鱼台，大坪、祠堂及周围的村民屋和小巷形成了一个完整的极具岭南水乡特色的景观，就像一个预设好的完整的龙舟文化舞台，整个龙舟节大部分活动都在祠堂门口到钓鱼台这个空间进行。一个相对完整的空间更有利于 VR 全景影像的拍摄和表现，能够在一个全景空间中了解完整的环境结构、人物及活动过程。

（二）大岭村龙舟节的群体活动场面与过程

大岭村龙舟节活动有一整套仪式和完整的过程。随着时代环境的变化，目前主要分为四个主要步骤，即起龙、采青、赛龙、藏龙。每个步骤都有“龙头”（组织者）带领“龙爪”（助手）和其他村民参与，活动过程中每天都有“竞标”“龙船饭”等活动，各环节又都有相应的传统礼仪。整个节日从组织筹备至结束长达10余天甚至一个多月，具体安排根据当年的经济、天气和社会环境等条件决定。大岭村龙舟节活动最迟在农历四月三十完成采青，主要的游景竞赛时间在五月初一、初二、初三，尤其在五月初一，是长期以来约定俗成的周边地区龙船来大岭村参加游景聚会的隆重日子。

起龙

岭南地域多雨潮湿，除了一年一次的龙舟节之外，龙船在其他时间都会沉入泥塘或河涌，然后用淤泥包裹的方式来保护用坤甸木制作的龙船。只有临近端午节，龙船才被挖出来使用，于是就有了起龙这个仪式环节。当地有谚语说“四月初八，龙船到处挖”，意思是到了农历四月初八之后，就要准备开始起龙了，当然现在各个龙船也会根据实际情况安排日期。届时人们将把深埋涌底或池塘的龙船挖起、洗净、风干之后，将船头船尾披红挂彩，拜神放鞭炮，将龙船下水。

当宗族（生产队）确定开始筹备龙舟节，组织者就会召集3—4个助手（俗称“龙爪”）一起来完成这些任务。拍摄当年的龙舟节，九队让一位我们称呼他为“毛叔”的老龙头，带着4位村民负责起龙到祭祀、藏龙等事务。老龙头毛叔时年67岁，自16岁开始就参与扒龙船，年轻时还到附近区镇乃至香港去代人参加龙舟竞赛，作为龙头组织龙舟活动近二三十年。当年20日上午8点多，毛叔就带着事先准备好的鞭炮、香火、水果、糕点等用品往村外两百米的一条河涌走去，几个龙爪早已在那等候。起龙船时，先在涌边点上香火，烧金银纸，放鞭炮，龙头说几句吉利的话之后龙爪们才下水，徒手将龙船一点点从淤泥中挖出，请龙出水（图 2）。

图 2　“龙头”带领“龙爪”在河涌“起龙”

按惯例，起龙的时间要选择吉时，如村里的中约就是在第二天凌晨 3 点多。当然，首先也要考虑河涌潮起潮落的时间，河涌水面退潮后能露出藏龙的地点，便于挖泥起龙。此外，现在河涌的水流都有水闸控制，龙头要根据水闸放水和关闸的时间来安排起龙，免得大水冲过来淹没龙船，龙船挖出来也要等水闸放水才能将其推出河道划回村里洗船和维护，这些都是当前时代环境下影响龙舟活动的客观因素。从起龙到藏龙一系列与龙船相关的具有劳务性的活动都是烦琐和费力的，现在都由龙船会出钱承包给有经验的龙船头来组织人力完成。村中的龙船会的负责人一般都由所在各生产队（约）的村干部来担任。

龙船从河涌里挖出来之后，毛叔和龙爪等到涨潮时就把龙船划回“钓鱼台”，经过一年深藏的龙船需要进一步清洗和检查修整、晾干。之后毛叔带着几位龙爪拿着几块肥猪肉把龙船擦一遍。往龙船身上刷猪油，使在淤泥里裹埋了一年的龙船新亮起来，应该也算是维护龙船坤甸木的一种手法（图 3）。

图 3 “龙头”毛叔在清洗维护龙船

龙船修整后开始对龙船进行装饰打扮。除了拿出藏在祠堂中的龙头龙尾、大鼓、刺绣罗伞、两面铜锣和供奉村主菩萨神位的“神斗”，并在船头和船尾贴上从村里的“喃尔佬”处请来的符咒之外，还需用红布扎彩球甚至将小花篮挂在龙头上（图 4），在船上插上本龙船队的旗号，包括龙船队以往在竞赛中获得的锦旗，龙爪们还在旌旗的杆顶上扎一把黄皮叶子、枝柏、龙眼叶等，既示意吉利，红绿黄相组合也热闹好看，煞有生意。这样龙船的装扮才基本完成，等待吉时进行采青。

图 4 采青前给龙头装饰打扮

采青

沉睡了一年的龙船，修补好后即整装待发。采青是真正节日意义上龙舟节活动的开始，采青仪式在同一地区也不尽相同，每个村都有自己的特点。

采青是要选择时辰的，负责采青的人称为“头旗”，要经过竞标才能获得这样的机会。因为现在年轻人大都外出工作，龙船会事先在榕树下贴告示，采青的竞标在农历四月三十晚，这样便于外出的村民能集中在端午回来参与龙舟活动。拍摄当年采青的机会由九队队长的儿子竞得，他在广州市区某大学做辅导员，回来村里参加龙舟活动竞标采青，也是为了有个吉利的新一年，“讨个好意头”。此后初一、初二两晚也会按照龙船的站位——船头和船尾两个位置继续竞标，竞标所得经费交由龙船会组织龙舟活动，包括祭祀用品、聘用龙头龙爪、龙船饭等的开支使用。

按传统仪式，采青是将拜了神的龙头装在龙船上，上午选好时间，龙头毛叔便开始在钓鱼台祭祀海龙王，放鞭炮、点香烧纸钱火烛和五种果品。祭祀完便招呼大家上船出发去采青，能上船采青的都是成年男性。采青的过程是按传统在河边的稻田里采一束青壮的禾苗回来，祈求平安丰收。现在村民已很少种水稻了，龙船会按照规矩在祠堂口的河涌不远处采青，龙船在去采青的路上只能打暗鼓，也就是用打鼓槌敲打鼓边，节奏也比较慢，现场确实像龙船在游动、寻觅的气氛。等龙船划到水草比较丰茂的水域，采青的小伙子让龙船停下来靠岸，选择一处比较挺拔、修长、壮实的水草，小心翼翼地连根带泥拔起，然后放在龙船头处，这就算是采到青了。等采青上船后，头旗手开始不断放鞭炮。另外，按习惯一位主事的老人一边口中念道“拜过神，个个龙马精神，龙咁（这么）旺”，一边用黄皮树叶和一种名为对屎藤的蔓类植物蘸了拜过神的水开始向四处洒，从龙头洒到船尾一个来回，一起扒船采青的村民都兴高采烈接受洒到身上的龙水，祈求今年平安顺利，大声呼应“龙马精神，龙咁旺”此类的吉利话（图 5）。

图 5　采青途中

等采到的青上船后，龙船算是已经完全醒过来，鼓手可以正式敲鼓面，节奏较快，敲得更用力，采青的头旗手也不断点燃鞭炮抛到空中河面，噼里啪啦的鞭炮声与隆隆的鼓声交应，桡手们也跟随节奏呐喊起来，精神抖擞地用力扒船。在震天的锣鼓和鞭炮声中，船头的头旗手随桡手扒船的节奏用双腿一阵阵猛压船身，整条龙船一挺一挺地快速向钓鱼台划去，此刻的龙船真的是如注入神力。桡手们在钓鱼台口的河涌上划上几个来回，三进三退，钓鱼台上老少村民热闹欢呼，一起放鞭炮、敲锣，整个场面十分热闹。在敲锣打鼓扒船一番之后，龙船划回钓鱼台停靠，采青仪式算是大功告成。

龙船会探酒与龙船景

采青仪式结束后是龙船景。按历史源流约定俗成，周边地区各村约的龙船或与大岭村有亲戚交情的龙船都会在五月初一到大岭村拜会，俗称“探酒”。一般是上午探酒，中午饭后下午 1 点多在大岭村西北边接龙桥外一片较宽的水域进行龙船景活动，当地称为“大岭景”。

在龙船景之前，甚至早在起龙之前，各村龙船会的负责人会彼此联系约好探酒日期，尤其是一些关系密切交情深的龙船会。九队龙船也会按照约定到其他龙船会探酒（图 6）。例如，大岭村九队与市桥镇沙墟村的龙舟活动关系悠久，九队的其中一条龙船就是沙墟赠送的，大岭村村民也帮助沙墟龙船队在多次竞赛中获得头名，更重要的是两个村约的祖辈是有血缘关系的，经过百年以上两个村落居民还通过龙舟活动保持紧密联系。九队的龙船在五月初三到番禺市桥参加龙船景时就提前到沙墟探酒，沙墟也留下所有龙船会的村民吃中午饭。龙舟节中村落之间的村民以划龙舟的方式相互探访，礼仪形式既庄重又热闹，让河涌相连的日常谋生共处一域的村落之间能和谐共处，其意义又远远超出了喜庆热闹的外在形式，这种社群关系的发展方式按龙船头毛叔的说法就是“从祖公传下来就是这样的啦”。

图 6　九队龙船会到同村的西约龙船会探酒

农历五月初一上午 9 点左右，各村龙船会便陆陆续续划船到大岭村探酒，锣鼓声、鞭炮声由远而近，九队龙船会早已在钓鱼台安排人员接应，先敲三下挂在钓鱼台树下的锣，以锣声呼应来龙，跟着点燃一串鞭炮，以礼节接待。外村的龙船在钓鱼台前也点燃鞭炮，敲锣打鼓，站在船头的“头旗手”半弯着腰跟随桡手划船的节奏挥动三角旗同时双腿往下压船，如此龙船一抖一抖快速前进，煞是生猛好看。守护神斗的村民则拿着扇子随节奏给神斗扇风以示更旺。当龙船划到离钓鱼台 100 米左右，船尾的舵手即刻控制船身方向，桡手则转身掉头换手继续往回扒，此时龙尾变成前进的方向，整个动作连贯迅速，修长的龙船随着桡手整齐有节奏的动作，在热闹的锣鼓声、鞭炮声以及围观欣赏村民的欢呼声中在钓鱼台前的河涌里三进三退，场面十分热闹喜庆。

龙船在钓鱼台前三进三退之后便靠停岸边，桡手鼓手及全部村民陆续上岸（图 7），在大榕树底下的石头桌椅休息，九队龙船会早已准备好茶水、香烟、饼干，等客人上岸吃龙船饼，平时有往来交情的两村村民在此时也相互敬烟、敬茶、闲谈。大家都在休息时，外村的龙船会掌神斗的人拿红柬来到榕树下交给负责龙舟节活动财务的陈伯，红柬上会写明哪个村的龙船会到大岭九队敬祖等字眼，并递上红包一个，一般是 10 元，钱不在多少算是个礼节，然后会进到祠堂神位处上香拜祭九队村民的先祖，之后再敲锣打鼓离去到下一龙船会探酒。陈伯会拿笔认真记录下来，并将红柬贴在榕树下的一面墙上。有些龙船中午才到，他们就会自带饭菜上岸由九队龙船会安排地方和茶水让他们吃饭，半天下来大概有十余支来自各村的龙船，大概接近上千人来九队龙船会探酒，白墙上的来访红柬也贴得满满的。

图 7　外村龙船会来九队探酒

上午探完酒，各龙船会吃完自带饭食就赶往大岭村西边的接龙桥外较宽水域会合，开始下午的龙船景（图 8）。龙船景是龙船的大集会，是当地水域的村落、宗族在一年中最大的盛事。这种由村民自发组织的龙船会汇集的龙船景不是为了竞赛，而是利用这个机会通过龙船的装饰包括获得的竞赛旗帜，以及村民扒龙船的状态展示该宗族的经济、人丁以及村民的精神状态，是整个宗族生存发展实力的展现，更是河涌交叉、水域相连的当地住民们的一次大集会。在大岭村西边的水域是多条河涌的交汇点，三五十条龙船同时敲锣打鼓放鞭炮，夹杂头旗、桡手们的吆喝声在附近的河涌陆续鱼贯而来，龙船上的各色彩旗在果树林和庄稼环绕的河涌里忽隐忽现。当两支或更多的龙船在河涌拐弯和狭窄处相遇，彼此就会更奋力敲锣打鼓、放鞭炮，或避让或加速划过，两船桡手相互喝彩示威，旗手用力挥起三角旗，场面十分热闹。通常两支龙船在河面相遇就会密密地敲锣打鼓相互示意，俗话称“擂锣”，这是龙船之间打招呼的礼节，日常有交情的龙船还会不约而同地划上个三进三退，既是向对方示威也是增进情感友谊的一种表达方式。这种场面何尝不是他们在同一大水域下谋生劳作的日常活动的节日化和仪式化再现。

图 8　龙船在接龙桥外水域聚集

在宽阔的水面上，农历五月岭南地区的天气已比较炎热，河涌两岸的树林和庄稼十分茂盛，延绵无边的大片绿色植物和水面映衬着近百只装扮得色彩缤纷的龙船竞相斗艳，更震撼的是按传统划龙舟的都是村中的精壮男性，两三千成年男性在这个时候划着龙船在水面聚集，在鞭炮声、鼓声和呐喊声中，雄性的力量感充分激荡在整个场域（图 9）。千百年来的习俗礼节各村龙船早已熟知，虽然没有规范组织却能有序地在河涌水面穿梭。

如两支龙船相互不服气了，就会三进三退竞赛一下，落后的自然敲锣打鼓退出，胜出的则更加兴奋、鼓点更密，不服气的第三只第四只龙船可以划进来一比高下，围观的龙船也会敲鼓助威。村民们在这个场合以宗族龙船会为集体与其他村约村民交际、竞争、展示。整个龙船景要持续 2—3 个小时，直至大家认为该会面的龙船都会过了、尽兴了，才逐渐散去，绿树环绕的宽阔水面也慢慢恢复了平静。

图 9　龙船景现场

全村人的龙船饭

下午龙船景结束，各村龙船会回到各自宗祠准备盛大的龙船饭。龙船饭结束后，九队村民在钓鱼台的榕树下，举行第二天到其他村约龙船会探酒时龙船头旗和尾旗位置的竞标。同采青前的竞标一样，所得款项由龙船会公开，专用于龙舟节活动。整个队的村民都有资格参加竞标活动，由队长主持，竞标者出价一轮比一轮高，价高者得。这个各家各户村民聚集参与的场合，除了竞标也会出现一些意外。因为村民借龙舟节活动而齐聚，平日中有些村中公共事务没有解决好、受到委屈的村民，会在此时向村委或其他村民提出“抗议”，希望全村人一起来主持公道。在场的阿公阿婆阿叔阿伯，这个时候免不了要说几句公道话。由此可见，龙舟节也是村民之间调节人际关系的日子（图 10）。

图 10　九队队长在组织龙船头旗和尾旗的竞标

龙船饭后的竞标结束，大岭村九队的龙舟节活动在五月初一的内容基本就结束了。接下来两天的主要内容就是龙船会划船去其他村约的探酒和龙船景活动，初二是到附近的菱塘村探酒，初三到市桥沙墟探酒并在下午参加番禺区的龙船竞赛巡游表演活动。

龙船饭是全宗族男女老少一起吃饭的盛大活动。在筹备龙舟节活动时，除了村委支持一定的款项，还向全宗族村民包括在外地工作的村民募集龙船款，所募集的资金除了节日活动中聘请龙头龙爪、购买祭祀用品、龙船维护和装饰品之外，最重要的就是龙船饭的开支。每个村民自愿捐助金额，无论捐多少，都可参加龙船饭局，管理龙船会财务的陈伯会记下每一笔捐款，最后会用红纸写好每一人的名字和捐款数额张贴在钓鱼台边的白墙上，供全村人监督。每个龙船会组织的龙船饭菜色有丰盛有简单，有的从起龙开始到节日结束，有的只有一天，有的全村人一起吃，有的只是每家派一个代表，这反映出村民在当时的经济实力。大岭村九队的龙船饭，从农历四月三十日采青当天晚上开始一直到五月初三晚上，连吃三天。初三之前的龙船饭约定每家派一个男性代表参加，每桌 6 个菜色。大岭村的龙船饭以初三晚上的最为丰盛，每桌有 8 个菜，不但全宗族的人参加，包括外地亲戚及与宗族有渊源、有交情的村约都会派代表参与。龙船饭在祠堂以及祠堂门口大坪和钓鱼台的所有公共空间都摆了餐台，有 600 多人同时吃龙船饭。此时全村约都静悄悄，唯独祠堂内外人声鼎沸，欢呼喝酒声此起彼伏，久未相见的村民相互问候敬酒，平日有嫌隙隔阂的村民也不计前嫌尽数入席。村民们在这几天同吃龙船饭，除了增进感情，更重要的是体现一种宗族成员的身份，增强宗族的归属感（图 11）。

图 11　九队村民食龙船饭

藏龙过端午

五月初三晚的龙船饭后，大岭村九队的龙舟节活动就结束了。接下来就是藏龙。老龙头毛叔带着他的四个龙爪还要规整龙船的各种饰品，各归原位。初四上午，毛叔就带着龙爪把龙船划到起龙的地方，按老规矩放鞭炮，烧纸钱和香烛，然后把龙船沉下水，一点点敷上淤泥，就这样慢慢藏入河中，被炎热空气笼罩的河面又恢复旧日平静。

藏好了龙意味龙舟活动也结束了，但村里还有另一番热闹。阿婆阿叔们喝完早茶，顺便去菜市场买了辟邪趋吉的柏叶、柳枝和菖蒲，与事先请来的符一起打好结挂在大门口。点香烛、放鞭炮、烧纸钱、摆五果，拜祖先和门口土地神灵，当然也少不了包粽子，村民在自己家里开始过端午节。

四、大岭村龙舟节的宏观记忆与在场

番禺大岭村的龙舟节传承至今，还会继续流传下去。在同一水域生存发展的社群和个体，在一年一度的聚集中维系彼此的和谐关系并展现各自的生存状况。龙舟及节日中系列的仪式活动，成为当地村民与生活环境和生存集体之间沟通的媒介和方法。在社会人际结构关系和地理环境快速变化的当代，生活的空间环境与人和集体之间的依存关系已发生巨大的变化，年近 70 的老龙头很快将不能主事，而年轻的一代都在大城市谋生，高速路和厂房已修到村口，可以悲观地看到龙舟节活动将在不多的年头之后境变人非。

这次以全景影像的方式捕捉和记录“传统”的大岭村龙舟节，以强调沉浸体验的头戴显示设备进行传播呈现，期望在城市化环境生活的观众，能以宏观的视角去观察岭南村落的龙舟节日活动现场，以全景虚拟现实影像的手段实现虚拟“在场”的形式，让观众进入过往的历史时空现场，体验农耕生活环境下的人情百味。

实物符号的象征与想象
——广州客家村落仪式符号的媒介人类学解读[①]

朱　琳[②]

象征符号是仪式中保留的具有仪式行为独特属性的最小单位，也是仪式语境中的具有独特结构的基本单元。象征符号是指仪式语境中的物体、行动、关系、事件、体态和空间单位。[③]本文所关注的是仪式中具有符号意义的物象，即实物符号。仪式中的实物符号是村落文化长期选择的结果。人们在日常生活中形成对特定实物属性的认知、对实物相关理念的升华，甚至形成与实物相关的神的崇拜。实物符号作为一种表意的物象媒介，相较于仪式中的文字、音声、影像等其他媒介，更具有多义性和模糊性，在不同情境中呈现的方式、“我”的理解均有差异。

本文的田野点为广州客家村梯村，村民多是在清朝乾隆时期，先后从粤东等地迁移而来的客家人。村落基本保留客家人的方言和习俗。村民早期迁移至此，依山而居，条件艰苦，朴实的自然崇拜融入仪式之中。仪式行为中大量具有象征意义的实物符号，如猪肉、米、河水等，多与家庭和自然相关。然而随着当地客家人生存环境的改变，传统观念得以形成的根基逐渐消失，这些实物符号成为各种仪式中神秘而又多义的一种文化元素，

---

① 本文原载《民族艺术》2015年第六期。

② 朱琳，中山大学社会学与人类学学院博士，广东省计划生育宣传教育中心。

③ 〔英〕维克多·特纳著：《象征之林：恩登布人仪式散论》，赵玉燕、欧阳敏、徐洪峰译，北京：商务印书馆，2006年，第19页。

它们以相同或不同的形式反复出现，表达不同的含义，是仪式进行的重要工具，也成为“他者”理解仪式的重要途径。仪式中的实物符号在“我”和“他者”的想象中共同陈述着客家村落新的社会关系。

一、仪式中的实物象征

仪式中的实物符号既具备本身的功用，又象征着仪式进行者赋予的含义。新注入的含义使实物符号在仪式中具备神性，成为通往神圣世界的媒介，表达仪式举行者的意愿。当仪式结束，实物符号又回到世俗世界，成为平常之物。实物符号在神圣世界与世俗世界的转换体现了仪式举行者丰富的联想能力。实物象征的特点在于，实物在人们的长期使用中与一定的象征意义相关联，在仪式情境中，人们将实物符号化，将象征意义与实物等同起来。二者的意指关系相对稳定后，则成为当地村民的共识，具备村规民约的性质。然而实物符号不是单独成意的，而是在相应仪式的场域中完成表意。如果不在与其他“事件”相关的时间序列中研究象征符号，对仪式象征符号的分析就无法进行，因为象征符号本质上是社会过程的一部分。在行动的恰当语境中，象征符号的结构和属性变成了动态实体的结构和属性。[①]梯村客家人仪式的实物象征主要有三种类型，即形似象征、音似象征和意似象征。

（一）形似象征

形似象征，即通过对物象造型的联想和解读，或摹形，或摹色，以此

① 〔英〕维克多·特纳著：《象征之林：恩登布人仪式散论》，赵玉燕、欧阳敏、徐洪峰译，北京：商务印书馆，2006 年，第 19—20 页。

表意。[①]仪式中实物符号的形似象征，在食物符号中表现得最突出。

梯村客家人过年祭祖仪式中，慈姑因外形与男性生殖器相似常作为祭品出现，象征对家中子女生男孩的期待，体现客家人观念中对男丁的重视。

猪肉是梯村广泛使用的实物符号之一。《淮南子·泛论训》谈及猪肉成为祭祀上牲的原因，“非彘能贤于野香麋鹿也，而神明独飨之，何也？以为彘者，家人所常畜，而易得之物也”。[②]仪式中的实物符号多为当地常见之物。在梯村，猪肉以生或熟、完整或不完整的形式，频繁出现在结婚、过年和祭祖仪式中。猪肉的象征表意多数时候取其形，少数时候取其功用。猪肉多以赤红的烧猪外形在仪式中呈现。经过文火烤后，烧猪色泽偏红、油光明亮、身形饱满，被称为“金猪”，寓意“红皮赤壮”，家人族人身体康健，也包含喜庆、吉祥之意。

仪式中的烧猪有几十斤（1 斤=500 克）重的整猪、烧乳猪和块状烧肉等不同形态。烧猪的形态取决于食用的人数、搬拿的方便和仪式的重要程度。过年时，家祭的“三牲”（猪、鸡或鸭、鱼或鱿鱼）之一多是部分块状烧猪肉，主要用于家庭祭祀之后的新年家宴。婚宴中，完整的烧乳猪作为首菜出场，有餐馆为投主家所好，将烧乳猪的双眼饰以红色彩灯，红红火火的喜庆气氛顿时感染全场（图 1）。重阳节祭祖时，祠堂所属族人会抬着重达几十斤的整只大烧猪上山拜太公（图 2）。拜山过后，该祠堂所属全体族人，无论男女老少都集中到祠堂前的坪地吃围餐，分享烧猪肉。猪肉偶尔也以生肉的形式出现。在结婚仪式中，娶媳妇的男方家庭会在大门口的门楣系一小块生猪肉（图 3），作为辟邪之用。实物的形态道出祈福之用意，不同情境中的形状、生熟又与实物的使用行为、人们的观念相关联。一般来说，用“整全”来表达最高的敬意与最隆重的行动，而块切得越小，尊敬的程度也就越低；用“生”祭品表示关系的疏远，用“熟”祭品则表示

① 邓启耀：《民俗现场的物象表达及其视觉“修辞”方式》，《民族艺术》2015 年第 4 期。
② 杨有礼注说：《淮南子》，开封：河南大学出版社，2010 年，第 475 页。

关系的熟悉和随便。[①]

图 1　婚宴中的烤乳猪

图 2　重阳节拜山场景

① 李桂奎：《人神之间》，广州：广东教育出版社，2003 年，第 101 页。

图 3　娶媳妇主家门楣中挂一小块生猪肉

（二）音似象征

音似象征是各种仪式中最常见的一种实物符号象征手法。它以相似的发音为媒介，在实物符号和吉祥话语之间建立联想关系，通过物在仪式的神圣空间中表情达意。这些实物符号成为凡俗世界与神圣世界相互渗透却又彼此分离的媒介，是兼具凡俗与神圣特质的人、鬼、神、祖先共享的民俗物品。[①]

在葬礼中，梯村客家人出殡前会进行“传裤”仪式，即把逝者儿子的裤子装在一盆里，在“土工佬”（负责丧事礼仪的人）的指导下，逝者儿子把装有裤子的盆子从棺木下方递给对面的妻子。客家话“裤”与“富”同音，因而“传裤”即“传富”，仪式旨在子孙得富（图 4）。

---

① 刘晓春、林斯瑜：《物品与节日时空——以一个梅州客家村落的“过年”为例》，《民俗研究》2008 年第 3 期。

图 4 葬礼中的传裤仪式

逝者儿子的裤子本是凡俗的物品，因经过逝者棺木传递而成为被逝者赐福且生者看得见摸得着的物品，"裤"与"富"读音相似的特质，使裤子成为子孙的凡俗世界与逝者的神圣世界沟通的媒介，子孙希望"得富"的主观意愿与逝者儿子的物品"裤"相关联，通过仪式中儿子、儿媳围绕棺木（逝者的身体）的递送裤子之动作，将"裤"（即"富"）传承下来。梯村部分家庭信仰基督教，葬礼仪式简化，然而"传裤"的环节都被保留下来，子孙借助葬礼仪式得"富"的愿望之强烈，由此可见。

大年初一到祠堂祭祖时，梯村客家人会带上生菜、芹菜、葱、蒜等祭品，这几样实物符号都遵循谐音类比的原则，意为愿祖先保佑新的一年家人发财、生猛、勤力、聪明、精打细算。"吉利谐音的表达方式是：以谐音为媒介，在视觉现象与文化内涵之间建立象征与被象征的关系，并以隐喻的方式表达祈福、求吉的愿望。"①

具备音似象征的仪式中的实物符号本不是孤立存在的，而在人的行为动作中发挥作用。但随着仪式的简约化，很多"物"与"人"的互动消失了，只剩下音似的实物符号。梯村新年舞狮仪式中，本村狮队挨家挨户地拜年，狮子取了主家悬挂在门口的利是和生菜后（图 5），再从口中把生菜

① 黄涛：《谐音象征与吉祥民俗》，《河北大学学报》2006 年第 2 期。

抛给主人家，让主人“接财‘菜’”，然后又对主人门口拜三拜才离去。[①]实物符号“生菜”因与“生财”音似，成为祈福纳祥的媒介，本应与主家“接”的动作相联系。然而，在梯村的舞狮仪式中，要么是狮子直接把生菜吐在地上，要么是固定的狮队帮忙之人专门“接菜”，并不见主家“接财‘菜’”。音似的实物符号与仪式中人的相关动作分离，逐渐导致音似的实物符号成为支离的词汇，难以在人的行为的句子环境、仪式环境的段落环境、整个仪式的篇章环境中生存，表意或逐渐模糊。

图 5　年初一宗族兄弟舞狮拜年

“狮子”取挂在各家各户门口的生菜等

（三）意似象征

意似象征即实物符号的某种功用与人们的用意相符合，于是人们将这些实物嵌入仪式中表达心意。人们在长期接触、使用这些实物的过程中，对其功能有了感性认识，于是这些实物与人们的意愿相联系，即便仪式中的实物已失去本身的作用，仍被作为一种象征人们意愿的符号保留下来。

① 曾应枫：《舞动南方：南派醒狮》，广州：广东教育出版社，2011 年，第 32 页。

实物符号的意似象征是本文化人长期形成的、较为隐蔽的、难以为外文化人所理解的象征规则。

梯村的客家人结婚仪式中，主持礼仪之事的大妗婆将一对开着灯的红色手电筒置于迎亲车辆内，手电筒卡在座椅旁，光线几乎完全被挡住，车内都难以照亮，车外则更不必说，然而其光亮的属性却一直在婚礼仪式中保留下来，意为夫妻俩前途光明、生活一帆风顺。

在葬礼中，“土工佬”给逝者足尾置蜡烛（图 6）。为逝者守夜的家属要保证脚尾灯长明不灭和香火不断。蜡烛的用意是：冥间道路黑暗，点光以便死者赶路，同时也便利丧家办丧事。如今停放死者的祠堂条件都有改善，均安装照明灯，出殡前都是全天照明，但点蜡烛的传统依然保留，其象征意义比实质功能在葬礼中更为重要。蜡烛的光明功能与保证蜡烛燃烧的家人行为相联系，蜡烛的光亮也是孝道与家有子孙的象征。

图 6　祠堂葬礼中“土工佬”在逝者足尾放置白色蜡烛

二、实物符号的想象与变通

实物符号具有多义性，不同情境下有不同的理解，作为仪式中传递信息的媒介，人们对实物符号有多种解读的空间。当实物符号的确切含义模糊不清时，此种符号或者成为想象的对象，在现世的理解中延续下来，成为不同以往的地方性知识；或者根据当前的生活水平、行为习惯，变通使用其他实物符号取而代之。

（一）实物符号的想象

“米”是梯村客家人结婚、建祠堂时会用到的实物符号。其含义，当地客家人有不同理解。一种说法是意为五谷丰登，有祖先期望丰收之意。持此种说法者，有根据“谷”字之音合理想象之意。另一种说法是一粒稻谷种子能结出约有百粒稻谷的稻穗，所以米有“多子多孙”之意。从“米”这一实物符号出现的情境来看，“多子”的含义可能更有说服力。

结婚仪式中，新郎到新娘家接亲时，会请新郎亲戚中生男丁多的女性用扁担挑两筐聘礼，每个箩筐中放 9 斤米，送到新娘家后，新娘家人取少许再送回给男方家，有来有回。其中的 9 斤米，一是表示长长久久，二是寓意多子多孙。

祠堂重建开工仪式上，归属祠堂且负责监督施工的兄弟用罗盘定方位，罗盘下面放一个簸箕，簸箕内装一些米（图 7）。当地人说，把罗盘放置米上的原因，一是保持罗盘的平稳，二是吉利，讨个多子多孙的好意头。

图 7 祠堂重建开工时用罗盘定位

"米"成为梯村客家人对于"人丁兴旺"意识阐释的外在物化形态。梯村客家人颠沛流离，约 300 年前陆续迁移至梯村，后继有人、家族繁衍、安稳扎根是祖先的心愿。稻谷多的稻穗比喻人多子，以实物元素的形象直观表达家族生存、延续的愿望，并通过结婚、修建祠堂等反复呈现，传统观念借助物的形态传承下来。

实物符号的形式、用途与当地当时的生活水平、生活习惯息息相关。2003 年农转居后，梯村村民为占据一定的土地，纷纷建房。随着经济条件的好转，多数村民都建起楼房，因政府限高的规定，村民楼房多为五层。村民住房的一、二层多租给外地人做淘宝生意，三层户主两口子与老人居住，四、五层为儿子、女儿家庭居住。每层各有洗手间、厨房、客厅、卧室，相对独立，但一起居住的家人多在户主两口子处用餐，基本为主干家庭模式。梯村客家丧葬仪式中"纸房子"这一实物符号的形式、逝者的使用方式与现世生活相似度极高。

笔者参与的一个丧葬仪式中，见到逝者女儿买的待烧的纸房子即为五层，含停放轿车的车库，一楼有一院子，大门与围墙将院子围住。葬礼后三个月或百天内，有一仪式称"解绳索"，即逝者家属到神婆处询问死者的情况，打发众鬼，解开绳索。

“纸房子”这一实物符号表征着逝者在彼岸与此岸一样的生活。在世之人依据现实世界想象逝者的世界，通过实物符号将阴阳两境连通起来。

（二）实物符号的变通

实物符号多是将人们生活中常用之物用于仪式环节，祖先常用之实物现今不再方便获取或使用，今人往往会采用变通之法，并不深究原物之深意，只求表面形式相似与现世利益保证，久而久之，实物符号的真义被遗忘，实物符号所记录的祖先的原始观念不复存在。

在客家人的新年祭祖中，“三牲”（鸡、鱼、肉）是必备之品，其中“鱼”在近年发生变化，许多家庭用鱿鱼作为祭品，“鱿鱼”因谐音“有余”，其所代表的“年年有余”之意依然保留，且鱿鱼比烧熟的鱼更方便存放、拿取，因而鱿鱼成为变通之物。“生醴”古称“牺牲”，《周礼郑氏注》云：“始养之，曰畜，将用之，曰牲。”说明了“牲”是供宴飨祭祀之用的家畜。[①]鸡、猪、鱼以往是村民的家畜，随着生活水平提高，对梯村村民而言，鸡是家畜，猪、鱼则很少有家庭喂养，鱿鱼则从来没有被作为家畜喂养过，用“鱿鱼”取代“鱼”作为三牲之一，已失去家畜之含义。

梯村部分自然村还保留出殡前给死者“买水”洗浴的习俗。如笔者参与的一葬礼中的买水仪式：

> 守了一晚上的子孙第二天早上5时天蒙蒙亮，就由逝者的长子带队，儿子、媳妇、女儿、孙子、孙女都在后面跟着，向村边的河溪走去。长子媳妇把11枚1角的硬币放在一粉色洗脸盆里，跪下后口念“子孙满堂”，将硬币倒入水中口念“买楼买车”，用盆子舀水时，怕河水不够，另一手拿一矿泉水瓶将水同时注入盆中，然后端起水盆回到停

---

① 《周礼郑氏注》（士礼刊行）卷1—2，壬戌岁上海博古斋景印嘉庆戊寅，第29页。

放逝者的祠堂，长子给逝者洗面，洗面时口中念到“往日天天能亚（阿）妈今朝含着眼泪同你来洗面叫声你亚（阿）妈讲声再见亚（阿）妈再见”。

“买水”行为中的水作为一种实物有洁净之功用，“买水”行为是为了给逝者洗脸，表示子孙对逝者的不舍，对其身体尽最后的孝道。在世的子孙也希望通过“买水”让逝者荫庇子孙，保佑后人子孙满堂、生活富足。“买水”习俗同时象征对逝者的行孝和对生者的祝福。“水”作为一种实物符号，在向河神买水的行为中，体现了对自然的崇拜。然而，随着城市发展，农村地貌改变，大的河流、溪水消失，只剩田边细小的水流，用矿泉水代替溪水，成为梯村村民延续“买水”习俗的变通之选。“买水”习俗中对水敬畏、对自然神崇拜的含义也逐渐消亡，只剩下对后世庇佑的愿望。

三、实物符号的社会建构作用

建构主义寻求的是理解个人的和主体间的意义和动机。在这里，人被看作有资格能力和沟通能力的行动者，他们积极主动地创造或构建社会世界。[①]仪式中的实物符号作为主体间意义表达和动机展示的媒介，起着构建社会关系的作用。仪式进行前后，进行仪式家庭的内部、家庭与社区之间的各种社会关系随之发生变化。在仪式中承载丰富信息的实物符号对社会关系的形成与改变起着中介作用。个体对仪式中实物符号的理解、主体间互相的意义使用，或促使旧有社会秩序的维持，或导致新的社会关系的构建。

① 〔澳〕马尔利姆·沃特斯著：《现代社会学理论（第2版）》，杨善华、李康等译，北京：华夏出版社，2000年，第7页。

（一）实物符号表征着社会关系

仪式中的实物符号是有关社会秩序的象征表述，如葬礼中逝者子孙的服饰，体现了一种亲属关系。在梯村客家人的葬礼仪式中，与逝者至亲的子辈、孙辈与一般的亲戚在服饰上有异。逝者的儿女、媳妇和女婿在腰间系一条细麻绳，逝者的孙子孙女则在手臂处系一条白色布带。麻绳和白色臂带是逝者至亲子孙的象征，也是“披麻戴孝”全身孝服的一种简约化形式，让人可以识别，同时在城市文化的影响下，又不会显得太夸张而让穿戴人在心理上难以接受。在来往人群纷杂的祠堂中，麻绳和白臂带成为区分至亲子孙和一般亲友的标志。仪式中的实物符号起到强化归类的作用，对于不同类型的人群行为有不同规范化的制约。

出殡前那天早上，逝者的子辈、孙辈在祠堂下厅吃过简单的早餐。长子媳妇对笔者说，他们要坐到上厅去了，不然要被批评不孝。

麻绳和臂带所标志的至亲人群，必须在空间上与普通亲友分隔开。葬礼中的祠堂，上厅作为神圣空间存在，是逝者接近祖先、通往祖先所在之路，带着麻绳和臂带的孝子孝孙在这个神圣空间里必须恭敬而虔诚，只能席地坐在上厅，守在逝者身边（图 8）。在葬礼仪式的部分环节，如“土工佬”给逝者盖上白布时，儿媳要上前跪地哭泣。而祠堂的下厅则是世俗空间，来往的亲朋坐在凳上，收送礼金、吃花生等零食、喝啤酒、聊天等行为比较随意。逝者至亲的位置、行为在与普通亲友区分的同时，也加强了内部认同。家庭关系随着逝者的离去产生变化，仪式的进行、符号的表征让家庭成员在适应新的家庭关系前有一个过渡、缓冲的时间，在亲人之间、亲友之间形成一种新的凝聚力，也是子辈教育孙辈的一种行为示范，孝的理念通过仪式与符号得以传递。通过仪式中的符号表征，至亲之间在一定程度上提升了向心力和整合度。[①]逝者的离去导致亲友与逝者的实体关系

① 郑小虎：《仪式：象征符号与社会建构的探究——以辽宁省普兰店 T 村丧葬仪式为例》，西北大学硕士学位论文，2012 年，第 36 页。

消失，亲友与逝者家属的关系借助仪式和实物表征的过程在想象中修补、加固，进而形成逝者家庭与社区人群之间新的实体关系。

图 8　祠堂葬礼中逝者子孙在上厅席地而坐

（二）实物符号在不同仪式中促成社会秩序的统一

只有通过共同行动，社会才能意识到自身的存在，赢得自身的地位，因而至关重要的是一种积极的合作。正是因为有了这些外部活动，集体观念和集体情感才有可能产生，集体行动正是这种意识和情感的象征。[①]仪式作为一种集体行动，象征着集体的观念和情感，仪式中的实物符号不是个体的主观选择，而是集体社会赋予的客观产物。不同仪式中相似的实物符号体现出符号表意的确定性和人们对仪式的期望。实物符号在长期的挑选与赋予含义过程中，形成一套社会认可的规范。这套社会规范对统一村

① 〔法〕爱弥尔·涂尔干著：《宗教生活的基本形式》，渠东、汲喆译，上海：上海人民出版社，1999年，第552页。

落观念、维系社会秩序起着重要的作用。这套规范通过仪式和符号表征传递，也通过它们得以加强。

在梯村婚礼仪式和丧葬仪式的回礼中，都有“毛巾”这一实物符号。不同的是，婚礼中主家回赠给客人的是红色毛巾，葬礼中主家回赠给客人的是白色毛巾。

在婚礼的新娘敬酒仪式中，新娘、伴娘、姐妹团和大妗婆一桌挨一桌感谢前来的宾客，敬上“新抱茶”（新媳妇茶），回送一个红包，并给比较亲的长辈赠送一条红色毛巾，意为擦嘴之用，但接受毛巾之人很少使用，只是作为喜庆的回礼带回家中。

在部分祠堂举行的葬礼仪式中，主家会在逝者身上放置多条白色毛巾，儿子、媳妇、孙子、孙女等依大小次序从逝者身边走过，每人拿一条白毛巾，从头到脚抚过，然后拿走此毛巾。当地人解释，此举一是希望后人继承逝者的福气，二是白毛巾用来擦泪水。同样，几乎无人真正用到此毛巾，都是作为回礼带走。

作为回礼的实物符号，毛巾是一种来往关系的表现，体现礼物赠送与回馈的环形流动机制。在两种不同类型的仪式中，同一实物符号“毛巾”将仪式的性质和作用统一起来，婚礼仪式和祠堂丧葬仪式同为“喜事”，只是前者为红喜事，后者为白喜事。亲友参与这两种不同的喜事都能收获相同的福气。参与仪式、馈赠礼金、收受回礼成为村落亲友往来、维系关系的一种形式。主家人缘好、曾经参与其他亲友的仪式多，自家仪式的人气自然也旺，收受的礼金就多，回馈的毛巾数量也随之增加，毛巾的多寡彰显了一个家庭在村落社区的社会资本和经济资本。

实物符号的现实意义是其留存的根基，人们根据其现实表意来确定仪式的内涵，实现传统观念的统一，凝聚家族的力量，保持村落社会的稳定。

梯村一廖氏支祠拆除时，祠堂所属族人曾发现一实物符号——白布包，由三层白布缝补而成，白布包成圆形，直径约 20 厘米，村民估计是一百多年前修建祠堂时祖先放置的。拆包时，村民根据如今祠堂修建在主梁放硬币、挂谷袋的习俗猜测白布包里或有谷子、古钱币。不料拆开后，只有沙石，其中夹杂细小的碎贝。此沙石不像当地产物，村中老人也不知晓具体含义。该祠堂重建时，该族人并未再用此白布包，而是在主梁两头各压 9 枚 1 角的硬币，主梁披红，上厅主梁两端各挂一红布兜，内装柏枝、绿豆、稻谷、芝麻。笔者问为什么不用那白布包时，村民表示要与兄弟祠堂和总祠保持一致。

结构主义认为，在结构系统中，“关系”决定各成分的性质与作用，而成分本身没有独立的意义。[①]同样，在实物符号的表意系统中，实物与运用实物的人、不同语境的实物之间以及涉及实物的人群关系都相互呼应，符号属性与功效不同所体现的关系则有异，符号不能独立表意，它只能在社区关系中获得意义。实物符号体现了社区中人们的亲疏关系。梯村主要姓氏都有宗祠，同一个姓氏的祠堂有多个和单个之分。人财两旺的姓氏，子孙会在居住位置的中心建立新的祠堂。支祠最多的即是廖氏宗祠，一个总祠，四个支祠。总祠和四个支祠堂号一致，都为“世彩堂”。这五座祠堂有三座已重建，重建的规格、过程中举行的仪式、仪式中运用的实物符号基本一致。这种一致彰显了同姓氏的兄弟齐心，廖氏在村落中的地位也得以稳固。保持一致的实物符号，也可避免差异导致的社会压力。差异若不能为族人带来明显的现实利益，还要遭遇兄弟祠堂的质疑，并冒着与兄弟祠堂不同命运的风险，这个责任无论如何是族人不能承担的。统一的实物符号不仅是表面上物质形态的一致，还表征着宗族人群对意义理解的统一，或至少是希望统一。祠堂重建涉及新权威的建立、社区资源的重组、各种人群关系变动，其中的人、物、事遵循一定秩序合理调动，意义统一的实物符号系统在社会关系的再建构中起到整合与维系的作用。

① 文军主编：《西方社会学理论：经典传统与当代转向》，上海：上海人民出版社，2006 年，第 190 页。

四、结语

实物符号是社区传统地方知识的一种表现形式，其作用在于社会成员如何利用和接受实物符号所包含的社会知识。社会关系的维持、社会观念的传承依赖实物符号的使用。当实物符号存活的知识场域变化，实物符号则面临被取代或消失的命运，实物符号所承载的仪式，以及仪式所表征的社会秩序或也将发生动荡。

文字记忆：在仪式中保留传统意义
——广州客家村落仪式文字的媒介人类学解读

朱　琳[①]

文字传媒是信息传播的手段之一，也是社会环境的一种。它的出现一定程度上消解了口语社会的秩序，拓展了信息原有的时空属性，对人类智慧的积累和社会的进步起到了关键性的推动作用。[②]在村落仪式中，文字在传播信息之外，也成为塑造传统村落环境的一个重要组成元素。婚丧、祭祖、宗教聚会等仪式都少不了各种类型的手写和印刷文字。本文把这些在仪式中公开呈现的、与仪式表意和进程密切相关的文字，称之为“仪式文字”。不同类型的仪式文字在一个村落的仪式话语中相互呼应，形成村落文化的一种表达系统，承载着村民的集体记忆。

在纯粹的记忆文化阶段，或者前文字记录系统阶段，社会交往的中转存储器和外部存储器还仅被使用于社会交往体系之中，文化记忆在这个阶段基本上与一个集体中流通着的那些记忆相一致。只有在严格意义上的文字被发明之后，社会交往的外部范畴才可能成为自主、成体系的存在。自此也才产生了这样一种记忆，它或多或少地超越了那些传承到本时期且正在流通的意义的范围，也同时超越本时期内社会交往的层面，正如个体记

---

① 朱琳，广东省计划生育宣传教育中心。

② 孙宝国：《18世纪以前欧洲文字传媒与社会发展研究》，东北师范大学博士学位论文，2005年，第96页。

忆超越个体意识那样。[①]文字系统具有表意明确的优势，可以脱离书写者而独立存世，被后世反复记忆，但对文字书写规则的不同理解，不同书写者主观意念的渗入却又左右着记忆的方向，构成社区生活中丰富的表述形态。

有关村落文字的研究多为对某种文字类型的文献分析，如祭文、对联、族谱分析等，而较少综合性地分析村落仪式中不同类型的文字。本文通过对一个客家村落的仪式文字类型和文字参与仪式方式的田野调查，讨论文字、仪式和村落记忆之间的关系。

一、梯村仪式的文字类型

梯村是广州市区的一个客家村，村民多是在清朝乾隆时期，先后从粤东等地迁移来的客家人。村落基本保留客家人的方言和习俗。梯村在拜山（扫墓）、婚丧、过年祭祖等仪式中使用相关的文字形式主要有山碑刻写文字、对联书写或印刷文字、白帖式手抄文字、族谱手写和印刷文字、仪式告示。这些文字形式大概可以分为三种类型，即陈述类文字、称颂类文字、祈愿类文字。

（一）陈述类文字

陈述类文字记录了仪式所涉及的人员、物品、位置、时间和程序等客观信息，情感色彩不明显，为后人了解事实用。仪式中的陈述类文字是最常见的一种，山碑刻写、白帖式、族谱、告示中存在大量此类文字。

以山碑刻写文字为例。梯村村民把“坟墓”称为“山坟”，简称为“山”。葬山即修筑坟墓，实际是对逝者进行“二次葬”。“扫墓”被称为“拜山”，

---

① 〔德〕扬·阿斯曼著：《文化记忆：早期高级文化中的文字、回忆和政治身份》，金寿福、黄晓晨译，北京：北京大学出版社，2015 年，第 14 页。

一般是在重阳节期间拜山，少数姓氏在清明节期间拜山。“墓碑”被称为“山碑”。拜山仪式中的一个环节是给山碑上刻有的文字进行描红。长年无人拜祭的山碑文字褪色、模糊，而年年有子孙祭拜的山碑则相对字迹鲜艳、清晰。山碑刻写文字，主要包括祖宗姓名、墓志铭、山坟坐向、立碑后人、立碑时间、边界（后土、来龙）六部分内容。子孙在描红的过程中，也逐渐熟悉了祖宗的姓名、生卒年月等信息。

笔者参与梯村廖氏拜山时曾看到过一则墓志铭，如下：

公讳挺玉乃十三世仕达公第二子也淑配□孺人共生七子长子克成二子克振三子克明四克和五克信六克仁七克义原籍永安县官坑围□后和成振公分居香增二邑各创基业玉公生于皇清顺治六年庚寅岁七月三十日酉时终于雍正二年甲辰岁十二月二十九日子时享寿七十有五于乾隆年间至嘉庆十二年戊辰岁冬月吉日卜葬番邑鹿步司属土名白榄罕现因国家用地迁坟卜葬土名西坑坐壬向丙兼子午分金兹一九九五年己亥岁农历十一月十六日吉时安葬佳城巩固福荫无疆宜尔子孙万载之佳是为志

该则墓志铭中包括廖氏祖先挺玉公自己及其妻儿名字、挺玉公生卒时间、旧坟修建时间地点、迁坟原因、新坟坐向和修建时间等信息。

除了叙述人物、时间、地点等事件的关键元素外，陈述类文字还能一定程度上再现仪式的情景。例如，曾主持过葬礼仪式的X叔公在中华民国卅一年（1942 年）手抄的“白帖式”（做白事的范例）中，有一段关于成服仪式的抄录：

孝子就位参神鞠躬跪举哀节哀俯伏兴跪三跪九叩盥洗复位指于上香前跪执事者焚香三香司尊者举瓶酌酒三奠酒致酒累□降神执事者奠财帛化财宝礼生执酒瓶淋麻衣唱曰今有阳上△△等痛惟故父（母）享

寿△十岂不幸卒于本年本月△日△时在家正（内）寝而终今以孝子礼宣当天成服天耶地耶父耶母耶曷至此耶碎裂肝肠难以堪居禄衣化为麻衣甘旨化为荼毒敢告于天地神位有□之人有服音各各赏服重服在前轻服在后孝子执仗谢天谢地复位旨于香案前跪三跪九叩礼毕撤馔

《白帖式》中的记录让后人对传统仪式中人物的位置、动作、服饰、事件程序有比较完整、清晰的了解，便于仿效。

（二）称颂类文字

称颂类文字是在仪式中表达对主人公或祖先、宗族的褒扬和赞颂，饱含个人或集体情感。此类文字在重建祠堂时设置的祠堂对联及逝者祭文中可见。

出于自然条件或历史原因，客家人从中原地区至南方几经迁移，然而其留根、重祖的观念依然牢固。他们时刻提醒自己有关先祖望族曾在中原的风光历史，并将这种荣耀感和优越感通过多种形式表现出来。此种文化意识一定程度上主导客家人的行为、心理，也决定了他们对风俗的取舍。客家堂联即为典型的例子。[①]

祠堂重建时，设置的相对固定的对联有两种，一种是祠堂门口的堂联，多为四字联。堂联内含典故，用意有二：一是说明本姓为名仕之后；二是对祖德的称赞，教育后代以先人为榜样。例如，廖氏堂联“三洲世第，万石家声”中的“三洲”是指廖氏先祖廖彦光的六世孙有三兄弟封为郡公：长为廖延邦，封清河郡公；次为廖延龄，封武威郡公；三为廖延春，封太原郡公。这是廖氏首次分为三郡，即三洲的由来。“万石家声”的说法有两种：一是汉时廖扶聚谷万石救济百姓灾荒，家声远播；二是宋时尚书省工部尚书廖刚，以及他的4个儿子同朝为官，年俸禄都在2 000石谷以上，5

① 侯月祥：《客家族谱中的堂号、堂联对客家人文化意识的诠释——以客家139姓为例》，《岭南文史》2011年第2期。

人皆重信义，一门官俸累计超过 1 万石。[①]

另一种是祠堂上厅的对联，有的写在神主牌两边，有的贴在上厅左右墙上。例如，廖氏祠堂上厅对联为“岭海著雄风德庆封侯承万石，武威宏世绪古今人表衍三洲”，此联与上述“三洲世第，万石家声”堂联表意类似，只是包含的内容更多、信息量更大，在“万石”“三洲”的典故之外，又增加了“德庆侯”这位廖氏名人，以及“武威”这个廖姓望郡。蓝氏祠堂的神主牌位并无神台，只是在墙面贴了“福”字，“福”字两边有对联“圣神德业千秋盛，光照平安百世昌”，横批“圣神光照”。此联显示出该村蓝氏对基督教的信仰。

祭文，则多是在丧葬仪式中表达生者对死者的哀悼、评价、赞颂的文字。例文如下：

百客祭女人文

呜呼珠帏肃穆　操内教以三箴　天性慈柔　作女中之异范□等地同桑里　时闻懿范之堪师　谊属姻联　何忍闺仪之入杳　忽观婺影沉沉　同深一哭今听声輀辘辘　共奠五牲　幸孺人之不吝　步虚声而来歆　伏维

尚飨

该则祭文是对一名女性的悼念，内容包括对丧礼环境的描述，以及对逝者生前行为、品性的赞誉。

（三）祈愿类文字

这类文字是仪式中人们向祖宗、神灵表达心愿和祈祷降福的一种沟通方式。对联是梯村重要仪式中最典型的一种祈愿文字。在结婚、丧葬、春

---

① 《廖姓总祠通用对联》，百度知道，http：//zhidao.baidu.com，2014-11-25。

节等重要时刻，梯村客家人都会请人手书或购买印刷对联。

结婚时，在迎亲的前一天下午或晚上，男方会在祠堂和家门口贴对联，且在上下联下方各贴一个“囍”字，将喜讯告知祖宗和邻里。若祠堂门框两旁已有他人的新婚对联，则不能遮住，须将自家对联贴在左右两侧，某时段同一祠堂的新人多时，祠堂门框两边的对联有三四幅之多。对联祈愿内容丰富，包括：祝福夫妻关系的，如“夫妻恩爱家和谐，伉俪情深业永昌”“鸾凤和鸣昌百世，鸳鸯合好庆千秋”；祈愿婚姻文明的，如“文明婚姻俩主张，夫妻和谐家业兴”“好夫好妻好家庭，好人好事好婚姻”；表现感怀祖德的，如“受室常思先祖德，结婚宜念老宗功”。

祠堂举行丧礼后，门口的挽联换为红纸对联，内容多表达对后人的祝福，如“百年归寿添百福，光照子孙福满堂”“脱去麻衣添百福，丢开仗棍纳千祥”。值得一提的是，渔沙坦村喜庆的对联千姿百态，但表现丧事的对联非常相似，形式都是手写文字，内容多含有“除灵添百福”“释服纳千祥”字样。

除夕那天，“贴红”是村民的主要事项之一。“贴红”即贴春联、贴门前利是和“贴门神公”。春联祈愿的内容可以分为几类：第一类表现对家庭关系和谐、家人平安、事业有成和丁财两旺的期盼，如“和顺满门添百福，平安二字值千金”“长行好运丁财旺，富贵平安福满堂”“琴瑟高奏门迎巨凤至屋宇光华升平乐，琵琶长扬户纳雄龙归华夏浩气展宏图”，最后一则是笔者在该村看到的最长的一副对联；第二类是商铺反映富贵发财的心愿，如“创业年年添锦绣，发财岁岁路辉煌”；第三类是向往高寿的，如“天增岁月人增寿，春满乾坤福满门”；第四类是体现客家人勤劳品质的，如“人靠勤劳致富，家因和睦生财”。

二、仪式文字与村民记忆

仪式文字的重要功能之一是承载村民的记忆。仪式文字中承载的记忆主要是关于同源身份和礼俗规范的记忆。

（一）同源身份的记忆

仪式文字所承载的同源身份的记忆，其“同源”包括共同的地域和共同的祖宗。梯村徐氏祠堂木质神主牌位两侧刻有对联“祖德源渊恩承蕉岭，宗枝繁懋胤结旺岗”，说明此处的徐氏是从蕉岭迁移至梯村旺岗一地的，蕉岭成为此处徐氏村民的地域源头。在过年拜祠堂、丧事入祠堂、结婚到祠堂贴对联等仪式活动中，村民每一次进入祠堂看到此联，便对姓氏源头加深一层记忆。《徐氏族谱》中也有关于地理源头的记录：“蕉岭开基一派，既十余代矣。”族谱虽不在具体仪式中出现，却与山碑、堂联文字相呼应，对仪式起着指导性的作用。不同类型的仪式文字保持一致，让村民对此地域源头深信不疑。地域，一般指一个地理区域，是一个空间维度的概念。然而，地域又是一个文化概念，它与生存在这一特定空间之内的人群及其生活相关联。地域体现了某一特定地理区域之内经由特定人群的历时性和共时性生活而形塑于该区域之上并与该特定地理区域形成某种密切关联之相对稳定的文化、传统、知识、习俗等。[①]共同地域源头的认可成为共同文化认可的基础，梯村徐氏与蕉岭客家人在文化习俗上也保持了诸多一致。例如，拜山习俗，梯村客家人多是重阳期间拜山，而梯村徐氏却不同，选择清明拜山，与蕉岭徐氏拜山时节相同，每年就拜山事宜分工，总有一部分徐氏村民到蕉岭参加祭祖，拜山的行动成为对文字记忆的实践，宗亲之间的联系由文字层面转移到行为层面。

---

① 曾澜：《地方记忆与身份呈现》，复旦大学博士学位论文，2012 年，第 25 页。

共同的祖宗记忆缘于血缘纽带。血缘是由生育带来的亲子关系，血缘族群在繁衍过程中不断壮大，长期聚居于某一地域并逐渐形成村落社区。当人口积累到一定的数量，或者是环境变迁，原有村落无法再供给人们赖以生存的条件时，就会出现部分支系搬迁或所有支系各自搬迁至他处重新建构村落的情况。失去生活联系的支系通过共同的仪式维持相互之间的关系，仪式文字则成为凭据性的联结纽带。在村民的信仰体系中，祖先的范围很广，按其与村民生活的联系，大略可以分为“远祖”与“近祖”两大类。[①]山碑刻写的文字记录的为“近祖”，“近祖”往往与村民有比较直接的血缘关系，通过每年的拜山仪式，子孙在祭拜近祖的同时，巩固彼此之间的联系，强化同宗同房的身份认同。祠堂神主牌位刻写文字或祖像名称明确的则是“远祖”的名讳。“远祖”与村民之间联系模糊，只有靠族谱手写和印刷文字记载的流传故事以及世系排列将其与近祖相联系。在村民记忆中，“近祖”追求的是血缘纽带、身份真实，“远祖”则多具有一定的名气，或高官厚学，或品性高洁。梯村徐氏几乎每户都有一本印刷竖排族谱和一张祖先徐钦三郎明诲公的画像。《徐氏族谱》对近祖的记录简单明了，仅叙述其生卒年月、山坟坐向、妻子姓名，对远祖徐钦三郎明诲公的描述则相对细致，包括其从业经历、品性为人等内容，片段如下：

> 明诲公一生为人刚义好学，精通医术，为乡人排难释纷，乐善好施，治病救人，造福乡梓其美德永为后辈传颂。故凡吾族子弟必永垂纪念。

在年节祭祖的仪式中，长辈带领晚辈到祠堂祭拜远祖，有意无意地根据族谱上记载的祖先故事向子孙讲述姓氏来历，子孙在仪式中形成对祖先的记忆，代代相传，在增强村落认同的同时，也区分了与其他姓氏或同姓异村的差异。

---

① 华智亚：《族谱、民俗生活与村民的记忆——对安徽 T 村的考察》，《安徽师范大学学报》（人文社会科学版）2006 年第 3 期。

（二）礼俗规范的记忆

仪式通过相关文字记载下来或得以表现，或许是将人们从仪式的重复性压力中解放出来的一种手段。德国人类学者扬·阿斯曼认为，仪式的本质就在于，它能够原原本本地把曾经有过的秩序加以重现。正因为如此，每一次举行的仪式都与前一次相吻合，对于没有文字的社会，则由此生成了时间循环往复的观念。从这个意义上，我们完全可以把这种借助仪式来传承文化意义的行为称为“重复的压力”。正是这种压力保证仪式的一致性，而当一个社会向文本一致性过渡时，人们恰巧从这种压力下解脱出来。[①]仪式中渗透大量的礼俗规范，这些礼俗规范原本只能通过言行、关系予以表现，文字介入不仅增添了表现的渠道，更为重复记忆提供了保障。

仪式文字对于礼俗规范的记忆包括显、隐两种。字面意义表现出来的，即是以显性的方式展现的礼俗规范。例如，前文的“白帖式”中有关成服仪式的抄录，帖式中明确了仪式进行的步骤和规矩。文字之外、与文字密不可分的规矩，如仪式文字的字数、用纸的要求、文字转换的时段，则是以隐性方式传承的礼俗规范。梯村比较传统的山碑对刻写文字的字数有一定讲究，山碑中间逝者名字的字数一般用“小黄道”（生、老、病、死、苦）来排列，以排至“老”为宜，所谓“合老”。常由 7 或 17 字组成，如“显考克振公之墓”。立碑人数一般要“合生”，由 6 或 11 字组成，如“祀男三大房立”。[②]从字数上体现村民对“生”“老”背后蕴含的吉祥、平安之意的追求。在春节、新婚、去世对联用纸上，以白头对联为多。白头对联不同于一般的红纸对联，而是在红纸顶部有数厘米长的白纸额头。关于白纸额头的来历，坊间有许多记载，如对明清时期战争的纪念、对祖宗恩情的记

---

① 〔德〕扬·阿斯曼著：《文化记忆：早期高级文化中的文字、回忆和政治身份》，金寿福、黄晓晨译，北京：北京大学出版社，2015 年，第 88 页。

② 广州市天河区地方志办公室：《柯木塱村志》，广州市天河区地方志办公室出版，2012 年，第 391 页。

忆、从头开始之意、白头到老之解等，而多数村民表示并不知含义，只是习惯如此。仪式文字的时间情境最明显体现在丧礼中。村民去世时，要把原来祠堂门口用红纸书写的对联撕下，贴上蓝色或黄绿色纸写的对联。有说法是，男人去世用蓝色纸，女人去世则用黄色纸，以男为天（天为青蓝色）、女为地（大地为黄色）作为区别。[①]对联内容多为表达对逝者的不舍、后人的悲痛，或陈述逝者的个人情况。出殡后，将祠堂门口的蓝纸、黄纸对联换为红纸对联，内容相应转换为对后人的祝福。对联文字及其用纸体现了丧礼仪式的不同阶段。

这些或显或隐的礼俗规范被仪式文字记载，对村民的仪式行为形成一定的约束，村民也在遵循这些约束的同时保持了与祖先、同源同姓村民的一致性。仪式文字维系着同源姓氏的集体记忆。法国社会学家莫里斯·哈布瓦赫认为，集体记忆具有物质和象征双重性质，“它既是一种物质现实，如一尊塑像、空间中的一个地点，又是一种象征符号，或某种具有精神含义的东西、某种附着于并被强加在这种物质现实之上的为群体共享的东西”。[②]集体记忆需要借助一定的物质现实将群体联系在一起。仪式文字就是这样一种物质现实，它涉及集体生活的价值、集体行为的规范和使集体参与的仪式持续并反复进行的规则，它传播着强化集体认同的知识，引导集体内部传承的共识付诸实践，促成集体在年复一年的仪式中协作行动，使村落社会体现出高于城市社区的整合性。

三、记忆的变迁与重建

仪式文字是承载村民记忆的媒介，当社会环境变化，村民记忆的社会

① 沈伟群：《客家土楼的“楹联文化”》，《大众文艺》2015年第1期。

② 〔法〕莫里斯·哈布瓦赫著：《论集体记忆》，毕然、郭金华译，上海：上海人民出版社，2002年，第335页。

框架发生动荡，根植于社会生活的仪式文字也随之改变。梯村许多姓氏的仪式文字在“文化大革命”和“清坟”时期曾遭遇不同程度的损毁。“文化大革命”中，梯村的手写族谱、祠堂神主牌等作为“四旧”物品被处理，祭祖、拜山等习俗被禁止。2005年前后几年，梯村根据市里要求开展清坟工作，坟头被平，山碑被毁。在逐渐恢复的年节祠堂祭祖、清明或重阳拜山等仪式中，许多村民拜的是空墙、土墓。所谓“空墙”，即没有神主牌位，只是在上厅内正门对着的白墙前设一桌案，或者在白墙上贴一“福”字，没有祖先的姓名和画像。所谓“土墓”，就是与山体难以区分的土地，没有坟头、墓碑。拜山的村民只是凭大致记忆寻找位置，清除杂草，插上香烛。年长的村民对祭拜的对象还有印象，年轻一辈则多不知道祭拜的是何许人。由于仪式文字的缺失，祭拜对象没有明确的指称，就被概指为“祖先”。村民只是遵循传统习惯，保持仪式行为。祭拜人与祭拜对象之间、不同祭拜对象之间可以追溯的血缘脉络模糊不清，家族祭拜的亲切感消失，“近祖”被归为“远祖”，家庭聚集性的怀念仪式演变为泛化的祖先崇拜，仪式中阴阳双向聚合的亲亲性被单一的子孙祈福代替，信仰为我所用的功利性在一定程度上超越了信仰规范的束缚性。近年村落仪式复兴，多数姓氏重修族谱、重筑山坟、重建祠堂，仪式文字旧貌换新颜。

媒介形式的转变一定程度上促成了村落记忆的重建。文字记忆总是与书写相关联，仪式文字书写的权利曾为村落老人所掌握。在仪式文字以手写文字为主的时期，熟悉仪式程序、幼时受过书法训练的老人，在仪式的组织和调度中具有较高的声望。老人在书写族谱、对联，刻写碑文等仪式性文字时，将自身对传统的记忆和规范的理解注入其中，手写的仪式文字在引导仪式进程中发挥重要作用，手写仪式文字的行为也成为村落老人维持权威的手段。然而，印刷媒介取代手写媒介后，村落老人的地位日渐式微。以族谱为例，规范化、精装版、统一的印刷族谱由于复制、购买方便，很快受到村民的推崇。村落中经济实力强、掌握联系其他同姓村落资源的人参与族谱编撰之中，成为新的仪式话语权力的持有者。部分家族流传下来的手写族谱，作为珍品束之高阁，家里添了新丁，也不在手书族谱中续写，而是等着印刷族谱准备翻新版本时，将小孩的信息报给村里参与编谱之人。手写族谱逐渐让位于印刷族谱，个性化、家庭型的族谱被打印版、同质化的姓氏族谱取代，个体生活丰富的历史记录隐没，而不同村落甚至不同城市同源姓氏的联系被加强；默默无名的个人被格式化地列入子孙名录之中，姓氏中名望高、实力强的个人，其事迹、成就则得以突显出来。

在仪式文字的重建过程中，捐款名录作为一种新的形式，逐渐渗透到村民的集体记忆中。拜山、年节舞狮等仪式前，手写捐款名录在祠堂门口或路口村民常驻足处张贴。新修的墓碑旁、新建的祠堂下厅墙上，都镶嵌着刻写的捐款名录。名录中一般为男丁姓名和具体捐款数目，数目大的写在上面，数目小的写在下面。各种捐款名录，尤其是刻写名录在某种程度上成为区分个人对村落贡献大小的标志被记录下来。捐款数目大的村民相对在村落活动中享有更多的话事权,成为事件的组织者或主要策划者之一。部分曾经在村落生活中参与事务较少、一度被边缘化的家庭，借助捐款或赞助村落事宜的机会，一跃成为村里的名人。多数村民则是协商一个统一的数目，赞助相同的金额，在保证村落事宜办得成的前提下，又保持互相的体面，取得参与村落事务相同的权力。

仪式文字的从无到有，也成为仪式现代适应的一种表现。为提升地方特色的影响力，地方政府积极为传统文化赋名，将大众媒介的传播标准视为赋名的准则。一月一次的梯村客家山歌会本来没有什么特殊的名字。“歌圩”这个显得有些文化意义的名字是由文化站的工作人员赋予的。山歌会的地点也正式挂牌为“××区××街梯村市场客家山歌歌圩点”。“歌圩”的命名，可追溯到清代道光年间诗人黎申产的诗。他在描写广西龙州歌唱风俗的诗中写道：“岁岁歌圩四月中，欢聚白叟与黄童。”“趁圩相约去歌坡，粜米归来女伴多。踯躅吭风残照里，牧童浴路唱山歌。”这两首诗将每年 4

月举行的歌唱风俗称为“歌圩”。[①]借用此意，以“歌圩”来命名每月一次的客家山歌会，符合定期聚会、以歌会友的基本含义，又显得有历史感和文化底蕴，与传媒的要求不谋而合，经过传媒的报道，久而久之，对客家山歌会口语化的、随意的称呼被遗忘，雅名“歌圩”作为一种集体记忆存在下来。

仪式文字随着社会生活的发展有所变更，但其维持村落传统、保持村落整合的功能依然存在。它不仅仅是象征村落民间信仰的文化符号、村民日常生活社会框架的表达系统，几经演变，更成为村落集体记忆的积淀者，以相对稳定的方式代代累积，构成村落社会形成、增强群体认同的文化基础。

① 梁昭：《汉、壮文化的交融与疏离——“歌圩”命名再思考》，《民族文学研究》2007年第1期，第140页。

神圣的“阅读”与“观看”
——修行者媒介实践的人类学考察[①]

冯桂华[②]

当今社会，媒介迅猛发展，广泛渗透到社会系统的每个角落。在我们生活的语境当中，人们习惯认为“无论何时何地对任何人而言，媒介都是一样的”[③]，实际上，媒介对社会群体的影响并不是单方面的，不同文化背景下的群体媒介实践会表现为不同的方式和特征。本文即是这样一个研究案例，通过对寺院修行者的媒介观念、媒介行为等方面的考察，探讨媒介与特定文化空间的互动方式。

本文的田野空间——DL 寺是中国汉传佛教净土宗著名的寺院，信众数量庞大，广泛分布在国内外。寺内拥有众多的修行项目[④]，参加者常达数千人甚至上万人。据笔者在 2013—2015 年的统计，每日在寺中活动的长期居住者将近 500 人，其中既有出家的僧人，也有“依寺”修行的俗家弟子，后者虽未出家，但以各种方式（通常是做义工）常年居

---

① 本文资料来源于笔者在某寺院为期两年的田野调查。本文中的修行者主要是指居住在该寺院中的佛教徒，包括出家人和居士群体，他们与世俗生活中的佛教信仰者不同，从信仰层级上来说，他们具有一定的佛教知识，整体上更为虔诚，与“民间佛教信仰者”相比，他们是比较标准的佛教徒，表现为信仰的现实功利性较弱，而对彼岸的超越性追求较强。他们主要围绕着寺院进行活动，自称为“修行人”，而将寺外的社会群体称之为“世间人”。

② 冯桂华，中山大学社会学与人类学学院博士研究生，四川外国语大学中文系副教授。

③〔美〕费·金斯伯格等编：《媒体世界》，丁惠民译，北京：商务印书馆，2015 年，第 473 页。

④ 如“佛七”“昼夜经行”“闭关”等活动。

住在寺内，他们遵守佛教戒律，过着“准”出家人的生活。从佛教内部看两者存在身份上的差异，但他们都可称之为“修行者”，具有相同的群体行为特征。

一、修行者的媒介观

在 DL 寺中，除了各种彰显佛教文化的符号与象征物之外，大众媒介的身影也随处可见。只要在寺内走一走，就能看到许多修行人一边走路一边听着耳机；闲暇时间有许多人在寮房内播放光盘；在过堂（用餐）的仪式当中，有录音机在引导着仪式的进程；在寂静的深夜，佛殿上会有电子唱佛机在循环播放着佛号。笔者初到 DL 寺时，曾对这些景象很是好奇，不知道诵经念佛者需要 MP3 做什么，看上去许多现代媒介物品与传统的寺院形象似乎很不协调，但显然这些物品在 DL 寺中已经普及，几乎人人配备，可见已成为他们生活的组成部分。那么，这些媒介从何而来？有何用处？又是否与日常世俗生活的使用情况相同？笔者带着许多疑问进行了全面的考察。

根据田野资料，笔者将寺内出现的媒介种类从技术角度分为印刷类、电子类和移动媒介三类。印刷类主要是书籍、杂志和画像，电子类主要是音频和视频产品，如 MP3 播放器和 DVD 光碟；移动网络媒介则主要是智能手机。寺内的媒介种类没有世俗生活那样丰富，许多社会中流行的新兴产品在寺内并未出现。笔者了解到，前两类媒介产品来源于寺院宗教组织的批量生产，属于免费流通的物品，可以随意取用，因此普及率极高；第三类媒介主要是人们自行购买或者来自他人的馈赠（作为结缘品或供养品）。

从物质表现形式来看，这些媒介产品与世俗生活中的同类产品没有区别，但在寺院生活中，两者有根本的不同。首先是内容的统一性，在修行者拥有的印刷类媒介产品中，几乎没有世俗内容的书籍，而是以佛教或以宣扬佛教理念的书籍为主要构成；而在DVD光碟和MP3播放器中，是以住持法师或某些知名高僧的讲经视频或者音频为主要内容。可以发现，这些产品都经过了技术上的处理，例如，普通的MP3播放器同时兼有U盘功能，使用者可以自由决定其内容，但在DL寺生产的这类产品中，内容是固定的，使用者无法增加或者删除其中储存的内容。又如，在光碟中，会在录像当中适当增加一些富有宗教渲染力的画面或音乐，可以唤起甚至比仪式现场更为强烈的宗教感情。

最为显著的特点，是修行人对这三类媒介的态度很不相同。前两类媒介，被称为“法宝”，在使用中有完整的仪式和诸多的禁忌，在修行者生活中有崇高而神圣的地位。而对于移动媒介，人们的排斥态度也是非常明显的，从寺院组织到宗教领袖，都倡导修行人应少用或者不用移动产品，在寺内许多场合，如某些特殊的时间或地点，移动媒介都被禁止或者限制。有些修行者主动放弃配置这些媒介，如有一位信众，在寺里住了三个月后，就将自己的手机赠给了别人，并决定不再用手机；有些人则不被允许使用，如沙弥群体；少用或不使用这类媒介甚至会成为一个人修行是否“精进”、是否虔诚的标志。可见在寺院的环境中，移动网络媒介处于比较低级的世俗层级①，笔者曾通过问卷调查来统计人们对手机的看法，也证实了这种观念是比较普遍的。

二、“神圣”媒介的仪式与禁忌

笔者发现，修行者在面对“神圣”类的媒介，如看书、听MP3或看光碟时，他们的行为并不能等同于普通日常生活中的阅读、收听或观看的行

① 需要说明的是，根据笔者的调查，在寺院中仍有少部分人积极应用移动媒介，但他们的使用仍然具有群体特征，会有一系列的策略对其世俗属性进行转化，对此笔者将另文论述，本文不对其进行讨论。

为，突出的差异表现在进行这些活动时会伴随着一系列的仪式与禁忌。

阅读经书有一套颇为复杂的仪式过程。第一步是"赞佛"，通过一些偈语和动作来赞颂佛的功德和慈悲；第二步是"请佛"，即将佛菩萨请至诵经活动的时空现场中来；第三步是"发愿"，向佛忏悔诵读者累世所造的"业"，表明诵经的目的；第四步读"开经偈"；第五步是读经书正文部分；最后是"回向"阶段。有些情况下某些程序可以简化，但"香赞、开经偈、回向"这些部分必不可少。[①]每个程序都有固定的话语表达形式，一般会附印在书中。例如，DL 寺印制出版的《地藏菩萨本愿经》中，经文之前有"香赞""觉林菩萨偈""南无地藏王菩萨（三称）""南无本师释迦牟尼佛（三称）""开经偈"这些内容。经文前置的偈语各不相同，有的是对神佛的普遍赞颂，有的是对某一具体的佛菩萨进行称赞，但功能上没有区别。比较常见的赞佛偈语（也称"香赞"）如下：炉香乍热、法界蒙熏、诸佛海会悉遥闻、随处结祥云、诚意方殷、诸佛现全身、南无香云盖菩萨摩诃萨（三称）。用语言召唤诸菩萨光临诵经现场，有邀请众佛的功能。"开经偈"也有不同的版本，目前最为流行、使用频率最高的是这四句："无上甚深微妙法，百千万劫难遭遇，而今见闻得受持，愿解如来真实意"，据说是由武则天亲自创作的。

在读（诵）经的过程中，语言和动作构成了一个完整的由"世俗—神圣—世俗"的阈限过程，经文偈语，构成了人神交流的神圣空间，这个空间中有神佛降临参与，有菩萨或金刚在护佑，因此是神圣而洁净的，参与者或与神交流，产生神圣体验，或清净自己的内心，辅助修行。在佛教徒的观念中，我们生存的世界是多重空间并存，在人类活动的周围，并存着肉眼不能察觉的"众生"或险恶的力量，通过诵读经文，可对空间进行重塑或净化，神圣力量的参与能将一切不洁或不善的存在都隔离出去，或者将其改造后再重新纳入，诵读者在读经之后也将获得许多神奇的"利益"，

① 这来源于笔者调查的 DL 寺情况，在不同的寺院或许存在差异。

如“不受恶死、能驱鬼魔、善神常随左右”等。人们相信，即使不打开经书，只要将它们放在房间里，也能驱除邪恶，清净空间。对经书的使用，有诸多的禁忌。首先表现在话语的使用上，如果要去流通处取一本经书，要说“请一本法宝”，而不说“拿”或者“买”（即使是买来的），在表达与之相关的所有事项上，都要注意避免使用任何具有不敬嫌疑的语句。与之相关的任何行为，从表达、拿取、阅读到放置或收藏，甚至是销毁，都有一系列的规范标准。例如，不能把它们放在柜子的底层，不能带入卫生间，不能故意损坏，不能在经书上乱写乱画，不能躺在床上看经书，当把它们放在行李箱中时，绝不可放在衣服等俗物底下等。笔者有一次将经书放在枕头边，就招致了其他修行人的不满。所有“低、矮、脏、乱”的地方都不能用来安放它们或进行与之相关的活动，应尽量选择“高、洁、净”的地方。

寺院中的书籍，因其内容的神圣性，其外在的物理属性也随之被赋予了神圣的性质，印有经文的纸张也上升成了“圣物”。同样的媒介观念被移植在电子产品上，寺内出版的电子念佛机、MP3 讲经机或者光盘也因其内容而被神圣化，被尊称为“电子法宝”。修行者对电子法宝的行为同样恭敬小心，从使用时间、地点到形式，都有“禁忌”。可以观察到在 DL 寺后山摘茶的僧人，当他一边听讲法音频时，他一定是将讲经机挂在胸前，而不是背在身后或者挂在腰间。人们并不在乎媒介的形式和技术手段，而是判定其内容性质后决定对该媒介的态度。纸质经书的仪式也被复制到了“电子法宝”中，打开 DL 寺的电子唱佛机，或者播放任何一张碟片，都可以发现在内容的安排上，都如经书一样，在主要内容之外都具有“赞佛”“开经偈”“回向”等程序，观看者会一同参与这过程，否则其宗教意义就会流失。

可以发现，相对于纸质“法宝”而言，修行者们更愿意选择“电子法宝”，因为电子媒介更能节省时间和精力成本，这与社会群体的选择一样，是天性使然。但笔者发现，使用电子媒介可以带给观看者更多的“神圣体验”，或者创造了更多的“神圣体验”机会，这是人们选择它们的另一个没被察觉的理由。在听经或者看讲经的录像时，修行人常会产生奇异的感觉。信众慧通（法名）讲述她曾在听经的时候闻到了异香，而她弟弟第一次听TN法师[①]的讲经机时，就非常明显地感觉到自己被一团紫光所笼罩；以义工身份在DL寺修行9年的李居士说她以前在福建家中修行时，有一次偶然得到了TN法师的讲法视频，而当她观看时，她发现她看见的不是人在屏幕上说话，而是一位菩萨，“没错，就是普贤菩萨在讲法”，李居士很肯定地说，并说直到现在她还清清楚楚地记得当时那菩萨头上的头光，李觉得这是一个重要的神谕，于是就坐火车来到了DL寺，从此再也没有离开过。佛教徒被教导要亲近“善知识”[②]，因为“善知识”拥有更为深广的力量，宗教领袖是“善知识”的首要代表，人们相信他们可以有助于亲近者的修行，获得一种“加持力”，在寺院中，“佛力加持”变成现实的故事非常多。笔者认为这种力量其实是一种对佛菩萨、高僧的信任。在以前的年代里，信众想要亲近自己心中仰慕的宗教领袖并不是一件容易的事，类似TN这样的高僧，普通的修行者在现实中难有机会与其面对面交流，而电子媒介技术的复制功能，使这种愿望的实现变得相对容易，“加持力”的获得和“神圣体验”的概率也被提高。这在维系信仰和保持对宗教组织的情感方面是非常重要的。有一位信众说“每天听着TN法师讲经，觉得好慈悲啊，师父法相庄严，就是菩萨的相，师父的声音就是我心里面佛的声音”。在局外人看来，这种表达似乎是一种夸张，但对信众而言是一种真实的体验。修行人CQ说，当她第一次在光碟中见到TN法师时，就掉下了眼泪，因为他看起来是那么慈悲。在以印刷技术为主导的时代中，宗教文化也可以被大规模的生产、保存和传播，但讲解者总是“隐身”的，阅读者需要通过文字来想象。而在电子技术中，宗教领袖“现声”并且“现身”，

---

① DL寺的方丈，著名的法师。

② 善知识，通俗地来说，是一种尊称，是指有修为的人，一般是指高僧大德，但有的时候，为了表示尊敬，对普通人也可以用。

当他们出现在视频中时，除了讲法的内容，还有他的表情和神态，以及他的整体的形象都会给观看者更强烈的“在场感”，不能不说这是媒介技术对宗教的馈赠。

三、人与媒介的关系

从人们对“神圣媒介”的态度、禁忌和仪式可以看出，修行人阅读书籍或者观看电子法宝，其目的并不是单纯地获取宗教知识（事实上，据笔者了解，在 DL 寺中仍有不少诵经者并不识字），也不是出于娱乐和审美的目的，对他们而言，这些行为首先是一种信仰实践方式，带有强烈的宗教功能。

“宗教的禁忌行为是体现和处理人与神关系的一种特定的态度和方法”[①]，与其说佛教徒们是在看书看光碟，不如说是他们在与神进行沟通。当他们通过各种音频或者画面进行佛法学习时，他们不是在进行普通意义上的观看，而是进入了一种“修行”或“类似修行”的仪式时空中，与参与真实的仪式现场没有宗教性质上的差别，在情感和精神方面产生的功能和意义也无质的不同。修行好的僧人，如宗教领袖或高僧，他们被其追随者认为是各种佛菩萨转世来度化众生的，称为“显比丘相”，是信仰对象的化身与象征。因此无论是在屏幕上、画册上或其他一切场合见到了宗教领袖，都如同真人一般对待，复制技术，并没有消减其神圣性。信众在屏幕上看到了法师，就如同看见了法师本人，甚至只要听到名字就合掌行礼。虔诚度和认同度越高，这种认识的内化度就越深。一位信众对笔者说：“见到了佛经，就好像见到了如来，同样的道理，听音频，如同见师父。不断听，就是不断见师父。”在信众与信仰对象之间，顺从与绝对忠诚的关系是

① 戴康生、彭耀主编：《宗教社会学》，北京：社会科学文献出版社，2007 年，第 91 页。

显而易见的，有不少信众会对视频录像中的高僧下跪顶礼，或者观看前要洗手焚香，都是基于这种认识。[①]虔诚度越高的信仰者，越不会在电子法宝前有任何“不如法”的犯禁行为，因为神佛是全知全能的，他们认为佛菩萨对自己在媒介前的一举一动都能了如指掌，所以不可怠慢，以免影响到信仰终极目标的实现。

这不是一种普通的随心所欲的观看，而是一种“视神”或被“神视”的过程，即一种神圣的观看即观看神圣，或是被神视即被圣人所看到的场景。无论哪一种理解，其共同点都是在观看者与被观看者之间存在不对等的关系，观神者或被神注视者都是屈从的、膜拜的、仰视的。当然，这种心理有一个动态发展的过程，并不是每一个信众从一开始就这样，会随着信仰的深入和虔诚度的增加而加深，因为他们相信越虔诚越恭敬，自己的修行就越能获得利益，称为“佛法在恭敬中求”。因而，这种电子媒介创造的“神视”不是被动的，而是意味着与神的互动，是与神关系的一种表达，可以说每一次观看或者收听，都是一种强烈的信仰表达与互动，其中信息的交流不是单向的，而是双向的。

四、结语

在媒介人类学的研究中，关注不同媒介实践群体的文化背景很重要，可以看到，不同的社会群体在使用相同的媒介时可能会表现为截然不同的观念和使用方式。

相对于世俗经济场所，寺院是一个特殊的空间，这里的活动群体对生活的态度和意义都有自己的逻辑，当他们与媒介技术相遇时，我们发现他们对媒介的反应并不是被动接受。如果没有现代媒介技术的运用，寺院就

① 厦门一位信众说她在家里听法师讲经时，必定要洗澡、点香，在佛堂里观看，并绝不会在卧室里观看。

难以实现电子法宝的生产，而广泛采用这种技术的原因是电子媒介技术本身具有封闭性，可将同类产品中的世俗内容排除在信仰之外。例如，将音频播放器的内容固化，就是一种有益于自我群体的技术性的巧妙运用。

他们如何使用媒介技术是由他们的文化决定的。同时，我们也能发现，寺院中的修行者比世俗生活中的信仰者更为频繁地使用这些媒介，因为寺院特殊的空间使人们接受其他媒介的可能性大大降低，如 DL 寺中电视机数量非常少，其仅有的几台在功能上也弱化为播放器，信息接收和娱乐功能都被屏蔽，这是文化环境成为该群体主动接收和使用这些媒介的重要因素。

寺院里修行者的媒介实践显现了文化特殊性的媒介消费特征，他们根据媒介的内容而不是形式来确定对该种媒介产品的态度，将生活中的媒介进行神圣与世俗类型的划分，他们对媒介的观念经过了规训，是文化选择的结果。他们在使用神圣媒介的过程中，伴随着一系列的仪式和禁忌，因此他们在使用这些媒介产品时，其行为不能等同于普通的阅读和视听，而是通过媒介来达到与神沟通的目的，媒介因而成为生产神圣空间的重要因素，媒介的物质形式本身也由此获得了另一种超越性的意义，成为神圣之物，媒介的功能从总体上实现了一种转化和超越。这种有别于世俗社会同类媒介的存在方式是由空间特殊的文化背景和价值观念创造的。在寺院这样特殊的空间中，人与媒介的关系，被纳入人与神的关系体系中，成为人神关系的组成部分。在处理人与媒介关系的同时，人与神的关系，以及宗教空间中的生活秩序都得到了形塑和强化。可见媒介能创造关系，同时也能被特定的空间所创造。两者总是会产生各种形式的互动，而互动的结果却可能大不相同。

影像媒介与信仰认知
——《耶稣受难记》在S堂口的媒介人类学研究[①]

熊　威[②]

2014年8月，中国天主教宜昌教区在S堂口举行了第三期暑期培训班，教区希望用适应现代社会发展的牧灵方式加强年轻一代的宗教信仰，培育教区的后备力量。前两期培训班，教区委派资格较深的神父、修女主持，由于身份地位及生活环境的差异，这些神父、修女倾向于采用较为保守的培训手段，中规中矩地给学员讲授神学课程，按部就班地推进学习计划，但是这些努力并未收到预期的效果。宜昌教区教区长LXG神父为了改变这种状况，将此次培训班交给教区的三位年轻修士（MYS、SHY、LYF）负责，另外找来幼师YWM和大学生GSL协助，明确要求教区其他人员配合培训班，并给予三位修士在授课内容与形式方面极大的自主权。

汲取前两期培训班的教训和经验，三位修士决定采用学唱歌、看电影、玩游戏、演话剧等轻松活泼的方式来开展培训活动。正是在此背景下，《耶稣受难记》（*The Passion of the Shrist*）作为培训辅助手段，由他们带入S堂口。[③]其实，早在传教士时代，他们就认识到现代媒介手段对信仰传播的巨大作用，他们用民族语言制作的唱片、留声机、收音机、幻灯片和电

---

① 本文原载《中国基督教研究》2015年第4期。

② 熊威，华中师范大学中文系。

③ 特别说明的是，由修士带入S堂口的《耶稣受难记》是网上广为流传的7分钟剪辑版，并非电影完整版。

影等传媒工具，甚至会放映战争影片，“说是收天兵，谁不听话，就放天兵来整他”，“谁不信耶稣，上帝就派天兵来打谁”[①]。现代学者在田野调查中，也发现利用影片来进行宣道的活动：“2001 年 12 月 15 日晚上，在巴村参加圣诞节活动的信徒在麻必底教堂里看了一场‘录像’。内容是‘耶稣生平’，碟片是一个信徒刚从贡山县城带回来的。放映设备是从附近学校里借来的一台老式的 National 电视机和一台影碟机。”[②]《天主教梵蒂冈第二届大公会议文献》（简称《梵二文献》）对影像媒介与现代天主教的发展即有预见，“教会的子女当全体一致，同心协力，视环境之需要，以最大的努力迅速而有效地将大众传播工具用在各种传教事业上去，以期防患未然，捷足先登，尤其在那些宗教事业的进展更迫切需要努力的地方”。[③]笔者通过追踪《耶稣受难记》放映前后当地天主教信徒对影片的认识及产生的影响，试图从影像媒介和信仰认识两个维度入手，探讨在乡村天主教社区中二者的关系及其呈现方式。

一、田野调查点情况简介

S 堂口（图 1、图 2）位于湖北省宜昌市长阳土家族自治县，地处武陵山区纵深处，地形以山地和盆地为主，教堂修建在盆地中，周边村庄以教堂为中心，呈放射状分布在周围的山间或山腰平地上。此地传统上以农业和畜牧业为主，由于缺水，主要种植玉米、土豆等耐旱作物，几乎每家每户都养羊、养猪。此地属于国家重点扶贫区域，近年来，随着扶贫开发工程的引进和地区经济的发展，林业和采石业也在逐步发展中。总体而言，

① 秦和平：《基督宗教在西南民族地区的传播史》，成都：四川民族出版社，2003 年，第 385 页。
② 郭建斌：《独乡电视：现代传媒与少数民族乡村日常生活》，济南：山东人民出版社，2005 年，第 79 页。
③ 天主教台湾地区主教团：《天主教梵蒂冈第二届大公会议文献》，天主教上海教区光启社、河北信德社出版发行，2012 年，第 447 页。

此地经济发展较为落后，GXF 神父不止一次对笔者感慨道："当年传教士看中这个地方，就是看重能温饱，吃喝不愁，但是也发不了财。"[①]

图 1　S 教堂正面

图 2　S 教堂背面

S 堂口历史悠久，天主教在清初即传入此地并扎根发展，形成著名的"教友谷"，直到今天仍为湖北省农村天主教三大聚居区之一。据本地老教友介绍，原来此地属于李姓，后来龚、王二姓从公安县横堤市迁移过来，根据离天主教堂 8 千米陈家冲王朱氏、龚王氏两座古墓碑，可断定此地 1700—1724 年就有教徒。[②]关于龚姓迁移到 S 堂口的原因，一般有两种推

① 访谈人：GXF 神父，时间：2014 年 8 月 1 日，地点：S 堂口。

② 中共长阳县委员会统一战线工作部：《天主教在 S 的传教史》（手稿本），长阳县档案馆藏，1964 年，第 3 页。中共长阳县委员会统一战线工作部：《天主教宜昌教区 S 天主堂史志》（手稿本），长阳县档案馆藏，1965 年，第 5—6 页。笔者在 S 堂口调查，当地人也是如此讲述。

测：一是为了躲避教难而来，由于“礼仪之争”和译名之争，清中期开始厉行禁教，公安县教友为了保持信仰而迁居至此；二是公安地区位于长江南岸，紧邻洞庭湖，地势以平原为主，水患严重，公安人在逃荒期间，发现S堂口荒地较多，而且人烟稀少，因此以家族为单位逐渐迁徙到S堂口所在地区。由于史料阙如，我们并不能还原当时龚姓迁入石磙淌的历史场景，但是根据笔者在鄂西地区的调查和所掌握的文献资料来看，S堂口的形成与清政府的禁教有密切的关系①，当然也不排除天灾造成的人口迁移。

由于S堂口所在地区地势险要，与外界交通不便，在清政府禁教期间，此地保护了大量的神父、教友，因此一直是天主教发展的重点区域。1894年，比利时传教士黄赞臣神父在此设计并主持修建了天主教堂，历时三年竣工。中华人民共和国成立后的历次运动对教堂有一定冲击，圣像被毁、钟楼被拆、遣散传教士，整个堂口处于无人管理状态；“文化大革命”中一度打算将教堂拆掉，后来当地人向政府反映，把教堂上的十字架拆了，教堂可以用来做学校，这样才将教堂主体建筑保存下来。20世纪80年代初，随着宗教政策落实，S堂口恢复了正常的宗教活动，经过三任神父（GZY、GZK、GXF）的不懈努力及政府相关部门的支持，不但筹资修缮了教堂破损部分，而且修建了钟塔、三层综合楼等。

目前，S堂口由GXF神父主持，ZGL、LKX两位修女协助牧灵工作，3人均为本地人；另有神父和当地教友6人组成堂管小组。由于SY县只有这一座堂口（S堂口下面的ZJS地区较远，教友过来参加宗教活动不方便，教区于2009年买下ZJS地区一座废弃的小学，将其改建为教堂，已登记为宗教活动处所，其宗教活动也是由GXF神父主持，一般星期六举行弥撒），又很有名，所以S堂口辐射范围很广，不仅SY县教友来此地参加宗教活动，而且临近的YD市部分教友也会前来。据2007年时任本堂GZK

① 与S堂口类似的磨盘山社区即是在禁教大背景下逐渐形成的著名教友聚居区，参见康志杰：《上主的葡萄园——鄂西北磨盘山天主教社区研究（1636—2005）》，台北：辅仁大学出版社，2006年。康志杰：《鄂西北磨盘山天主教社区研究》，香港：原道出版有限公司，2013年。

神父的统计，此地共有教友2310人；近些年来，年轻劳动力大量外流，此地再也没有进行教友数量统计工作。在调查中，笔者向现任GXF神父核实相关数据，他说自2011年担任本堂神父以来，大概有80多人受洗，但是也有80多人过世，教友数量基本没太大变化。有一次笔者和GXF神父去教友家送圣体，他感慨此地牧灵工作的困难，“以前我们号称8000人，一点都不夸张，你看现在宜昌鸦鹊岭、枝江、太湖那边都是从这里迁出去的，现在只有2000多人，年轻人都出去打工，我们现在看到可能也就1000多人，都是老人、孩子”。①

改革开放后，社会流动成为可能，当地人多地少，交通不便、经济落后，于是有些人选择搬到宜昌、荆州等地；同时，越来越多的年轻人外出打工，所以经常在教堂出现的大多是老人和孩子。虽然S堂口在信仰情况上发生了一些变化，但相比于宜昌教区其他地方，目前还算情况比较好的，这点在宜昌教区内部达成共识。

由于S堂口天主教历史悠久，已经成为宜昌教区很多教友心中的圣地；而且此地教友信仰较为虔诚，奉献精神也较好，因此教区很多大型活动选择在此举行，如布道会、修女培训班、避静活动等。自2011年举办暑期培训班开始，教区就一直将活动地点选在S堂口。

二、《耶稣受难记》的传播与影响

《耶稣受难记》于2004年2月上映，赢得巨大票房收入的同时也引起了很多争议，在具有浓厚基督教背景的西方世界，将“耶稣受难”这一个主题搬上荧屏，颇为不易。作为一部剧情片，导演梅尔·吉布森（Mel Gibson）以影视的手段，再现了耶稣最后12个小时的生命。2014年7月到8月，笔

① 访谈人：GXF神父，时间：2014年8月2日，地点：S堂口附近小路。

者进入S堂口做田野调查，此期间S堂口恰好承担了宜昌教区暑期培训班的培训任务，同时也赶上了天主教四大瞻礼之一——圣母升天节。从负责培训班的修士将《耶稣受难记》带入S堂口开始，在接下来的一个月里，此影片的放映成为当地一件十分热闹的事情，并在8月15日的圣母升天节达到高潮。

（一）《耶稣受难记》的传播

S堂口教友家普遍都有电视机，少部分家庭还有电脑，但是他们很少有机会观看关于基督教题材的影片，因此，精神需求构成了《耶稣受难记》传播的前提。《梵二文献》对电影的巨大魅力给予肯定，“因为电影尤其是为青年制作的电影，可供给人正当的消遣，又可促进人类文化及艺术的进步”①。在暑期培训班期间，教堂放映了剧情片《耶稣受难记》和纪录片《伯多禄故事》等，每一次都能吸引周边很多人过来。特别是看剧情片的时候，很多教友就不自觉泪流满面。在调查过程中，他们经常让笔者给他们介绍一些关于基督教的影片，有些教友还要求把影片名字写下来，这样可以让在外打工的儿子、女儿带回来，有些教友直接要求笔者下次再去的时候帮他们带一些相关的影片。正是这种巨大的“精神饥渴”，使教友迫切希望能看到更多关于教会的影片。《耶稣受难记》能在当地引起如此大的反响，也是切合了教友的实际需要。

《耶稣受难记》为何能在S堂口产生爆炸性影响？建立于信仰基础之上的精神需求自然是其能传播开来的内在动因，同时我们也必须认识到当地社会结构与文化传统所编织的传播网络的重要性。

S堂口教友大多是龚姓和李姓，传统上以二姓通婚为主，所以当地人基本上都能攀得上亲戚关系，也就是费孝通先生所言的“熟人社会”。教堂放映《耶稣受难记》的消息，在这样一个以血缘和姻缘为基础的熟人社区，

① 天主教台湾地区主教团：《天主教梵蒂冈第二届大公会议文献》，天主教上海教区光启社、河北信德社出版发行，2012年，第448页。

很快通过口耳相传和现代资讯方式为更多的人所了解，并且这种自发的、跨越地域藩篱的传播方式容易产生“滚雪球效应”，扩大了《耶稣受难记》的知名度，这也是《耶稣受难记》不断被要求重新播放的重要因素。

S堂口是一个较为传统的教友村，神父在当地具有极高的威望，受到当地人的尊敬。在意识到《耶稣受难记》产生了意想不到的效果后，每次神父讲道时，都会反复提到这部影片，“我们传教局面为什么打不开？那是因为我们自己没做好，没活出耶稣要求的样子，你看那天的电影，耶稣为了我们被打得不成人样子，他为了我们的罪过受惩罚，要我们坚定信仰，要像耶稣一样活着”。①有几次神父带着笔者去送圣体，他在公开场合都会讲：“你们都看过那电影，就是讲耶稣被钉在十字架上的。我今天来就是代表耶稣给你们送圣体，所以你们要想着耶稣哦，他可是因为我们被钉死在十字架上哦。”②神父代表着一种权威力量，他在当地传播网络中占据核心位置，连他都如此重视此影片，更何况那些普通的教友呢？

综上所述，教友们的信仰热情、精神需要与所能看到的教会影片较少的落差，构成了《耶稣受难记》传播的前提。从传播方式来看，一方面是公开反映，透过当地的传播网络让教友知道这一消息，从而在更大范围内扩大此影片的接受度和影响力；另一方面是作为教会权威的神父在不同场合反复提及此影片，使教友意识到此影片的重要性，极大地促进了影片的传播效果。

（二）《耶稣受难记》的影响

《耶稣受难记》只是修士们带入堂口的培训资料之一，他们常年在城市生活、熟悉网络世界，有很多机会接触到此类影片；但是对于S堂口这样一个以老人和小孩为主体的社区来说，《耶稣受难记》却是一件新鲜事物，

① 节录于GXF神父2014年8月15日圣母升天节弥撒讲道内容。

② 节录于GXF神父2014年8月16日于LZF家讲道内容。

从其受热捧的程度即可知其产生的巨大影响力。

从平信徒角度来看,《耶稣受难记》是绝大多数人观赏的第一部关于天主教题材的影片。S 堂口与中国其他很多地区一样，年轻劳动力大量外流，社区呈现出空心化趋势，大多是老人和孩子，他们平时很少有机会接触电影，更不要说是天主教题材的电影。在培训班活动期间，每次教堂放映《耶稣受难记》的时候，无论是特地赶过来观看的教友，还是在教堂帮忙或接送孩子的教友，大家都很自觉地聚集在教堂观看，并在观看结束后静默祈祷；后来有些没来得及观看影片的教友，还向神父、修女反映，希望多放几遍《耶稣受难记》，71 岁的 GXK 爷爷说：“我这个年纪的人没看过这些，前几天来堂里，看到放这个（指《耶稣受难记》），我就跟着那些孩子一起看，看着啊，就哭了，这个电影太好了。”[①]

从神父、修女角度来看,《耶稣受难记》的受欢迎程度超过了他们的预期。在培训班期间，LKX 修女除了负责带小学孩子外，GZF 神父和 ZGY 修女并没有直接参与此次培训班活动。他们并不清楚从宜昌过来的修士会放映这部影片，但是后来逐渐感觉这部片子很受教友喜欢，“以前我跟他们讲，他们就是听着，也不知道听懂没，但是这个片子一放，都不用说，全明白耶稣受难了”。[②]后来 LKX 修女也觉得这部片子很好，于是从修士那边拷贝过来，在准备 8 月 15 日圣母升天节瞻礼时，神父让笔者帮 LKX 修女在电脑上输入读经部分、找一些开场内容，因为修士们带过来的《耶稣受难记》是 7 分钟剪辑版，我们觉得时间太短，于是另找了一些国外圣母显灵的视频资源，但是神父觉得这与教友们的生活隔得太远，后来他们达成一致的意见，即循环播放 7 分钟版的《耶稣受难记》。在 8 月 15 日早上 9 点弥撒开始之前，一共播放了 10 遍，很多人看得都泣不成声了，“以前做弥撒的时候，他们总是有一些自己的事，一时电话响了，一时要出去，

---

① 访谈人：GXK，时间：2014 年 8 月 15 日，地点：S 教堂。

② 访谈人：GZF 神父，时间：2014 年 8 月 15 日，地点：S 教堂。

看着那种态度就不对。你看昨天，他们都很规矩啊，都跪在那里祈祷”。[①]

从教会角度来看，《耶稣受难记》的传播，为教会内部沟通搭建了平台。一方面，《耶稣受难记》成为他们的共同话题，成为他们对话与交流的一个关注点，神父在讲道时可以以此为例，以影片为媒介来进行灵性交流，即使在平信徒相互交谈中，也会经常提起这部影片，笔者有一次去商店买东西，里面坐着几位70岁的老爷爷，他们就在讨论影片内容，而且拉上笔者一起交流。另一方面，《耶稣受难记》的放映在某种程度上成为S堂口大型活动的一个固定仪式环节。从世俗层面讲，通过影片放映消耗时间，等晚到的教友一起参与弥撒；从信仰层面讲，影片的放映过程也是增强灵性的过程，让他们在信仰的氛围中体验宗教精神，从而更好地参与教会活动。

《耶稣受难记》在S堂口这样一个特殊的场域产生了重要影响，当然这种影响主要是针对平信徒而言，他们常年生活在农村，对于信仰的理解不深，但是信仰热情很高，《耶稣受难记》正好点燃了他们信仰的火焰；神父、修女对神学很了解，他们经常外出培训，接触了很多外面新的传教手段（电影是其中之一），对于他们来说，如何用《耶稣受难记》引导教友认知信仰、加强信仰才是重点；从客观效果而言，《耶稣受难记》为S堂口内部交流和教会活动提供了一个媒介工具。

三、《耶稣受难记》与信仰认知

（一）信仰认知的工具

由于S堂口所在地区经济较为落后，教育水平较低，当地教友对《圣经》及其内容并不是很熟悉，他们对于教会的了解更多是依靠神父的公开

① 访谈人：GZF神父，时间：2014年8月16日，地点：S教堂。

讲道、神父与教友之间的日常交流、教友之间的相互传授。由于自身理解能力的限制，这种得来的知识并不完整，甚至在某种程度上是对《圣经》的曲解，因此更谈不上对基督教神学理论的了解。

在这种条件下，他们是如何认知信仰的呢？在最初进行访谈时，教友经常会说“耶稣为了我们，（被）钉在十字架上”。但是对于事件的发展脉络及神学品格并不清楚，他们从信仰角度出发，认为耶稣是为了救赎全人类而牺牲，这既是他们认识教会的起点，也是他们服膺信仰的终点。他们充满信仰热情，对于信仰的虔诚毋庸置疑，但是由于“长期以来受各种条件的限制，不可能对基督教的教义作深入的探讨”[①]。

《耶稣受难记》使他们受到了极大的震撼，成为他们认知信仰的工具。每次得知教堂里要放映这部片子时，很多人都会来教堂，甚至有人丢下家里的事专程到教堂来看，“听修道说放，所以今日就过来看一下。电视（里）耶稣太……（按：此处哽咽），天主会保佑他的”。[②]《耶稣受难记》里面耶稣受难的暴力、血腥场面给他们留下了深刻的影响，很多人当场落泪。8月13日，在暑期培训班临近结束的时候，教堂举办了一个特别的晚间祈祷活动，担任授课的三位修士和学员自排自演了耶稣受难故事，当时话剧演出结束后，几乎所有人当场跪在十字架面前，号啕大哭。扮演圣母玛利亚的LKX修女说：“以前我们总是跟教友说耶稣受难的故事，说他钉在十字架上啊，教友也很感动，但是通过影片和话剧的形式，你看那些教友都看明白了耶稣受难，那么悲惨的场景。”[③]

S堂口的教友基本是受家庭影响受洗，在宗教的氛围下长大，对于他们来说，信仰是自然而然的事，已经内化为生活的一部分，他们每个星期日到教堂参加弥撒、停工参加四大瞻礼，在教会里面完成各项人生礼仪……至于信仰是什么？他们似乎并不大重视，也没有思考过此问题。《耶稣受难

① 梁家麟：《改革开放以来的中国农村教会》，香港：建道神学院，1999年，第428页。

② 访谈人：GZS，时间：2014年8月13日，地点：S教堂。

③ 访谈人：LKX修女，时间：2014年8月14日，地点：S教堂。

记》以直观的方式呈现了教会的核心精神——耶稣受难，这种视觉体验不同于以往口述故事的传播，《耶稣受难记》直接将血淋淋的场面呈现出来，“这比我们传道中说一千道一万更有用”，很多教友借此“重新认识主耶稣的精神”[①]。但是必须指出的是，这种信仰的再认识只是基于信仰热情之上的浅显理解，与神学精神相差甚远，这也是农村教会的基本特点。

（二）信仰认知的模塑

在调查过程中，笔者发现《耶稣受难记》放映前后，教友对于耶稣受难故事的讲述方式和内容发生了明显改变，《耶稣受难记》凭借其直观的视觉展现形式极大地改变了他们对耶稣受难的想象，很快接受影片中的叙事情节和表述方式，认为影片真实再现了耶稣受难的场景。

S堂口教友家庭都挂有圣像、瞻礼单、十字架等，在笔者调查之初，每次他们讲述耶稣受难故事时，都会望着十字架或者圣像上的耶稣，自己脸上的表情也很凝重，仿佛感受到耶稣的痛苦一样。他们对耶稣被钉在十字架上是为了人类赎罪等核心义理较为清楚，但是也仅限于此，如果让他们接着往下说，他们都会一脸茫然，“感觉没什么可以再说的了”。

在暑期培训班和圣母升天节放映了《耶稣受难记》之后，笔者再与教友做访谈的时候，很多教友都会主动提起耶稣受难的故事，此时从他们口中讲述的故事，基本就是《耶稣受难记》里面的场景，他们甚至对电影里的刑具都记得十分清楚，“那些人太坏了，该刀杀，用鞭子打，还用铁丝钩，耶稣都走不动了，还打他，这些人肯定会遭报应的”。[②]通过电影的残酷画面，教友对于信仰有了更直观的认识，“把耶稣打的都是血，这些人不是亲娘养的啊，怎么下手这么狠，耶稣为了救我们，吃了这么多苦”。[③]

---

① 访谈人：GXF，时间：2014年8月16日，地点：S教堂。

② 访谈人：GZS，时间：2014年8月13日，地点：S教堂。

③ 访谈人：LYQ，时间：2014年8月13日，地点：S教堂。

耶稣受难作为天主教信仰的核心内容，教友自然很熟悉，但是他们也仅仅是知道有这件事，对于具体的内容既没有兴趣也没有时间去细究。但是随着《耶稣受难记》的放映，当地人才知道原来耶稣是受了这么多刑法，吃了这么多苦头，“我们都是蒙受耶稣的恩典，他替我们受罪了”。[①]

从笔者前后的调查可以看出，《耶稣受难记》极大地改变了当地人对于耶稣受难故事的认知，甚至在某种程度上重新模塑了当地人的信仰认知习惯。当地教友知道耶稣受难的故事，大多是通过神父讲道，耶稣受难的场景谁也没见过，即使神父讲述得天花乱坠，也缺乏现场感和真实感，顶多激发教友的一些浪漫想象。但是，《耶稣受难记》通过视觉表达形式将血淋淋的场面直接搬上荧幕，这种建构的“现场真实”带来的是全新的感官体验，仿佛他们能“看”到耶稣受难的真实场景，因而也更容易被教友接受和理解，并且依据影片的内容重新建构出一套耶稣受难的话语表述系统，这与之前的模糊说辞形成鲜明对比。

（三）信仰认知的实践

乡村天主教的发展存在很多问题，其中教友文化水平较低，极大地影响了教会的发展。很多乡村天主教徒都没有接受完整的教育，但是他们有自己一套理解教义、教理、教规的方式，他们身体力行“做宗教”（do religion）[②]，在乡村天主教研究中，教徒对天主教的理解固然重要，但是其如何践行信仰，则涉及其对于信仰认知的实践。

《耶稣受难记》给 S 堂口教友带来巨大震撼，他们将这种新的信仰认知方式带入自己的宗教实践活动中。在活动结束后，笔者再去跟教友做访谈的时候，他们经常会告诉笔者，现在他们做祈祷之前都会默想一

① 访谈人：GDQ，时间：2014 年 8 月 11 日，地点：S 教堂。

② 周越：《做宗教的模式：形式的重要性》，王霄冰、邱国珍主编：《传统的复兴与发明》，北京：知识产权出版社，2011 年，第 122—132 页。

下耶稣受难的场景，也就是《耶稣受难记》里的画面，“这样我们才能离天主更近”[①]。很多教友在参加宗教仪式时，都会自觉不自觉地想起耶稣受难的场景，或许是影片的影响，或许是信仰的需要，抑或是二者兼而有之。

天主教的一项宗教实践活动即为传福音，《耶稣受难记》成为当地教友传播福音的工具。S堂口的福传局面很难打开，神父也经常在讲道的时候抱怨：“你们自己都做不好，还想让教外人信？”在调查期间，当地人也经常向笔者传教，“你是博士，懂得比我们这些人多，你看耶稣受难，也比我们晓得多，你也晓得耶稣是为我们的罪过钉死的。”[②]“既然你做教会的研究，你应该看一下这部片子，拍得太好了，真实反映了耶稣受难的历程，我看了无数遍，每次看都会掉眼泪，感谢耶稣拯救了我们。”[③]

《耶稣受难记》极大地刺激了教友们的信仰热情，他们不仅将其带入到自己的宗教生活中，也用作传播福音的工具。从信仰的层面接受宗教活动的实践，《耶稣受难记》很快就征服了S堂口，笔者于2014年圣诞节再去调查的时候，当地很多教友在访谈中无意间就会提起影片里面的情节，在平安夜烤火的时候，一位老大爷再次深情地给笔者复述了电影里面的场景，足见《耶稣受难记》在当地的影响力。

四、影像媒介与信仰认知的关系

影像媒介作为现代化背景下的技术手段，以其快速、便捷的方式满足了现代人的视觉审美需求；而信仰认知作为一项带有个人感情色彩的精神活动，是人与自然、世界互动的产物。关于影像媒介与信仰认知关系的研

① 访谈人：GDQ，时间：2014年8月11日，地点：S教堂。
② 访谈人：LZF，时间：2014年8月15日，地点：LZF家。
③ 访谈人：LZF，时间：2014年8月15日，地点：LZF家。

究，归根到底是传播与受众关系的研究。斯图亚特·霍尔在传统受众研究的基础上提出“编码/解码”范式，探究信息交流的复杂结构背后突出受众的能动性，并区分了解码得以建构的三种方式——主导霸权地位、协调的符码及对抗的符码。[①]霍尔基于传播的视角，从受众出发探讨信息传播过程中的结构性因素，这种研究取向也得到了媒介人类学的青睐，“人类学对研究媒体消费近来的主要所得在于：观众积极地解释他们读到、看到和听到的材料”。[②]但是这种研究取向忽略了信息传播源头对受众的制约性。笔者在研究中，试图在具体的时空场域中呈现出“解码”环节的多样性，也就是影像媒介与信仰认知如何在天主教徒思维模式和行为举止中相互作用，进而揭示二者的实践逻辑和文化内涵。

（一）影像媒介促进信仰认知

影像媒介作为现代社会一项重要传播工具，已经渗透到我们日常生活的方方面面。即使是较为保守的天主教，也开始积极面对这一技术革命和现代传播方式的挑战，梵二会议即制定了《大众传播工具法令》，以更好利用影像媒介进行福传工作。

《耶稣受难记》的放映在S堂口产生了很好的反响，对于教友信仰认知、教会之间的沟通交流都有积极作用，这一点在前文已经有过讨论；在此，笔者希望用LSQ的个案进行具体阐述，看《耶稣受难记》对她个人信仰认知的促进作用。

LSQ住在离教堂不远的QSY村，家里只有她一个孩子，是一个聪慧活泼的小姑娘。她的母亲是教友，父亲是教外人，她从小跟着母亲参加教会活动，但是由于家庭原因，她直到去年才领洗。后来母亲去北京打工，

---

① 〔英〕霍尔：《编码，解码》，罗钢、刘象愚：《文化研究读本》，北京：中国社会科学出版社，2000年，第345—358页。

② 〔美〕萨拉·迪基：《人类学及其对大众传媒研究的贡献》，中国社会科学杂志社编：《人类学的趋势》，北京：社会科学文献出版社，2000年，第237页。

几乎没有人再对她进行灵性培养。现在山区上学都要到镇上，每10天放一次假，周日早上就要赶车去学校，因此她在主日也不能去教堂参加弥撒。由于长时间没有参加宗教活动，信仰也不那么坚定，但是通过短短7天的培训班学习，她又“重新回到主的路上”[①]。笔者问她此次培训班最大的收获时，她认真地说道：“其实他们讲的那些我要么知道一些，要么很快就忘了，反正我又不做修女，知道那么多干嘛？但是《耶稣受难记》给我印象太深了，耶稣是为我们而受难的，他们那天晚上又演了一遍话剧，我当时也感动得哭了。”[②]

LSQ对于教会的了解基本来自母亲，领洗也是受母亲影响，她对于教会感情并不是特别深，但是《耶稣受难记》给她的感触特别深，激发了她的信仰热情。在结束调查回到学校后，她多次通过网络联系笔者，希望帮她介绍一些教会题材的影片；2014年12月23日，笔者到S堂口做圣诞节短期调查，LKX修女提到LSQ后来又到教堂电脑上看了几次《耶稣受难记》。从LSQ个案中，我们可以看出，《耶稣受难记》不仅极大地促进了她的信仰热情，也给了她一个重新认识信仰的途径。

（二）影像媒介限制信仰认知

《耶稣受难记》以视觉的方式讲述耶稣受难的故事，将受难场景以艺术化的方式呈现在教友眼前。在传道过程中，这种强烈的视觉冲击力往往比神父口干舌燥地讲述更有效果。但是我们也可以看出，《耶稣受难记》这部影片吸引人眼球的是宏大的场面、动人的情节和残酷的画面，与我们大多数人的观影感受一样，教友更多关注的是耶稣被鞭打和背十字架的血腥场景，这种追求感官刺激的“暴力审美”显然不符合教会对信仰的理解要求。有一次与负责培训班授课的SHY修士聊到这个问题，他对此有精辟的

---

① LKX修女对LSQ参加培训班的评价。

② 访谈人：LSQ，时间：2014年8月15日，地点：S教堂。

见解：“其实我们是想让他们通过看电影这种轻松的方式了解信仰，但是我们教友也是人啊，看电影肯定还是喜欢看那些有情节性的内容，对耶稣受难的外在形式过于关注，而对受难背后真正的意义却不了解，这也是一件很可悲的事情。”[①]

在市场化浪潮下，影片的制作讲求经济效益，它必须以观众需求为导向，注重能抓住观众感官刺激的情节和画面，我们在“消费”影片时，更多的是欣赏那些设定情节和制作技艺，缺乏对影片内涵的深入探讨。教会不断放映《耶稣受难记》，其首要目的不是娱乐教友，而是增强其信仰、加强其灵性，在这个层面上来讲，《耶稣受难记》的放映并未达到其希望的目的。

当然，也有部分年龄较大的教友不赞同在教堂放映《耶稣受难记》，他们认为这样显得不够庄重，甚至妨碍了他们祈祷。以前去教堂，教友跪拜之后很快入座，接着就是唱圣歌、念《天主经》《圣母经》，在祈祷中迎接弥撒的到来，他们觉得这才是教堂应该有的样子。现在进入教堂，祭台前面一块大银幕，放着《耶稣受难记》的影片，把圣母像都挡住了，全场的人都安静坐在那里观看，也不念经了，放完之后就开始进行弥撒，“都没有时间和天主说说话”[②]。当然这涉及代际之间文化差异、接受影视媒介的态度、对于信仰及信仰方式的理解等问题。

影像媒介在某种程度上是一种“快餐消费”，它迎合了现代社会的快节奏和感官消费的需要，将其引入信仰层面，必然面临着磨合问题。信仰是一种形而上的追求，是对人与社会、人与世界关系的一种思考与实践，是从终极意义上思考人的存在；影像媒介却大多是追求短平快的展现方式，缺乏继续追问思考的动力。虽然影像媒介可以成为信仰认知的工具和诱发性因素，但是毕竟其出发点不是为了影响人们的信仰认知，难免存在一些隔阂。虽然《耶稣受难记》在S堂口获得很好的反响，但是其仅仅使教友

① 访谈人：SHY修士，时间：2014年8月11日，地点：S教堂。
② 访谈人：GZS，时间：2014年8月12日，地点：S教堂。

停留在感性层面，不能促发其进一步思考信仰背后的意义，这也没能达到教会预期的目的。

（三）信仰认知促进影像媒介

因为与信仰直接相关，所以《耶稣受难记》在S堂口大获成功。很多教友认为电影里面的场景就是《圣经》里面记载的耶稣受难故事的真实再现，在调查中，他们经常告诉笔者，“看了电影后，才晓得耶稣是这样被害死的”。教友在观影过程中，直接将电影场景与其信仰结合起来，那么那些没有信仰的人会怎么看呢？

S堂口是一个很著名的老堂口，吸引了很多外地游客前来参观。在笔者调查期间，有几批外地游客前来参观教堂，正好赶上放映《耶稣受难记》，他们往往没有耐心看完，觉得这些都是假的。当时笔者背着照相机在教堂给培训班活动拍照，很多游客对笔者的身份感到好奇，后来得知笔者是来做调查的时，他们感到很不理解，“这有什么可以研究的，你看放的这些片子都太假了，你是博士，你肯定知道啊，那些人还看哭了，真是搞不懂”。

其实，笔者也必须反思自己作为非基督徒的研究身份，由于直接参与了培训班期间的活动，笔者多次跟神父、修女以及直接负责培训活动的修士建议，希望在培训活动期间少放映《耶稣受难记》，担心这种血腥的影片对学员的成长不好。作为一个非信徒，笔者更多是从孩子的成长角度出发来考虑这一问题，后来MYS修士解释道：“其实你说的问题，我们也考虑过，我们举办培训班的初衷是希望加强这些学员对于天主的认识，有些时候做的确实不恰当，这也是我们要总结的。”①

因为信仰的原因，《耶稣受难记》很容易被教友们接受，在观影感受上，教徒与非教徒有明显的区别。即使像笔者这样的研究者（SHY修士将笔者

① 访谈人：MYS修士，时间：2014年8月14日，地点：S教堂。

界定为“文化基督徒”），由于不是天主教信徒，也会与他们在《耶稣受难记》放映上产生一些隔阂。

（四）信仰认知限制影像媒介

虽然自梵二会议以来，天主教为适应现代社会发展，在教会内部作出了很多调适工作，但是总体而言，天主教在教义、教礼、教规上仍较为保守。特别是在乡村地区，对于借助影像媒介的手段来传播信仰，很多老教友难以接受，这一点已在上面有过论述。笔者在此特别强调的是信仰认知在影像媒介选择上的可接受性，换句话说，他们选择什么样的影像媒介，如何诠释他们看到的影像媒介？

《耶稣受难记》之所以受欢迎，一方面是他们对耶稣受难的情节很了解，平时教会里面讲述最多的就是耶稣为了给我们赎罪而牺牲，这对于文化程度不高的教友来说，接受起来没有太大的困难；另一方面耶稣受难的故事也能与他们的日常宗教体验结合起来，特别是耶稣受难的情节更是激发了他们的信仰热情。《耶稣受难记》之所以能在 S 堂口获得如此大的影响力，是与教友掌握的教会知识相契合的。

几乎同时在教堂播放的 BBS 纪录片却反响平平，放映了两次就不再放了，归根究底还是教友对伯多禄及其故事的陌生，伯多禄在教会发展史上很重要，但是对于教友们来说，教会历史并不是他们所关心的，他们只是信仰天主而已。虽然很多人的圣名及主保圣人是伯多禄，但是教友也仅仅是在读福音书的时候听过这个名字，知道他是耶稣的大弟子，也是教会主保圣人之一，甚至对其在罗马受难的故事并不知晓，这也不能怪教友们对其“冷落”了，当然这种尴尬的局面也不排除与《伯多禄故事》的纪录片性质有关。

从两部影片在 S 堂口的放映效果来看，显然是信仰情况主导了影片选择。当地教友对于伯多禄并不熟悉，对其个人品行及在教会发展史上的地位并不了解；但是作为信仰中心的耶稣，自然是他们灵性生活中不可或缺的，因此他们往往选择自己更容易理解和接受的。

综上所述，影像媒介与信仰认知关系复杂，在不同的时空环境下、在不同的人群中都会产生不同的面向。笔者将其放在S堂口这样一个具体的场域中，通过对影片《耶稣受难记》的放映与教友们的信仰认知关系进行解读，试图呈现出其多元化、多层次的关系。笔者深知，这种解读是不完整的，因为S堂口的生活远比文章呈现出的内容丰富多彩，本文仅仅是截取其中的一个片段进行“深描”，试图管窥其扎根于现实生活的信仰世界。

手机与宗教信仰关系的人类学考察
——以湖北宜昌天主教S堂口为例

熊　威[①]

在技术革命和现代化进程的引导下，人类逐渐步入信息时代、数字化时代。科学技术的创新、通信手段的革命、网络时代的崛起，手机、互联网等现代媒介手段已经成为日常生活的重要组成部分，它们不仅对社会制度、社会治理、政策制定等产生了重要影响，还对人类思维方式、行为实践、交际方式等也发挥了不可低估的作用。因此，有学者惊呼“网络社会的崛起”[②]，人类已经进入“数字化生存”[③]。

关于手机与现代社会的实证研究有两种研究取向：一种是研究社会弱势群体的手机使用情况，杨善华和朱伟志解读在现代化背景下农民工手机使用背后的消费文化和心态[④]，孙信茹关注哈尼族村寨手机在日常生活使用中的复杂性和差异性[⑤]，Assa Doron 通过对北印度低收入群体手机使用情况分析来探讨手机是如何既削弱又增强了妇女地位和政治权威的[⑥]，

---

① 熊威，华中师范大学中文系。

② 〔英〕曼纽尔·卡斯特：《网络社会的崛起》，夏铸九等译，北京：社会科学文献出版社，2006年。

③ 〔美〕尼古拉·尼葛洛庞帝：《数字化生存》，胡泳等译，海口：海南出版社，1996年。

④ 杨善华、朱伟志：《手机：全球化背景下的“主动”选择——珠三角地区农民工手机消费的文化和心态解读》，《广东社会科学》2006年第2期。

⑤ 孙信茹：《哈尼族村寨手机使用的传播人类学考察》，《传播与社会学刊》，2011年，(总)第18期。

⑥ Doron A. Mobile persons: cell phones, gender and the self in North India. *The Asia Pacific Journal of Anthropology*, 2012, 13(5): 414-433.

Horst 和 Miller 通过详细的民族志描述了牙买加低收入群体的手机使用状况及对其日常生活的影响。[①]另一种关注青少年手机使用情况，将手机作为一种社会现象进行解读。韩彦超等关注大学生的手机使用及依赖现象[②]，朱秀凌关注在青少年使用手机中，家长与青少年的控制、协商过程。[③]从学界既有研究来看，研究者都强调了手机在现代社会中的作用和影响，但是很少有人关注现代社会中手机与宗教的关系。手机对人类日常生活产生了重要影响，那么手机对于以神圣为旨归的宗教有什么影响呢？本研究以湖北省长阳S堂口[④]为田野点，采用参与观察和深度访谈等质性研究方法，分析手机使用对天主教信仰的影响、天主教信仰如何回应手机的介入，以及二者关系在社区中的运作过程和实践逻辑。

一、S堂口及手机使用情况概述

（一）S堂口天主教发展及变迁

中国近三十年来的现代化和城市化进程，对偏僻的S堂口所在地区的社会面貌和宗教生态产生了较大的影响。具体来说，有如下几点。

首先，改革开放后，社会流动成为可能，当地人口大量外流。S堂口人多地少、交通不便、资源贫乏的现实制约了当地社会经济发展。20世纪90年代初，有些家庭选择搬迁到宜昌、荆州、枝江等地。2000年以后，与全国其他农村地区一样，当地越来越多的年轻人外出打工，适龄劳动力外

① Horst H，Miller D. *The Cell Phone：An Anthropology of Communication*. New York：Berg，2006.

② 韩彦超：《结构主义视角下大学生手机依赖状况研究》，《中国青年研究》2014年第4期。董海军、杨荣辉：《大学生手机依赖与需求的实证分析》，《中国青年研究》2014第4期。

③ 朱秀凌：《控制与协商：手机对青少年"私人场域"的建构与入侵——基于中学生家庭的实证研究》，《中国青年研究》2015年第1期。

④ 本文中所出现的人名、地名均已做技术处理。

流，经常在教堂出现的是老人和孩子。

其次，受外面世界的影响，本地也逐渐进入“风险社会”。教会严厉禁止的赌博和离婚现象开始增多,越来越多的不良社会风气开始影响S堂口。在调查中，笔者曾遇见过陷入传销组织的青年，也听其他人讲过此地发现的艾滋病病例。虽然有信仰的约束，但是越来越多的年轻人还是抵抗不住社会不良现象和风气的诱惑，以至于一时失足。

最后，由于计划生育政策的影响，再加上人们思想观念的改变、年轻人受流行文化和消费文化的影响，此地“圣召”越来越少。S堂口能够在众多的农村堂口中脱颖而出，成为湖北省著名的天主教聚居区，不仅是因为其教堂建筑精美和教徒人数众多，更是其在1989年之后，先后走出了32位神父，成为著名的“神父村”。在计划生育背景下，虽然土家族的民族身份使其可以生育二胎，但是越来越多的人选择只要一个孩子，家长都舍不得让孩子去当神父、修女。随着消费文化和流行文化的影响，当地孩子也不愿意过神贫、贞洁、服从的修道生活。所以，此地现在没有“圣召”出现，以往宜昌教区神职人员均来自此地，现在不得不从北方引进修士、神父。

虽然S堂口在信仰情况上发生了一些变化，但相比于宜昌教区的其他地方，目前还算情况比较好的，这点在宜昌教区内部达成共识。由于S堂口天主教历史悠久，已经成为宜昌教区很多教友心中的圣地；而且此地教友信仰较为虔诚，奉献精神也较好，因此教区很多大型活动选择在此举行，如布道会、修女培训班、避静活动等。

（二）S堂口手机使用情况概述

天主教历来较为保守，直至现在，其仍因为堕胎、妇女择职等问题饱受批评和指责。但是，在几乎不带有任何意识形态和宗教色彩的技术革命面前，天主教也不得不调整发展思路，以更为积极的姿态面对信息时代的挑战。1962—1965年，天主教召开了梵蒂冈第二次大公会议（简称“梵二会议”），在此次会议中将大众传播和媒体纳入会议议程，对新闻媒体采取包容、交流态度，积极从制度层面推动天主教与现代传播媒介的对接。“梵二会议”最终形成了影响现代教会变革和发展的《梵二文献》，其中与本文讨论直接相关的是《大众传播工具法令》。教会认识到现代传播媒介对传教工作的巨大影响，“教会的子女当全体一致，同心协力，视环境之需要，以最大的努力迅速而有效地将大众传播工具用在各种传教事业上去，以期防患未然，捷足先登，尤其在那些宗教事业的进展更迫切需要努力的地方”。[①]从中我们可以看出，教会是把现代传播媒介作为一种工具，并强调了道德在现代媒介使用过程中的重要性。正是在这一法令指导下，梵蒂冈在20世纪90年代建立了国家官方网站，并成立了相关职能部门和机构，极力推动天主教多元化传播。[②]

就中国天主教而言，早在传教士时代，他们就认识到现代媒介手段对于信仰传播的巨大作用，他们用民族语言制作唱片、留声机、收音机、幻灯片和电影等传媒工具，甚至会放映战争影片。随着社会的发展和资讯的发达，报刊、电视、手机、电脑成为人们接收信息和了解社会的主要媒介手段。S堂口订有《中国天主教》《信德报》及《三峡晚报》等报刊资料，但是一般送进来都要经过一段时间，用LKX修女的话说：“我们看到的新闻就不再是新闻了。”除了几户极为贫穷的家庭之外，电视对于当地人来说已经成为一件普通的家庭电器，且大多是彩色电视机，甚至有家庭开始用上壁挂、高清电视。除了周日早上的弥撒和时不时的读经、唱歌之外，S堂口也没有其他的娱乐活动，而且大家都住得比较分散，交通不方便，相互串门都成为一种奢望，因此，电视成为当地人消遣时间、打发无聊的最主要工具。以前神父、修女也经常在教堂看电视，当然现在教堂有了电脑，

① 天主教台湾地区主教团：《天主教梵蒂冈第二届大公会议文献》，天主教上海教区光启社、河北信德社出版发行，2012年，第447页。

② 许正林、乔金星：《梵蒂冈网络传播态势》，《世界宗教研究》2011年第1期。

两位修女看电视也少了，一般是神父一个人看。电脑对于当地人来说并不陌生，教堂有电脑，教堂附近两家也有电脑，主要是给孩子学习用。

就S堂口而言，报刊资料时效性不强而且只能覆盖到主要单位（如教堂、村委会），电视大多以娱乐性节目为主，缺乏互动性，电脑由于要求掌握一定文化知识和操作技能，对于文化程度偏低的当地人来说不具有普及性。随着现代社会的发展、通信技术的改进、手机成本的下降，在信息较为封闭和相互交流困难的山区，手机凭借其通信的快捷、便利，迅速在当地打开了市场。但是，必须指出的是，S 堂口所在地区的通信信号很差。虽然近些年当地政府大力推进农村信息基础设施建设，特别是对S堂口这一类国家重点扶贫区域加大了投入，但是由于地理环境限制，在某些地方手机仍然没有信号。根据笔者观察，在S堂口，手机覆盖率高、使用率高，俨然已经成为当地人的一件日常生活用品。手机不再是一件奢侈品，不是身份地位标识和衡量个人、家庭的标准，反而成为千家万户中的一件寻常玩意。走到S堂口所在地区，只要有人的地方，无论是山间林地，还是公共场所（如教堂、商店门口），都能时不时地听到手机铃声响起，或是外界的亲朋好友的问候，或是家里人打电话喊回家吃饭。手机已经深深嵌入（embeded）当地人的日常生活和交往实践中，成为人们须臾不可离开的通信工具。

当地以中老年人为主，他们对手机质量和功能要求并不高，他们只用手机拨打电话和接听电话，大多数人不会存储手机号码等信息，也不会使用手机短信功能。对于他们而言，只要手机能打电话就行，所以他们一般习惯使用老式手机，有时晚辈出于孝心给他们购买智能手机，他们反而不习惯，往往将智能手机放置一边，继续使用老式手机。在调查中，老式手机按键方便、功能简单、小巧便携、操作容易、蓄电好等因素都使他们更偏向于使用市场上已经接近淘汰的手机。即使一些稍微年轻的中年人开始使用智能手机，他们也仅仅使用其通话功能，对于其他很多自带应用程序和功能都不懂，因此，他们经常让笔者帮忙调整手机设置模式、介绍一些基本应用程序功能和用法。但是年轻人一般讲究手机的质量和品位，经常换价格更贵、功能更全的高档手机，在他们看来，手机不仅是通信工具，也是上网工具，他们用手机更多是玩游戏、看小说、网上聊天等。

二、共融与相生：手机与信仰的契合

手机的基本功能是通信，是为了满足人与人之间信息交流的需要。但是随着科技的进步，应用软件的普及，手机功能日益发展，“逐渐改变了以往的人际交往沟通方式、信息获取方式、书写和阅读方式、学习方式、观看方式、传播方式、休闲娱乐方式，以及组织行为、时间观念等生活中的诸方面”，形成一种“手机媒介文化”[①]。在S堂口，大部分人使用手机都是满足通信需要，但是随着智能手机的增多，包括APP应用在内的手机其他功能也开始流行起来，有些中年人开始玩QQ、微信，也在手机上下载一些教会专门应用程序，如iBreviarium（我灵赞颂主）、天主教小助手。在此，只选择与本文主旨相关的手机使用情况，不展开全面论述。手机的广泛使用，为S堂口教会联系教徒信众，丰富信仰生活提供了重要的帮助。

第一，S堂口位于武陵山区纵深处，地形以山地和盆地为主，地理位置的闭塞和住户的分散，使大家相互之间联系十分困难。以前当地人都是靠相互串门或者委托路过的人带口信的方式来进行消息传递，但是随着手机的进入，凭借在信息交流中的快捷、便利、即时通信等特点，人们不用再走山路或麻烦他人，只要彼此知道电话号码，瞬间就可以完成信息的交流与交换。以1954年S堂口发生的事故为例，在缺乏现代通信手段的情况下，由于政府及天主教徒掌握信息不对称和谣言的传播，酿成一次严重

---

① 孙慧英：《手机媒介文化的研究现状及路径探析》，《东南传播》2013年第2期。

的社会治安事故。现在，教会组织活动、堂管小组开会、教徒找神父办事、神父联系教徒，基本都是靠手机联系。每次政府派人过来检查工作或者陪同领导视察，都会提前给神父打电话，以便于安排相关接待工作。按照宗教管理条例，如果神父、修女需要外出超过一个星期，必须告知当地宗教管理部门，他们一般也是通过手机沟通。

第二，与中国其他农村地区一样，S 堂口大量青壮年劳动力外流，他们进入城市打工，并且有些也在城市定居下来。在这个时候，手机就成为外出务工者与家乡亲人、家乡教会保持联系的重要工具。在教堂里面经营一家小商店的 LHZ 阿姨，她的大儿子在宜昌工作，小儿子在天津工作，他们经常用 QQ 给她传送一些生活照片或教堂照片，也经常给她打电话分享自己参加教会活动的经历。她给我分享了她小儿子的一则故事：“去年圣诞节的时候，他本来打算去天津一座教堂参加瞻礼，但是由于人太多，当地神父也不认识他，所以没让他进去，他特别郁闷，说我是教友，花了几十块钱打车过来，还不让我进去参加弥撒。”①与 LHZ 阿姨的孩子一样，很多外出务工者开始进入一座陌生的城市，困扰他们的即是如何去教堂参与弥撒的问题。于是，他们就联想到老家的神父、修女，认为他们经常外出学习，与外面的教会联系较多，希望通过他们帮自己找到一些联络当地教会的渠道。在复活节前一天的弥撒中，GXF 神父在讲道中说道：“你们要进场进教堂，有事没事就来教堂转转。现在很多教友出去打工，就不去教堂了，也不去找当地神父。他们给我打电话，我说今天是主日、今天是瞻礼，你们要进堂啊。他们都说不知道教堂在哪，让我去帮忙联系神父。后来我就在网上查了一下地址，告诉他们地方，让他们赶紧去教堂。昨天一个教友给我打电话，我说明天是复活节瞻礼啊，你赶紧去教堂啊，不能白日谈情啊，要实实在在相信天主。”②可见，手机已经成为当地教友联系神父、流出地与流入地联系的重要方式之一。

---

① 访谈人：LSZ，访谈时间：2015 年 4 月 15 日，访谈地点：S 教堂。

② 节选自 2015 年 4 月 4 日神父讲道内容。

第三，随着技术的发展，当地也有一些教徒开始使用智能手机，在修女的帮助下，他们开始使用一些手机APP，其中聊天软件QQ和香港教会开发的iBreviarium（我灵赞颂主）是使用比较多的。现在，教区和堂区都有专门的QQ群，每天会有专人在群里发当天的读经的福音内容，接下来就是一些教徒开始回复弥撒礼仪中的常用语——“基督，我们赞美你”。在某种意义上，这种虚拟世界的祈祷也是信徒信仰的一种表达方式，他们在没有时间去教堂参加主日弥撒的情况下，也可以借助手机来做祈祷，从而在宗教活动中获得一种精神上的满足感。当然，QQ群里大多是教徒们分享一些教会故事、教会格言、教会发展动态，特别是本教区近期相关事宜等，通过手机，教徒们构建了一个网络交流平台。另外，现在教会里面很流行玩“唱吧”，通过手机中的“唱吧”，可以将讲道内容和教会歌曲录制进去，然后分享给其他人，LKX修女就特别喜欢听唱吧里面一位贾神父讲道，她说贾神父在唱吧里面人气很高，大概有5万多人关注他。

综上所述，作为现代通信工具的手机，凭借其便捷的优势，已经成为当地宗教生活中不可缺少的一部分。

三、矛盾与冲突：手机与信仰的背离

伊利亚德认为时间、空间有神圣与世俗两种，对于特定的时间、空间，置身于其中的宗教人（homo religious）与非宗教人对神圣和世俗的体验是不同的。[①]由此可见，对于时间、空间的理解及其实践，对于宗教信仰者和非信仰者来说有着巨大的差别。教堂的门即具有这一区分神圣与世俗的功能。门不仅具有物理空间属性，它也是宗教的象征，并被赋予宗教仪

① 〔罗〕米尔恰·伊利亚德著：《神圣与世俗》，王建光译，北京：华夏出版社，2000年，第1—61页。

式特征。“那通往教堂内部的门，理所当然地代表着一种空间连续性的中断（a solution of continuity）。把此处空间一分为二的门槛也表示着世俗的和宗教的两种存在方式的距离。门槛就是界限，就是疆界，就是区别出了两个相对应的世界的分界线。与此同时，正是在这种让人捉摸不透的地方，两个世界得以沟通；也正是这个地方，是世俗世界得以过渡到神圣世界的通道。”[①]教堂大门具有范根内普（Arnold van Gennep）所言的“阈限”（liminal）的意义，在跨越门的时候，不但是物理空间上的跨越，而且是精神和情感上过渡仪式。[②]

S 教堂下方是两层台阶，共 10 级。台阶上方是一块平地，与台阶相对的平地另一方即是教堂正门。进入正门一米处有一座圣水池，教徒一般是先鞠躬，然后用手指蘸一些圣水画十字，在这项仪式完成后，即从两边绕到自己的座位，先行跪拜礼后再入座。在圣水池两边的教堂廊柱上，即挂有“进堂须知”的标识，其中有一条即为“手提电话设为静音”，类似提示一般教堂都会有张贴。

但是他们没有关机或者调静音的习惯，而是习惯把手机音量都调得很高。星期天来教堂参加主日弥撒，对于很多住在山上的人来说都是出远门，所以一般都把手机随身带着。到了教堂，他们也不记得关机或静音，所以经常可以在弥撒中听到手机响。富有节奏的滴滴答答和悦耳的音乐彩铃，对于在教堂这种肃穆的空间和弥撒这种庄严的时间而言，都是噪音。有学者考证认为，手机的铃声与欧洲教堂的钟声有密切关系，但是钟声是在公共场所使用，而手机铃声来自私人领域，却在不适当的公共场合响起。[③]虽然神父经常提醒教徒注意手机铃声问题，但是习惯没有那么容易改变，很多教徒在手机响了之后，也会立马表示歉意，要么直接挂掉，要么就是跪

① 〔罗〕米尔恰·伊利亚德著：《神圣与世俗》，王建光译，北京：华夏出版社，2000 年，第 4 页。
② 〔法〕阿诺尔德·范根内普：《过渡礼仪》，张举文译，北京：商务印书馆，2010 年，第 16—18 页。
③ 〔美〕保罗·莱文森著：《手机：挡不住的呼唤》，何道宽译，北京：中国人民大学出版社，2004 年，第 80 页。

拜之后走出教堂接听。

神父多次劝说无效后，觉得这个问题非解决不可，于是他想了一个办法。他利用去宜昌的机会，在镇上花了几百块钱，买了几个很便宜的老式手机。有一次弥撒中间，手机铃声还是此起彼伏，他特别生气，弥撒结束后，他特地留下大家，拿出锤子和那几部老式手机，当着教徒们的面把手机砸掉。这一象征性的举动产生了很好的效果，当时很多教徒都愣住了，感受到神父的权威和对自己不恭敬行为的羞愧之情。神父砸手机，一方面是警告教徒们注意教堂的神圣性，要记得关机或调静音；另一方面也是威胁教徒，如果弥撒中再有手机铃声响，我就敢砸你们的手机。在砸完手机之后，神父还留下恶狠狠的一句话："下次我祈求天主给你们打电话，我看你们哪个敢接。"后来出教堂后，很多人都主动到教堂向神父道歉，并表示再也不敢了。据说有人在办告解的时候，还将手机铃声作为自己罪过之一向神父忏悔。

据笔者观察，现在在主日弥撒中，虽然时不时也有手机铃声响起，但是比以前少多了。神父对此也很满意，他也知道教徒们的习惯难以一下改变，但是作为神父，他至少要在最大程度上保证弥撒的神圣性。

随着世俗化的进程，人们的宗教信仰越来越淡薄，特别是对于年轻人来说，星期天进教堂已经成为一种生活习惯或者父母强制的义务，并不带有主动参与宗教活动、体验宗教神圣的意味。因此，在弥撒中可以经常看到孩子们拿着手机玩，他们往往是几个人聚在教堂后部的角落里，平常只能坐 4 个人的长凳，他们硬是挤进 8 个人，大家迅速掏出手机，打游戏、登 QQ、看小说，玩得不亦乐乎。为了掩护自己和逃避大人的责骂，他们往往会把手机放在翻开的圣经中，也会随着弥撒的进程不断起身跪拜、唱圣歌、领圣体。当然也有时会一个人躲在教堂最后一排靠里处，坐在跪凳上，这样就不会有人发现他玩手机。青少年不以恭敬和敬畏的态度参与弥撒，反而在弥撒中玩手机，这种情况不仅神父、修女知道，大人也经常看见，但是他们无可奈何。为了自己能全身心参与弥撒，他们不可能时时提醒这些玩手机的孩子；也不可能专门派人去监督这种现象，否则这些孩子产生叛逆心理，很可能不再参与弥撒了。

既然不能从信仰、精神层面解决手机的问题，教会也只能借助现代高科技产品，试图从根源上杜绝教堂里面手机铃响或玩手机的情况。教会购置了一些手机信号屏蔽器（目前教区部分堂口已经安装，在2015年8月举行的布道会上，神父从其他堂口借来了手机信号屏蔽器，他觉得效果很好，正准备在S堂口也安装），每次弥撒开始之前就打开，弥撒结束之后再收起来。在Y教堂，我拿出自己的手机做了一下实验，如果靠近教堂前部，手机确实没有信号；如果靠近教堂后部，则仍然有很强信号。之所以出现这种情况，可能由于教堂建筑空间太空旷，加之祭台区域与跪凳区域高低不平，他们把屏蔽器放在教堂最前方的讲经台处，使教堂内屏蔽信号不均匀。难怪荆门SLP教堂的LBW神父感慨，“用了这么先进的设备，总是有那么几个漏网之鱼，是不是与教友用的那些旧手机有关啊，好像这个东西（手机信号屏蔽器）对他们那些老手机不管用”。

四、神圣与世俗的连接：手机与信仰的互嵌

马克斯·韦伯认为，现代社会是一个“去魅化”的社会，在论证人的“理性”过程中，区分了工具理性与价值理性。韦伯对于工具理性、价值理性进行区分，是建立在其对社会发展及合理性判断的基础之上。他认为，技术主义和理性主义的扩张带给西方世界巨大的文明成就，但是，对于技术和理性的崇拜充斥于社会生活的各个方面，如果任其发展下去，人的主体性将会消解，从而沦为技术的奴役。因此，为了避免“专家没有灵魂，纵欲者没有心肝；这个废物幻想着它自己已达到了前所未有的文明程度”[①]这种情况的出现，韦伯呼吁重视价值理性的价值与意义。韦伯是站在现代化的

---

① 〔德〕马克斯·韦伯：《新教伦理与资本主义精神》，于晓等译，北京：生活·读书·新知三联书店，1987年，第143页。

高度来看待工具理性对人的异化和价值理性对人类生存发展的重要性。

在既有研究中，我们经常借用韦伯的工具理性与价值理性作为我们理论的基础。手机是工业化和技术化发展的产物，属于韦伯意义上的工具理性，具有形而下、物质性、工具性、世俗的属性；天主教信仰是人对于自身意义与价值探寻的一种精神状态，强调形而上、精神性、伦理性、神圣的神学品格，属于韦伯意义上的价值理性。但是，正如阿尔君·阿帕杜莱（Arjun Appadurai）强调物的社会生命一样，“商品，就像人一样拥有社会生命”[①]。手机从其生产、分配、交换、消费各个环节来看，其中不仅包含人的情感、理性、价值判断，还渗透到人的行为实践、社会关系、世界体系中去。因此，当我们考量手机与宗教信仰关系时，并不能将手机这个变量做一种简单的工具化处理，而是要考察具体社会文化语境下的手机使用与宗教信仰关系。在笔者的案例中，手机与天主教信仰呈现出一种互嵌的关系。手机既为天主教信仰提供了一种现代化的媒介手段，也为 S 堂口教会联系提供了方便，在某种程度上克服了地理位置偏僻、交通不便带来的信息滞后；在大量适龄劳动力外流的情况下，手机成为联系外出教徒与本地教会的重要手段；网络宗教的传播打破了地理、区域、民族、国家的界限，手机也为当地教徒了解外界教会信息、丰富信仰生活提供了一个平台。天主教作为一个组织性、制度性很强的世界性宗教，对于教会礼仪十分重视，手机铃声在不合时宜的宗教仪式中出现，年轻人在弥撒仪式中玩手机，这些都对天主教试图呈现出的神圣性是一大挑战。因此，教会在其训导和劝诫无效的情况下，利用手机信号屏蔽器来改善手机与天主教信仰冲突的窘境。

在探讨手机与天主教信仰关系过程中，我们应该淡化工具理性与价值理性、世俗与神圣等带有意识形态色彩的价值判断。在日常生活中，神圣与世俗并不是绝对二分的，而是更多地交织在一起。我们很难说手机没有

---

① Appadurai A. Introduction：Commodities and the Politics of Value，in Appadurai A. ed. *The Social Life of Things：Commodities in Cultural Perspective*. New York :Cambridge University Press，1988，p3.

神圣的一面，在文化研究领域，对于拜物教的“类宗教”（similar to religion）研究给我们提供了认识物的新路径。我们也很难说天主教信仰没有世俗的内容。随着科学技术的进步和社会的发展，宗教信仰不再是笼罩在社会上的一块“神圣的帷幕”，为人类生活提供组织框架和意义系统①，而是在走向世俗化过程中与政治、经济、文化等一起组成社会结构并维持其运转。在这个过程中，天主教也不可避免受到现代社会和消费文化的影响，从而产生世俗化的因素和内容。

随着社会文化发展和信息时代的到来，我们没办法让信仰天主教的教徒抛弃手机，也没办法使手机不运用在宗教活动中。因此，我们应该回到具体的社会文化语境中，探究手机与天主教信仰是如何具体运作的，如何将神圣与世俗连接起来的。

---

① 〔美〕彼得·贝格尔著：《神圣的帷幕——宗教社会学理论之要素》，高师宁译，上海：上海人民出版社，1991 年。

虚拟社区研究

虚拟的网络互动空间
——“花村故乡”

熊 迅[①]

本文是中山大学健康与人类发展研究中心与云南省生育健康研究会合作国际项目一个子项目的研究成果。[②]该项目主要是在人类学田野调查的基础上，利用视觉人类学多音位和分享的方法，在中缅边境的傈僳族村落“花村”中展开艺术家、文化研究学者、策展人和当地村民的互动，共同构建多个不同艺术形式混合的作品。这些作品和形成作品的过程最后将被“组装”起来，形成一个虚拟的网络互动空间——“花村故乡”。在推进该项目的过程中，我们和村民在新村和他们故乡一带的高山峡谷展开活动。由于纸媒篇幅和传播形式的限制，本文只是一个极为简单的介绍，更为详细、生动和丰富内容浏览请登录组装故乡的网络平台。到目前为止，我们已经基本完成了项目进度表中的内容，具体如下。

村民摄影计划。收集了大量村民拍摄的照片和视频片段，并在村落内部举办了村民参与的摄影展（图 1）。

---

① 熊迅，中山大学传播与设计学院。

② 子项目负责人邓启耀，由熊迅、贺聪等完成“组装故乡”网络交流平台，http：//hi.baidu.com/%E7%BB%84%E8%A3%85%E6%95%85%E4%B9%A1，访问时间 2015 年 10 月 27 日。

图 1　村民用全景摄影模式拍摄的花村故乡

村民 DV 计划和录音计划（图 2、图 3）。我们和村民一起，到他们的故乡，拍摄关于故乡的录像。在这个过程中，村民表现出了很大的兴趣，大多数的选点由村民决定，超过半数的录像由村民拍摄。此后，又在新村里面播放拍摄到的录像素材，村民自发地为录像配音（图 4、图 5）。

图 2　村民 DV 计划

图 3　摄影和录音

图 4　在老家吹树叶

图 5　为 DV 配音

纪录片计划。除了上述拍摄故乡的视频，我们还拍摄了花村村民的生活和寻找故乡的过程，以及村民表演的仪式。

村落美术作品。我们收集了花村的美术作品，主要为画在墙壁上的中国画和装饰画、在宗教仪式上使用的木刻作品（图 6）。同时我们请村民画了关于故乡的地图、记忆片段、服饰图案等。这一部分将形成计划中的“画出故乡”。

图 6　当地民间艺术雕版木刻“纸马”（左）和墙壁装饰画

田野考察。我们利用当地资源，尽量地与村民长时间接触，节约了成本。我们一共做了约 7 个月的田野考察，形成文字资料约 20 万字，图片资料约 1 000 张，涉及村民生活的多个方面。

网站的策划和设计。我们计划为该项目申请一个专门的网络空间，以保证把视频和音频图片结合在一起，便于后续的互动和交流。在做到这一步之前，我们还是使用原来的博客空间（图 7）。

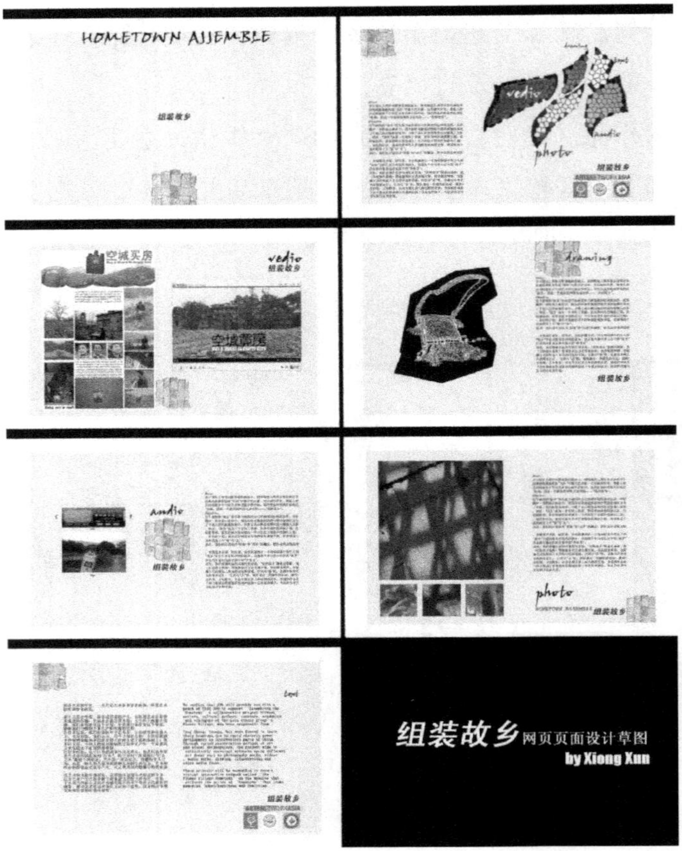

图 7 组装故乡的博客空间

“组装故乡”网页还有待完成的部分如下：①录像的最后剪辑。②录音的翻译，因为花村村民主要的交流为傈僳语，与汉语区别较大，我们打算请村民翻译录音作品，在网站上将录音作品和翻译好的文字内容一同呈现。③网站的申请和技术实现的方式。我们也在争取其他的经费，完成最后的内容。

文化遗产的数字化保护

中国岩画的多媒体时空呈现与数字化解析[①]

邓启耀[②]

中国岩画的大量发现，使其在世界岩画研究领域占有越来越重要的位置。然而，由于岩画的特殊依存环境，保护和保存整理研究也存在诸多问题。如何运用新的多样化视觉媒体对岩画进行数字化采集、保存整理研究及多媒体呈现，是媒介人类学或视觉人类学在理论开拓和技术应用方面需要与时俱进的一项工作。

照片拍摄或纪录片叙事，是早期视觉人类学（通常译为影视人类学）田野考察的另外一种表述方式，影像民族志因之成为民族志书写的重要类型之一。但常规摄影也有力不能及的领域，如拍摄环境复杂、摄制时空局限、拍摄对象光照不足或被烟尘遮蔽等，都难以有效地进行拍摄。这类情况在考古学、人类学、博物馆学、文化遗产保护等领域十分常见。岩画由于时间久远，画面与凹凸不平、受苔藓和岩浆侵蚀的岩面混在一起，漫漶不清，肉眼尚且不易辨识，常规照相机由于受拍摄角度、曝光光线和场景复杂等局限，更难分辨。随着高清摄影、红外摄影、紫外摄影、X射线透视摄影、全角度摄影、全景扫描、三维建模、虚拟成像等新媒体影像技术的发展，考古发掘、文化遗产保护、文物展示等方面工作有了更好条件和更多可能。例如，高清摄影对于壁画细节的精确再现，红外摄影、紫外摄

---

① 原载《民族艺术》2015年第6期。

② 邓启耀，中山大学社会学与人类学学院。

影和 X 射线摄影对被覆盖画面内容的透视和病害的发现，全角度摄影对书写在形状复杂媒介上的甲骨文、泥版文字的辨识，全景扫描对洞窟等低照度狭窄空间的同画幅多角度完整记录，三维建模和虚拟成像对模拟考古发掘现场、地层形态和不可移动文物的还原及博物馆展示等方面，都有传统影像技术无法比拟的特长。

本文拟针对中国岩画保护与研究面临的问题，以岩画的数字化采集、保存整理研究及多媒体呈现和岩画图式数字化解析为例，结合现行新媒体技术手段的特殊功能，提出如何从新的观看和记录角度，应用新的科技手段，对岩画这一珍贵文化遗产的保存整理研究进行某些可能性尝试的建议。

一、岩画保护与研究面临的问题

近百年来，中国岩画被大量发现，内容丰富，数量惊人；数十年间，考古学、人类学、图像学多学科学者研究成果频出，中国岩画在世界岩画研究领域占有越来越重要的位置。然而，由于岩画的特殊依存环境，在岩画的保护、岩画的保存整理研究，以及面向公众的展示和呈现等方面，也存在诸多问题。

首先，是岩画保护工作不易开展。岩画点多在荒山野岭，自然环境复杂，很难设立有效的保护装置或派专人到位管理，保护成本较大。例如，云南沧源岩画，多数岩画点彼此相距很远，坡陡林密，不易行走，专职管理员很长时间才能巡视一遍（图 1）。新疆伊犁乌孙山、博乐岩画散布于牧场山坡岩石上，面积很广，位置较低，石质松脆，无法实施有效监管，行人和动物容易接触有画岩面，损毁或移动岩画的情况也容易发生（图2、图 3）。

图 1　云南沧源岩画所在地环境
1990 年，邓启耀摄

图 2　新疆伊犁乌孙山
2014 年，邓启耀摄

图 3　博乐岩画环境
2014 年，邓启耀摄

其次，岩画自生自灭的情况较为常见，贺兰山岩画著名的人面像岩画，裸露于山坡岩石上，直接经受日晒雨淋（图 4、图 5）。新疆伊犁乌孙山岩画的岩刻画或处于路边大石上，或在山崖上。刻凿形式有两种：一种是在岩壁墨绿色浆体覆盖层上凿去底，留下阳刻的图像；另一种是直接凿出阴刻的图像，图像均被岩浆状物覆盖，年代较早。新疆博乐岩画与此相似，打凿较浅，石质松软易碎，很容易自然消失。近几十年酸雨等环境污染加剧，类似直接裸露型岩画画面和岩体损蚀现象严重。有的地方由于暴雨、地震等自然灾害和开山炸石等原因，发生山体坍塌，岩画随之消失。2014 年笔者去广西宁明岩画点，被告知刚有一处有岩画的山体坍塌，造成了不可弥补的损失。

图 4　贺兰山岩画所处环境
2000 年，邓启耀摄

图 5　岩画直接经受日晒雨淋
2000 年，邓启耀摄

再次，是观摩和研究不易进行。由于岩画创制时大多不是为了审美的观赏，而是与祭祀、记事等宗教、文史或民俗目的相关，所以岩画多刻绘于险峻山壁，壁前缺乏便于观看的空间（图6）；部分出自猎人或牧人的随手之作，亦散于荒郊野外，不易观察。加上大多数岩画图像体量较小，分布较散，岩壁凹凸不平，高低错落，难以完整窥见全貌和许多细节，这就为岩画的整体关系把握和图像细节辨识增加了难度。广西为了加固花山岩画山壁，仅在江边悬崖搭建施工脚手架，就耗费了巨大的人力财力。这还只是左江流域众多岩画点中的一个，而且仅为全画幅中的局部（图7）。

图6　考察者观察位置局促

图为笔者考察云南丘北县黑箐龙岩画时攀岩拍摄的情形。2001年，李世源摄

图7　广西花山岩画主体画面前搭建的脚手架

2014年，邓启耀摄

最后，基于对岩画等文化遗产价值的时代性歧视和公民文明素质的问

题，随意损毁文物的现象，各地岩画点都时有发生。在20世纪五六十年代“大跃进”“文化大革命”等运动中，广西左江流域岩画画壁上，被人用白色石灰浆涂写了不少应时的标语。[①]在中国许多岩画点，都可以看到游人或当地人用锐器刻凿岩石或用涂鸦覆盖岩画的现象。新疆博乐岩画散布于博尔塔拉界内山谷及草地岩石上，位置很低，一些用锐器刻凿或用尖石打凿的新作，混杂在古代岩刻中（图8）；伊犁乌孙山岩画点在离特克斯县城40千米一个叫科克达萨伊的山坳里，这是哈萨克族牧民的“冬窝子”。面南的山崖刻凿有一些动物岩画，令人遗憾的是在有的岩画上，覆盖着好事者乱刻乱画的印迹。从刻画涂写者落款日期看，这种情况至少从20世纪60年代一直延续到80年代末（图9）。

图8　新疆博乐岩画点，今人刻凿的岩画为尖石打凿，与传统方式相似
2014年，邓启耀摄

① 见覃圣敏、覃彩銮、卢敏飞，等著：《广西左江流域崖壁画考察与研究》，南宁：广西民族出版社，1987年，第210页。

图 9　新疆伊犁乌孙山岩画点，一些人直接在岩画上打凿
2014 年，邓启耀摄

部分岩画点改善交通和观摩条件后，游人增多，人为破坏的情况同时增加，涂抹、刻画、盗移等，屡见不鲜。例如，云南石林岩画的两个点都位于石林风景区内，其中一组靠近旅游通道。红色的岩画，早已被人用黑色涂鸦文字涂抹破坏，难以辨识。又如，云南狮子山洞穴岩画绘于被水包围的山洞中，有两条路可以到达岩画点，由于山洞狭窄，观摩者身体接触岩画的可能性很大。

此外，岩画点往往是当地民间信仰进行祭祀活动的共用空间。一些靠近村寨的岩画点，由于当地人祭祀岩画，崖下焚香燃烛，崖壁石缝塞经文或堆放杂物，可能会损坏岩画。云南丘北县黑箐龙岩画所处的山洞也是当地人祭祀神灵的场所，主体岩画为树状图像，下方有三个绘出面目衣冠的人物，以及一些意义不明的符号。再下面是供台，放有三个香炉、三个碟，崖壁上画有人物的地方粘了三撮鸡毛，当是杀鸡供奉时以血粘在岩画下的。主体图像上还张贴了民间信仰的红色纸符，上书“供奉送生娘娘宝子、子生神位”，遮盖了岩画。云南丘北县狮子山洞穴岩画点的山洞，更是直接被改造成了寺庙。

为了物质利益损毁岩画的事件，更是屡屡发生。云南宜良九乡刻凿有岩画的石块，有不少已经成为当地村落的建筑材料；金沙江峡谷近年发现数十个岩画点、几千幅图像，分布在沿江两岸纳西族、藏族、傈僳族、汉族等多民族居住地区，岩画内容以野生动物为主，包括一些颇有意味的人物和图形。这样一个地质情况特殊，生态关系复杂，文化遗产尚需梳理，被列入世界文化遗产名录（“三江并流”保护区）的地区，也兴起了修建水电站的热潮。有学者和当地群众从自然生态环境和文化遗产保护等方面提出了质疑，但未引起足够重视。目前已经有不少岩画因修建水库而永远沉入水底。

有些地方的文物保护部门为了避免游人随意涂画的问题，在岩画点修建护栏或围墙保护。但因无法直接监管，笔者于 1998 年考察云南漾濞岩画时发现，护栏的钢筋已经被人拆毁，雨水造成的岩浆，也在岩画发现之前就已经覆盖了部分画面（图 10）。还有的岩画点采用修建围墙的方式保护岩画，却没想到人工的围墙改变了岩画点原有自然环境的气流，从而带来新的问题。例如，2001 年笔者在云南元江它克岩画点调查时，即看到这样的情况：由于岩画点崖壁离村庄较近，文物保护部门修建了围墙保护，人不能随意进入了，不料却在围墙内造成了回风，将地上红色尘土扬至崖壁，污染了岩画，使岩画被灰尘覆盖得难以辨认。这是好心办了坏事。

这些问题迫使我们重新考虑，如何从新的角度和应用新的科技手段，对岩画这一珍贵文化遗产进行有效的保护、保存整理和研究。

目前，文化遗产的数字化保护、保存整理研究，已经成为国际通行的新思路和重要方法。联合国教育、科学及文化组织把文化遗产保护中的一些信息化手段，如采用光学 Pioooo Motion Capture System（PIMC）进行 3D 动作数据捕捉的技术，列为继图、文、音、像之后文化遗产记录与保护的第五种方式，并大力倡导作为非遗保护的关键手段之一。在国内，数字化

图 10　云南漾濞岩画点被拆毁的护栏
1998 年，邓启耀摄

技术也得到国家的大力鼓励，如“Pioooo 非遗传承数据库系统”（Pioooo Intangible Culture Heritage Database，英文缩写 PICHD）作为数据库核心平台，已于 2008 年 11 月被中国非物质文化遗产保护中心作为国家标准向全国推广。[①]有的著名文化遗产地（如敦煌莫高窟），由于增加了多媒体呈现内容，压缩了游客滞留洞窟的时间，既保护了洞窟壁画等文物，又丰富了游客观看和认知这些文化遗产的视觉感受。笔者十余年来参与了一些与视觉人类学或媒介人类学相关的数字化保护项目，如人类学数字博物馆建设，苗族库区拆毁吊脚楼的影像记录和虚拟重建，震后羌族非物质文化遗产如羌绣、羌笛制作和演奏，民间仪式的影像记录及 3D 动作捕捉等数字化保护项目等，体会到运用新媒体技术介入文化遗产保护和学术研究，应该是一种可能的方向。笔者主持的一项国家社科基金重大项目“中国宗教艺术遗产调查与数字化保存整理研究”，已经把作为“前宗教”艺术遗产的岩画

① 由文化部支持，中国非物质文化遗产保护中心、深圳市派爱文化科技有限公司、佳能（中国）有限公司共同发起的“羌族非物质文化遗产数字化保护项目”。笔者作为项目专家应邀参加了一些工作。

列为重点调查对象之一。宗教艺术遗产的数字化保存整理和网络平台的建设，也属于项目的基本内容。我们团队的成员参加过敦煌、故宫、甘肃炳林寺、陕西历史博物馆等的高清摄影、红外摄影、全景扫描、三维建模、虚拟成像等方面的工作。他们在岩画数字化保护的总体设想和具体操作方面，能够给予支援。

笔者结合自己 20 多年来关于中外岩画田野考察的情况及合作团队提供的多媒体工作经验，试图对中国岩画的数字化保存整理工作，提供初步的想法和建议，希望为中国岩画的文化遗产申报和未来的保护规划及整理研究有所帮助。

二、空间呈现：苍山画卷全景观摩

观摩岩画需要坚强的视觉把握力。因为即使汗流满面踏遍苍山荒漠，也只能拾到岩画碎片一样的画影；无法一览崖壁上恢宏的场景，难以将散乱的图像循序整合。在现场，田野考察的疲惫、图像辨识的困难和无法预知的干扰，常常使我们有“不识庐山真面目，只缘身在此山中”的困惑。

数字化技术的“眼睛”，可以使我们在肉眼不及之处“见到”，在想象未到的地方呈现，在没有可能的时候建构可能。

岩画的空间呈现，至少可以在以下维度展开。

（一）岩画本体的空间呈现

对岩画本体的全画幅观看和拍摄，是理解岩画表现内容及其空间关系最好的角度。这种情况，在画面相对集中、画幅较小的情况下，可以通过相机直接获取。但对于画幅超过相机取景框太多的巨作，一般相机就力不能及了。

以花山岩画为代表的广西壮族自治区左江流域岩画群，是中国南方岩画史诗性画卷的代表作。左江流域岩画群在中国岩画中，体量最大。其中花山岩画画面长 221.05 米，高约 40 米，①堪称中国岩画的鸿篇巨制之作。比起中国其他岩画点图像较小（多为 5—30 厘米），崖前台地狭窄，不易全景观看的情况，花山岩画单体图像普遍较大（近于或大于实际人体和物体），描绘场景雄伟壮观，画幅位于临江崖壁，宽阔的江面让人能够在不同距离观看，得以一窥岩画的较大场景（图 11）。笔者有幸乘船观摩，虽然由于保护施工的脚手架遮挡，仅仅看到花山岩画的一个局部，却已被其恢宏气势震撼。因此而设想，这些岩画如能全景展现，那一定是世界奇观。

图 11　广西花山岩画主体画面所处山崖
2014 年，邓启耀摄

① 见覃圣敏、覃彩銮、卢敏飞，等著：《广西左江流域崖壁画考察与研究》，南宁：广西民族出版社，1987 年，第 39 页。

尽管广西左江流域岩画属于世界少见的鸿篇巨制，但是，它们毕竟绘制于山崖绝壁，山崖与江面关系复杂。岩画底部高出常年江水面 15—18 米，最高约 90 余米，距离山脚一级阶地 3—10 米。[①]前人怎样绘制、为何绘制，成为研究者费神琢磨的问题；而如何观看，同样也成为让人头痛的事。虽然现在为了方便游客，既可乘船做一览全幅的“宏观”，又可沿着导览道路对部分细节进行“细察”。即使这样，常规的肉眼观看，受自然环境、观看角度和视觉生理的局限，近看只能看到有限的局部，远看也未必能够看清全局。由于崖壁形态复杂，多有树木遮蔽，全观不易；导览通道附近的岩画画幅高达数米，更多的离人数十米，观看夹角很大，视线死角很多，要较为清晰地面壁细看，特别是完整地正射观摩，还是有诸多不便。利用广角或变焦镜头，可以部分地解决一些问题，但由于岩画基本都是刻绘在凹凸不平的石壁上，一般的摄影受取景距离、光线、角度等限制，容易出现画面和背景混杂的情况，加上画面清晰程度不一，所以人们还是很难对这幅绘于青山上的巨幅画卷进行全景把握。调查报告中常见的黑白素描图，由于不同临摹者的观察和表现技艺的差异，往往出现不同的摹本，人们对图画表现岩画的可信程度产生怀疑。

而通过全方位高清摄影和计算机处理，可使岩画在不脱离岩面背景的基础上，减弱杂质干扰，让岩画主体有所突显。这样得到完整拼合还原的岩画本体，既可以细看肉眼未及的岩画细部，又可以将岩画表达的整个空间关系呈现出来，让人一览无遗。相对而言，这项技术并不复杂。可利用现有岩画保护施工搭建的脚手架，用高清数码相机，在不同光线条件下，依次分段对岩画进行比例标注和同距拍摄，然后用专业软件在电脑上适当消噪，以此合成为无夹角无变形较为清晰的正射影像。

应用数字化技术将花山岩画合成完整画卷并作全景展现，这一展现有利于对岩画整体的学术研究，也方便公众观看和理解。如果能够完整

① 见覃圣敏、覃彩銮、卢敏飞，等著：《广西左江流域崖壁画考察与研究》，南宁：广西民族出版社，1987 年，第 39 页，并参阅 2014 年由中国文化遗产研究院撰写的申遗报告。

呈现左江流域岩画全景画卷，让人较为清晰地看到全画幅的谋篇布局，各部分相互的结构形态，看到人物、动物、器具和符号之间的关系，将对岩画所处的社会文化场域及叙事或象征表达有更好的理解。它有利于对岩画进行更全面深入的拓展性研究，也有利于在博物馆或旅游点进行岩画的艺术化呈现。

（二）岩画场域的空间呈现

我们所谓的空间维度，除了岩画本体的平面空间（二维空间），还有与岩画相关的立体空间（三维或多维空间），它们包括岩画所在地的自然空间、岩画所在地的文化空间、岩画相关文化带（区域）的文化空间、与岩画相关的超自然空间和心理空间等。

1. 岩画所在地的自然空间

中国岩画主要分布在西北、西南和东部地区，自然环境差异极大。如何呈现岩画所在地的生态景观，对于认知岩画择地的基本规律和区位特征，具有重要意义。例如，西北岩画与山地和荒原的关系，西南岩画与江水和山谷的关系，东南沿海岩刻与海的关系等，它们都可能为岩画的绘制和功能提供一定的解释依据。但传统摄影的单画幅特性，很难对岩画点和周边环境一览以观，如广东珠海市高栏岛宝镜湾岩刻点与附近新石器时代遗址，只能分别拍摄，要呈现它们之间的空间关系，需要借助另外的手段。应用city engine（城市引擎）技术对岩画所在地的自然空间进行三维虚拟建模，可以帮助我们了解岩画与环境的关系，再现岩画绘制的各种可能的场景。例如，花山岩画的绘制者如何在悬崖绝壁上操作？一直是学界猜测和争议不休的问题，用数字技术呈现各种可能的做法，让假想变得直观，至少在博物馆展示中会是个有趣的环节。

西南岩画多绘于陡峭悬崖或峡谷中，崖前台地狭窄，或多林木遮蔽，或有湍急江流，近观不易，远看更难。例如，云南金沙江岩画，散布于滩险崖危的金沙江峡谷里，到达不易，观摩更难。又如，云南沧源岩画，大多绘于突兀于山林野蔓包围的危崖上，不到崖壁面前，绝无可能看到岩画；到了崖壁下，立足之地逼仄，观看十分困难。岩画人物体量较小，非近观不能辨识，但若岩画画幅较大，场景构成复杂，非远观不能总览。仅靠肉身肉眼，是很难认真察看，整合完形的（图 12）。而数字技术可以通过电脑“清开”遮蔽视线的枝蔓，减弱崖面杂乱造成的视觉干扰，排除限制人体的自然界障碍，把岩画本体及所处自然环境的空间关系，无障碍地呈现在人们眼前。

图 12　广西花山岩画主体画面所处山崖底部
2014 年，邓启耀摄

2. 岩画所在地的文化空间

岩画所在地的人文地理状况，为岩画内容的识读提供重要依据。例如，具体到岩画上，我们可以看到以动物、人面为典型图式的北方岩画，以祭祀场景为典型图式的南方岩画，以抽象造型为典型图式的沿海岩画，呈现了鲜明的区域性文化特征。例如，新疆岩画与季节性牧场的关系，广西岩画与骆越文化的关系，西藏岩画与本教的关系，都是显而易见的。而在滇西南地区，牛祭习俗、羽人或享祭的神灵，又是从沧源岩画到耿马岩画、漾濞岩画共同的特征（图 13）。

岩画所在地的文化空间呈现，无论是局部区域还是更大范围的，都需要多学科多媒体的协同工作。除了对历史图像文献的静态记录，还应该对与岩画表现内容相关文化习俗做动态叙述。虽然与岩画诞生相关的族群或已迁徙，岩画描绘的人物、事件和活动已经消失，但经由多学科多媒体的钩沉或大数据的比对，凝固在沉寂画面里的信息，或许也会部分地得到复原。

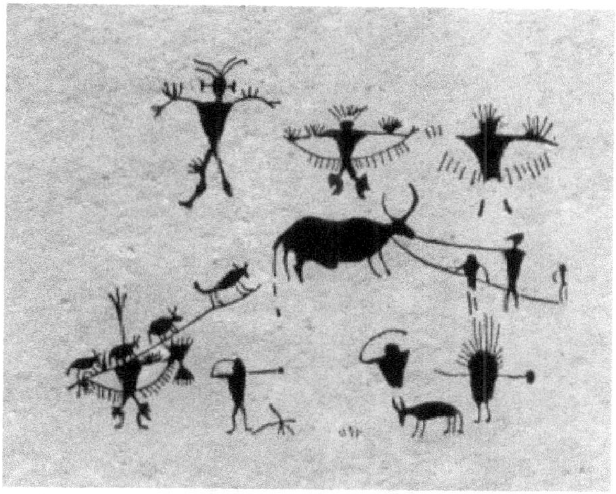

图 13　云南沧源岩画羽人和牛祭场景

3. 岩画相关文化带（区域）的文化空间

关于文化区域、文化带、文化圈、族群走廊，以及古道或流域的研究，已经成为许多学科共同关注的话题。在某一大的文化空间，由于生态、族群、信仰等的相关性环境，会呈现某些相似的岩画图式。例如，以广西左江流域岩画为代表的佩剑（刀）蛙人图式，是大珠江流域的核心图式，它们多绘于临江崖壁，岩画上人物的蛙式造型、铜鼓、环首刀等图像类型，与南方近水族群（骆越族群）、祭水信仰（蛙崇拜、犬祭），与水相关的民俗（近水而居、稻作及相关类型神话传说）等，具有较强的逻辑关联性。左江是珠江的支流，其文化空间延伸至珠江流域的狭长地带。上游从云南石林岩画到文山壮族自治州的多处岩画，中游的广西左江流域岩画，下游到出海口的广东珠海岩画，都发现有这类举手屈膝或长有蹼脚、腰佩刀剑人物的岩画，多处具有相似文化特征或相关文化素的岩画图式。它们形成骆越祭祀圈或珠江文化带最具魅力的一种人文景观。

而从阴山、贺兰山到连云港、福建华安汰溪“仙字潭”等著名的人面岩画，早已引起学者广泛的兴趣。近来有研究将人面岩画看作一种在亚洲、北美洲、南美洲和大洋洲环太平洋区域都有分布的“环太平洋”的文化现象，认为人面岩画的起源是新石器时代复合经济条件下的产物，与猎采民族的迁徙和文化传播、民族交融、宗教信仰密不可分，是世界岩画体系中一个独特的类型（图 14、图 15）。[①]

图 14　贺兰山人面岩画（一）
2000 年，邓启耀摄

图 15　贺兰山人面岩画（二）
2000 年，邓启耀摄

① 朱利峰：《环北太平洋人面岩画研究》，中央民族大学博士学位论文，2014 年。

显然，这样的空间关系是无法通过肉眼“观看”的。采用地理信息系统技术和多媒体相互关联的方法，或者通过大数据比对，或许可以帮助我们通过研究同类岩画图式等类数量宏大而内涵丰富的“文化素”，认知诸如“文化带”“文化圈”“民族走廊”这样的文化空间，理解一种更大区域的空间关系。

此外，与岩画相关的超自然空间（通过仪式空间通达的灵界空间）和心理空间，仅靠一般直观方式和数字技术行为，并不能解析，还需要人文社会科学的综合研究。关于这个问题，笔者将另文撰述，此处暂略。

三、时间呈现：时代印痕分层展读

时间维度在岩画上的呈现，仅靠肉眼不容易辨识，一般静态摄影等技术也不可能呈现岩画的时间关系。

西北岩画有不少处于石原与荒漠结合地带。面对眼前的大漠荒凉，再看那些“留影”在岩石上曾经的鲜活生命，人们不由自主会联想起撒哈拉沙漠岩画描绘之前的情况。原有自然空间的生态情景已经消失或变异了，留下的只是今天已经不存在的各种野生动物。曾经和现在的空间通过岩画折射出大自然的沧桑之变。通过三维建模技术，场景再现能够较直观地把握岩画所处自然环境的时空关系及其变化，并可随着鼠标的推移，“看”清楚岩画点从历史到现在、宏观到微观的整体情形。

广西左江流域岩画的绘制时间，据考古学、图像学、艺术学和科技检测等综合研究，其年代约为公元前 5 世纪至 2 世纪。有研究认为岩画历经战国、西汉、东汉等多个历史时期的不断叠加，才形成这震撼人心的鸿篇巨著。[①]

常识告诉我们，不同时代、不同族群，自有不同的文化建构，这些时

---

① 见覃圣敏、覃彩銮、卢敏飞，等著：《广西左江流域崖壁画考察与研究》，南宁：广西民族出版社，1987 年，第 123—145 页。

代特征和族群传统必然会表征在岩画上。虽然岩画是在崖壁表层呈现的平面作品，但与岩画相关的人的现场活动和心理投射，如祭祀、法术、传说等，将在岩画的二维空间叠加进三维的内容，再加上时间这个维度，岩画具有了多维特性。

如何通过不同历史时期叠加在崖壁上的岩画作品“看”到时代的印痕和人的活动？或者说如何“看”到岩画呈现的时间流动及其多维特性？更是需要多学科的密切协作。例如，关于岩画的断代，除了 ^{14}C 年代测定、孢粉组合的分析等方法，近年国际学术界采用的 AMS 技术，[①]据说也较为精确。在条件许可的情况下，建议在重要的岩画点做一些这方面的工作，这比请一百个人来猜谜要实在得多。另外，科学摄影在平面作品保护和研究应用方面，也有一些成功的经验，如红外线摄影、红外线透射拍摄、侧光拍摄、紫外线拍摄、X 射线拍摄及显微拍摄等，也是新媒体时代可能的一种方式。对于岩画风格和造型有差异，经科学测定属于不同时期的作品，图像有叠加的某些部分，可以尝试上述方法。

对岩画分解拍摄之后，通过计算机处理，分析出不同时期或不同群体的图像，分别建模，按时序层层叠加，最终整合成现在的样子。技术上或可借用 city engine 的方法做虚拟重建，通过三维建模或动画形式对不同时期岩画的画面构成做分解组合呈现，让人清晰看到最初的样子是什么，不同时期叠加了什么内容，是递进式的，还是突变式的？再结合考古、文献和田野考察材料，进行综合分析。这样做有利于观众和研究者了解不同时期岩画的关注重点及叠加过程，讨论技艺传承、文化变迁、风格演进等问题。这对于岩画的展示和传播都是颇有吸引力的。

① 1977 年，美国 Rochester 大学和加拿大 McMaster 大学的科学家应用一台离子加速器作为高能质谱计，在测量同位素丰度方面获得了前所未有的灵敏。这种分析方法被称为加速器质谱技术（Accelerator Mass Spectrometry，AMS），它最初被应用于自然界有机样品中的探测。之后，AMS 被广泛地应用于长寿命放射性核素在样品中的同位素丰度比值的测定。AMS 对科学与技术的许多分支产生了很大的影响，应用范围不断扩展。AMS 技术在地球科学中的应用尤为广泛，涉及地质年代、水文、海洋、冰川、古气候等领域。

当然，难度也是显而易见的。据我们项目组团队成员在其他宗教艺术遗产遗址的红外线透视拍摄实验，如果覆盖画面的是烟尘、泥沙等物质，与画面颜料介质不同，则可以通过调节不同的光波波段，不同程度地透视呈现画面原本的情况。但是，如果覆盖岩画的也是岩画，涂料介质相似，难度就很大。要在同一个涂面里离析出不同时间的绘制情况，需要借助更为复杂的科技考古手段。

四、岩画图式数字化解析

以上介绍的是岩画全画幅数字化保存整理研究的一点建议，下面我们再谈谈岩画单体数字化解析的其他可能方面。

岩画具体图像的细节辨识，有时决定着岩画整体解读的方向。例如，云南沧源岩画第 7 地点著名的“太阳人”，一度引起研究者们与神话、信仰和仪式等相关的联想和争议。这种持弓入日的图像，也曾经让我想入非非。但在岩画现场考察时，由于时间久远，一些岩画已经和岩石、岩浆或苔藓漫漶不分，即使在现场，仅靠肉眼也未必能够清楚辨识。尤其值得警惕的是，对于一些比较模糊的图像，出于某种学术期待和对“缺陷”的补偿心理，我们往往下意识地参照既有经验进行某种程度的“完形”，如沧源岩画第 7 地点左下角的另外一个“太阳人”。

如果仔细观看岩画，就会发现这个“太阳人”的“太阳”芒纹十分散乱，那个圈住持弓人的圆形（通常被视为太阳）也没有围拢。在他附近，是一些正在走动的动物。联系“太阳人”图形的“上下文”关系，所谓“太阳人”，可能是一位埋伏在草丛中的猎手。因为从发生认识论和原始思维的角度看，原始绘画和儿童绘画、民间绘画一样，在视觉表达方面有许多相似之处。其中，画其所知甚于画其所见，是人类视觉认知和视觉表达初期常见的情形。例如，儿童绘画会隔墙画出房子里的人，民间剪纸会呈现肚子里孕育的宝宝。岩画画家即使看不到草丛遮蔽的猎人（“所见”状态），但他知道围猎需要有人在草丛中伪装伏击（“所知”状态），所以要把埋伏的猎人和草丛一起画出来，这就是所谓“透视画法”。笔者尝试把在最早的考察文本上局部呈现的岩画整合起来，发现主要常见的都与狩猎相关。由此观之，沧源岩画第 7 地点的描绘者叙述的事件，或许并不是一个关于太阳神崇拜的神话，而是一种伪装狩猎的经验分享（图 16）。

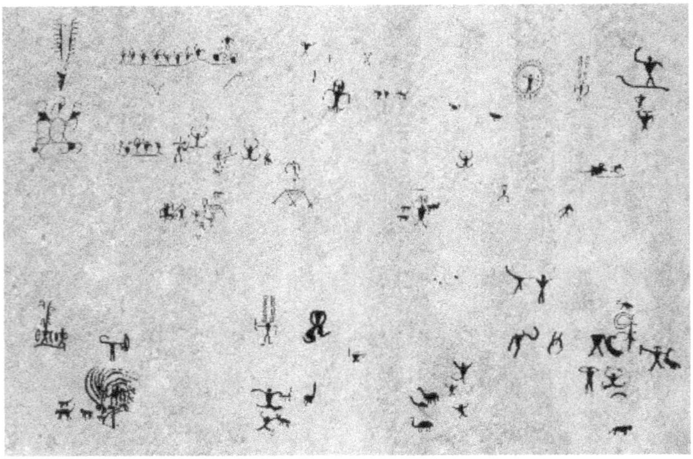

图 16　云南沧源岩画第 7 地点全景图

据汪宁生：《云南沧源崖画的发现与研究》，第 56—62 页图像，北京：文物出版社，1985 年和笔者现场观察整合

当然，这依然只是一个角度的看法，不排除也带有观察的误区和认知的偏见。汪宁生先生就很谨慎地把这一岩画点不少比较模糊的图像用虚线表示。这时候如果有一种可以整体观看又能够清晰呈现原作的方式，对岩画的真实情况或许可以看得更明白一些，如采用红外摄影等方法，正好可以离析出不同介质（如岩石、岩浆、苔藓和颜料）本来固有的图像和痕迹，从而相对清晰地“看”到岩画本来的面目。

类型学是岩画研究的基础工作，也是岩画图式的研究者常用的办法之一。这一工作的技术要求相对简单，但分类整理和图式研究仍然是一个很考功夫的活。初次接触岩画时，觉得岩画图像类似儿童的涂鸦，简单潦草，甚至感到有些单调乏味。后来仔细研读岩画图像，特别是在编写《云南岩画艺术》[①]一书时，采用类型学或传统文献学的“笨”办法，把上千岩画图像分门别类一个一个临摹下来，按类型放在一起，突然吃惊地发现岩画图像的视觉表达语汇其实是相当丰富的（图 17）。

图 17　云南岩画部分人物图式

邓启耀主编：《云南岩画艺术》，昆明：云南出版集团公司、晨光出版社、云南人民出版社、云南美术出版社联合出版，2004 年。邓启耀临摹整理

当笔者进一步研究岩画图像形成的逻辑关系并与物象表意、原始刻纹、象形文字等作比较时，散乱的岩画图像凝练为岩画图式，延伸出许多富有启发性的学术指向，某种与心理结构、认知模式、内在视觉语法等相关的多重信息，悄然涌现。

由于是全手工操作，样本采集和比较广度难免有限。如果采用数字化采集并进行大数据处理，岩画的历史文化价值、学术研究价值和艺术审美

① 邓启耀主编：《云南岩画艺术》，昆明：云南出版集团公司、晨光出版社、云南人民出版社、云南美术出版社联合出版，2004 年。

价值必将大大凸显。

中国岩画迄今为止已经发现了数以万计的图像，目前可辨的动物、人物、器物、灵异、天象、符号等图像丰富多彩，具有相当的文化价值。对这些自然图式和人文图式进行大数据的数字化解析，会是一个极具建设性的工作。

地震灾区羌族非物质文化遗产数字化保护

马占宇等[①]

2008 年 5 月 12 日，中国四川省发生 8 级大地震。地震中心阿坝藏族羌族自治州汶川县等地区破坏得尤为严重，不仅数以万计的人瞬间失去家园，失去亲人，其千百年来形成的文化也遭到严重破坏。生活在震区中心区域的羌族，承载其历史文化的碉楼、吊脚楼垮塌损毁严重，羌族民居等建筑受到大面积破坏。理县桃坪羌寨、茂县黑虎羌寨、汶川罗卜羌寨、北川小寨子沟等风格独特的羌寨遭受毁灭性破坏。

地震导致大量通晓羌族语言、乐舞、技艺及各类历史文化的传承人遇难或受伤，羌族传统文化的保护和传承受到严重影响。由于羌族没有文字，羌族语言、文化均靠年长者口授身传来传承，会羌语的长者、通晓羌族历史文化的民族宗教祭司“端公”等对羌文化的记述和传承至关重要。

灾区重建除了物质方面的援助，更包括文化和精神方面的援助。灾难过去之后，受灾人群的心理失常或文化休克是一个亟须面对的问题。其中，那些具有族群特征的标志性文化形态，往往是群体心理康复和文化修整的某种象征性标识。因此，它们的重要性不容忽略。

为了防止那些曾经感动过多少代人的文化遗产成为千古绝响，由文化部支持，中国非物质文化遗产保护中心、深圳市派爱科技有限公司、佳能（中国）有限公司共同发起的“羌族非物质文化遗产数字化保护项目”于

① 马占宇，羌族非物质文化遗产数字化保护项目组执行人。

震后几个月启动。项目成果有民族民间宗教艺术非遗 3D 动作数据库、非遗动态影像数据库、非遗静态影像数据库等数据库系统。项目为文化公益项目，不以任何形式和手段谋取商业利益。项目成果将无偿捐赠给中国非物质文化遗产保护中心和北川县人民政府。①

一、项目前期田野考察指导建议

项目前期田野考察是此次“非物质文化遗产保护行动”的基础工作。为了了解震后羌族文化的现状，制定合适的保护措施，项目组计划对羌笛、羌绣、羊皮鼓舞、多声部民歌、民间祭祀仪式瓦尔俄足节等 5 项国家级非物质文化遗产，特别是民间祭祀仪式中的歌舞、音乐及乐器制作技艺、神功戏及其道具（如面具、皮影）等进行调查，同时多以文字、图片、影像、声音及 3D 虚拟现实等数字化技术手段进行抢救性的采集、整理。

但田野考察，不是人到现场就万事大吉。要真正“进入”现场，需要有人类学民俗学理论与方法的功底，才能有效地进入状态、发现问题。对于即将奔赴援助项目现场的工作人员提出的问题，项目邀请专家提出以下建议：②

问题一：在数据采集阶段，哪些方面信息（如人、环境、艺术表演、文化背景等）是必须采集到的？

文化是多层次的、立体的、复杂的，因此对艺术形式、传承人、自然环境、人文历史、族群沿革等都应有所体现。

（1）要记录艺术形式。这是指这个文化载体所具体表现的形式，如背景环境、过程结构、组织者和参与者人数，动作、空间走位、时长、人物

① “羌族非物质文化遗产数字化保护项目”由中华人民共和国文化部、中国非物质文化遗产保护中心、深圳市派爱科技有限公司、佳能（中国）有限公司共同发起，本书编者作为学术指导被邀参加。

② 以下文字根据邓启耀、王大勇、陈兴龙、王路的书面文稿和口头建议整理。

的角色和态度等，通过采集的文化成果，观者可以清楚这种文化存在的完整形式，使其具备可模仿性。

（2）要记录传承人。传承人，即羌族本文化持有者或文化形式的呈现者，如歌手、舞者、民间艺人和“释比”。首先要对其作为歌手、舞者、民间艺人和“释比”时的行为、态度等表现作记录，但同时要注意他们自身也是一个复杂的个体，可能会同时具备“民族文化传人”、表演者、农民等多重身份，对于这些身份要有准确的图片、影像、文字的记录。

除了对传承人个人作记录外，对他的行为和想法有影响的个人、群体和社会关系也应有记录，如亲戚、朋友、当地政府等，这些周围人群和权力机构的行为方式和思想意识，会使传承人的生存空间和环境有所改变。这种对传承人的间接影响会带来潜移默化、隐性的改变。

（3）要记录文化形式所在的“生态空间”。例如，它所依存的羌寨及周边的山水，同时因为这些音乐、舞蹈和仪式所表达的情绪不同、使用目的的不同，又可以简单区分为以下三种。

生态表达——在羌族聚居区自然生态与传统文化的关系，如碉楼、羌笛的材质，服式及质料的选取；

民俗表达——节庆、婚、丧所呈现的状态及民俗文化环境，或“文化生态”；

舞台表达——已经远离它的文化栖息地，完全地被转移，做单纯的艺术或者宣传的表达；

（4）要平等地关照各种流派的表现形式。我们没有资格去界定这一个是好的，那一个是不好的；这一个是经典的，那一个是非经典的。同一个文化形式所具有的表达差异，是同一父母的兄弟姐妹，都是平等的。我们都应该做到尊重。

（5）同步要素的记录。基于以上记录，应该伴随着形成基于尊重、严密、平视的文字记录，用来表述该文化形式的基本特征、使用方式、使用群体、历史演变及现状，以及思考等。对于具有本民族文字的文化成果，应该同时形成多语种记录。

问题二：在这些信息中，需要包含哪些元素（如艺术表演需包括准备阶段、道具、位移等）？

对于一个事物的信息记录，不能只去记录那个呈现在记录者面前的结果，以羊皮鼓舞为例：

要记录它的道具——鼓（包括鼓的制作、大小、材质、存放、使用要求等）、铃、猴皮帽、卦、杖等；

要记录舞者的准备工作（个人的准备、集体的准备）；

要记录此舞蹈的使用“文化背景”——婚还是丧，节庆还是舞台等；

要记录舞蹈表达的本身，也就是在第一个问题中的相关表达建议。

问题三：在后期编辑整理阶段，需要体现哪些内容？

后期编辑整理，因为不是“戏剧表达”，所以在表述上不要偏重于“冲突元素”，更多地要表达这个文化的本身——它的基本特征、使用方式、使用群体、历史演变及现状等。

问题四：在采集和整理阶段都有哪些注意事项？

（1）尽量避免摆拍、导演式的拍摄，要记录原生态的艺术形式，即便在做部分细节呈现时需要有一定的策划和表演，也要在第一次记录时先将原生态的艺术形式记录完成后再做细节的补拍。

（2）要尊重当地的文化禁忌、民族习俗等，与当地人处理好人际关系。对于记录者而言，往往是记录者和被记录者的文化隔阂越小，所记录的成果就会越具有“传承的价值”。

随着调查及援助工作的进一步深入，项目组发现，地震造成的影响及震后社会各界对羌族的过度关注，对羌族传统文化的冲击远远超出了之前的想象。地震后大规模的羌寨居民向汉族聚居区异地安置，将使处于边缘文化的羌族迅速被同化。香港“红十字会”出于对灾区的关爱，对凡符合其制定的钢筋水泥框架结构的房屋重建家庭提供 25 000 元捐助。这使有些在地震中未受损的建筑也被推倒重建，沿袭了几千年的羌族独特的传统建筑风格将很难再见……

基于上述原因，项目组在征求专家及项目资助人意见后调整计划，优先进行动静态数据采集，集中项目组所有的时间和人力在搬迁之前和建筑风格完全被破坏之前完成采集，然后集中进行后期编辑和整理。

二、记录对象和技术手段

2009 年 4 月项目组从广东和北京同时出发，驱车近万公里，在遭受毁灭性破坏的四川省绵阳、绵竹、安县、汶川、北川、茂县、里县、松潘、阿坝等 14 个县市，走访了 65 个羌寨和村落，对羌笛、羌绣、羊皮鼓舞、多声部民歌、瓦尔俄足节等 5 项国家级非物质文化遗产及羌族的相关文化现状进行了细致的调查采集，包括习俗、服饰、建筑、生产、民间信仰等方面，寻访了 130 多位羌族文化传承人和“释比”（亦称“端公”，是羌族民间信仰及相关民俗的主要传承人）。

以下是项目组考察报告的部分内容。

（一）羊皮鼓舞

1. 主要采录对象

汶川县龙溪乡阿尔村余正国——第七代释比文化传承人

汶川县龙溪乡阿尔村余世荣——第六代释比文化传承人，余正国三叔

汶川县龙溪乡阿尔村朱金龙——第六代释比文化传承人，余正国姑父

2. 羊皮鼓舞介绍

羊皮鼓舞，广泛应用于羌族人民的各种祭祀、传统活动中。无论是婚

丧嫁娶、丰收建房、祈神求雨都有羊皮鼓舞跳动的身影（图 1）。

据了解，羊皮鼓舞在不同场合有不同跳法。不变的是，组织者即头人必须为资深的“释比”。头戴金丝猴头帽、手持神仗等法器，嘴里念起经文，带领大家跳起羊皮鼓舞。

图 1　羌族羊皮鼓舞

项目组摄，2009 年

除头人为“释比”外，表演者须为单数，人数越多场面越是壮观。此行所调研的主要对象为年仅 28 岁的“释比”传承人余正国，他已经跟随长辈参与过多场祭祀活动。

3. 现状

随着社会的不断发展与信息的畅通，羌族这个仿佛一直隐于一角的悠久民族逐渐展现在世人眼前，越来越多的学者、民族文化爱好者介入羌民族的研究当中来。

近年来，羌文化尤其是释比文化正面临迅速消逝的窘态，老一代“释比”渐渐力不从心，年轻一代却无心继承，后继无人是最主要普遍的问题，中老年一代羌民们固守着老祖宗传下来的规矩，穿羌服、说羌语、保持羌族最古老的文明习惯。而新生代羌民们，已经或多或少地接受汉民族文化，将本民族传统文化渐渐抛诸脑后。甚至在我们遇到的羌族儿童中，大部分只能听懂羌语却不肯或者不会再说羌语。

在许多村寨中，地震前，但凡青壮年都选择外出打工，远离家乡。老“释比”无法传经文给下一代，造成文化断代。即便是族规要求的家传，也因为口传心授这种独特的传承方式所耗费的时间和精力而不得不放弃。

项目组在采录过程中结识的几位本土羌族文化传承与保护者，在历经数十年对羌族文化不遗余力的保护后，都隐约表达出“退休”的意思。这意味着，在羌族文化接下来的传承与保护中，有一条更艰难的路要后人们继续走下去。

羊皮鼓舞舞台化也是项目组此行发现的一大问题。民族的元素加入了艺术的表现手法，让羊皮鼓舞站在了更高更广阔的舞台上，吸引了国人甚至海外人士的眼球，大气的表演让看客拍手叫绝，然而又有多少人能知其背后文化变迁的深意。

（二）羌笛的制作技艺与演奏

1. 主要采访对象

a 茂县三龙乡合心坝村王国亨——羌笛的制作技艺与演奏传承人

王国亨，羌族。1956 年出生，身份多重，三龙乡文化站站长、民族摄影爱好者、羌文化保护与传承者、乡村电影放映员、羌笛制作传人。曾为了保护羌碉不被破坏，用自家一亩三分地换了邻居的碉楼。

b 茂县歌舞团陈团长、羌笛表演艺术家何王权

两位表演艺术家，为我们表演了羌笛的吹奏和羌笛现场的简略制作过程。

2. 羌笛介绍

羌族特有的双簧双管乐器，由笛身、哨片、装饰部分组成。长度为 10—14 厘米，挑选冬季竹子做成。笛身有 12 孔，演奏者使用鼓塞换气法吹奏羌笛。古诗有“羌笛何须怨杨柳，春风不度玉门关”之句，指的就是羌笛

所出之音有苍凉悠远的意境。

3. 羌笛制作技艺步骤

羌笛虽然体积较小，但是制作技艺异常复杂和讲究。从采竹到制作完成大约有30道工序之多，历时近一年才能制作出一支完整精美的羌笛（图2）。

图2　羌笛的制作

项目组摄，2009年

4. 笛管部分工艺程序

选竹，锯竹制作笛管，刮外壳，两节竹管黏合在一起，再用小刀刮两方，给笛管打孔前定位，烧红细火钳，用细火钳打孔，管尾装饰，打孔后细加工，磨平整竹管外壳，用细棍清理竹管内竹膜，刻字，上漆，清理孔内竹屑，笛尾装饰上环，管尾加装饰饰物。

5. 哨片部分工艺程序

采料，选料，烘干，起头，起哨口，轻刮哨口，捅哨口清除竹膜，试吹，细刮哨片，用麻绳绑起哨口存放，将哨口另一端削尖，用砂纸打磨哨口，插入笛管，制作完成。

史书有记载，古老的羌笛曾有鹰骨制作的现象，并且演奏多在室外，为丧事之用，忌讳在屋内吹奏羌笛。随着社会发展，羌笛的演奏演变为舞台和娱乐之用，流传范围也不像古代“羌笛”那么广。羌笛虽被列入国家级非物质文化遗产保护目录，但是很多人连羌笛是什么模样都不清楚，更不用提制作与吹奏了。羌笛作为羌族人民特有的乐器，其制作工艺十分考究，且都是极精致的手工活。除了后继无人这根本原因外，耗时之长，工艺之复杂也是羌笛制作技艺渐渐失传的原因。

（三）瓦尔俄足节

由于地震，作为羌族地标性的传统建筑碉楼倒塌了不少。碉楼不仅仅是羌族的传统民居，同时也是举行重要民俗活动和民间信仰仪式的核心之地。为了使依附于碉楼的非物质文化遗产有安身之地，项目组出资协助修复倒塌的祭祀碉楼，并在碉楼复建后羌族村民举行“瓦尔俄足”仪式时，完整地拍摄了节日的准备活动和现场活动等（图 3）。

图 3　碉楼复建后羌族村民举行“瓦尔俄足”仪式

项目组摄，2009 年

（四）羌绣

项目组正在与茂县博物馆李明女士合作（图 4），共同整理羌绣的文化背景、原生态现状调查、羌绣艺术美学分析等工作，全面展开羌绣创作过程、分解动作分析的拍摄。

图 4　羌绣

项目组摄，2009 年

项目组应用全数字技术，通过影、音、图、文及 3D 虚拟等手段抢救性地全面挖掘、整理、采集濒危非物质文化遗产，2009 年仅至 6 月初，项目组即拍摄静态影像资料上万幅，动态影像素材 500GB。其中，动态影像数据库素材采用 PAL 制 1080P 高清标准拍摄，静态影像数据库素材采用高画质全画幅无压缩格式存储。

项目组完成所有图片和视频素材的分类整理和后期编辑，形成数据库。其技术手段是全面采用“Pioooo 非遗传承数据库系统”（PICHD，已于 2008 年 11 月被中国非物质文化遗产保护中心作为国家标准向全国推广）作为数据库核心平台。在条件许可时，采用光学 Pioooo Motion Capture System（PIMC）进行 3D 动作数据捕捉，以获得相当于提取了非遗传承人的动作 DNA 的数据。

羌绣的数字化保护

马占宇[①]

四川省阿坝藏族羌族自治州的岷江上游，有这样一个“世外桃源”，它以蓝天雪域为景，碉楼青山为台，霓虹白云为幕，长河清流为韵，这就是羌族人世代生活的地方。羌寨、羌绣、古老神秘的羊皮鼓舞、“瓦尔俄足节”等富含深厚底蕴的民族文化，被列入了国家级非物质文化遗产的名录当中。然而2008年5月12日，猝不及防的地震使这个最古老民族之一——羌族，遭到了毁灭性的打击。

中国非物质文化遗产保护联盟“非物质文化遗产数字化保护项目”随即启动，用责任和热情对濒危的羌族文化遗产给予保护和拯救，并将珍贵的影像数据捐献给中国非物质文化遗产保护中心，用于未来的保护研究和传承，同时从中精选出优秀作品在中国大剧院面向公众展示，以唤醒公众对濒危文化的保护意识，共同传承和发扬羌族文化。

为了抢救濒危的原生态羌族文化，帮助地震中遭受重创的羌族同胞重建精神家园，2009年初，“羌族非物质文化遗产数字化保护”项目组织了来自全国的18位项目成员，2009年4月底，项目组成员踏上了寻羌之旅。项目组横跨六省，考察汶川、茂县、理县等14个县市、65个羌寨和村落，访问130多位羌族文化持有人，寻访6位羌族非物质文化遗产传承人，首

① 马占宇，中国非物质文化遗产保护联盟“羌族非物质文化遗产数字化保护”项目执行人。

次系统、科学、完整地通过影像及 3D 动态捕捉等数字化技术手段，对原生态的羌笛、羌绣、羊皮鼓舞、“瓦尔俄足节”等国家级非物质文化遗产进行抢救性采集、整理，以形成数据库。

羌族是中国最古老的民族之一。司马迁认为，大禹兴于西羌，中国第一个王朝——夏，就是以羌族为主体并与唐虞两个部族联盟在黄河流域完成的一个统一大国，在长期的历史进程中，羌族中的若干分支由于种种原因逐渐发展演变为汉藏语系中藏缅语族的各民族。唐宋以后，羌族多为汉族或其他族所融合，只在岷江上游还有部分存在。像羌族这样从远古时期一直保存至今，经历数千年之久的民族，在中国及世界史上也是不多见的，是研究人类社会和历史的活标本。岷江上游的羌族在漫长的历史进程中创造了丰富灿烂的物质和精神文明，这些文明所包含的多种文化因素充分体现了羌族为中华民族多元化一体格局及统一的多民族国家的形成所作出的重要贡献。羌族主要聚居于今四川省阿坝藏族羌族自治州的岷江上游，分布在茂县、汶川、理县、松潘、黑水及北川县部分地区。

古老的羌族文化艺术在不断的发展中日趋完善，羌族文化艺术在中国“始祖文化”中占有重要地位，在数千年后的今天仍然系统地留下了“始前文化”的痕迹。这给我们进一步研究古羌文化艺术留下了佐证。中国羌族民间挑花、刺绣的图案装饰就是数千年来历史文化的沉淀。

羌绣是羌族文化的重要组成部分。在漫长的历史岁月中，羌民们目识心记，神与物有，将观察自然、改造自然的美好愿望，构思成一幅幅生动画面，采用传统技艺，用刺绣的形式显现出来，形成了丰富绚丽、古拙淳朴的风格。

羌绣分彩绣和素绣两类，彩绣用色大胆，色彩鲜明艳丽，美而不俗。素绣色彩单纯，清新优雅，线条舒展流畅。

羌绣图案纹样取材广泛，包罗自然万象，如树木花草、瓜果粮食、飞禽走兽、虫鸟鱼龙等，图案在运用中都具有吉祥和象征意义。例如，凤凰牡丹象征幸福，瓜果粮食象征丰收，梅菊花草象征秀美，鱼龙走兽象征辟邪，石榴麒麟象征多子多福等。羌绣是羌族妇女劳作之余的产物，所绣之物都具有实用性，而且一般装饰在显眼和易损的地方，既美观又实用。羌绣图案构成主要以单独纹样及适合纹样为主，辅以二方连续、四方连续、一枝花图案等。

羌绣图案里蕴藏着独特的文化符号，古羌人对“绳”的应用非常广泛，在远古时“结绳记事”，在岷江上游石棺墓葬里出土的绳纹陶器证明羌人对“绳式”纹样的广泛运用，在羌绣图案有许多“万字纹”“回纹”“水波纹”“八结纹”等都是从原始绳纹的变化、演绎和发展而来。“羊头纹”，羊是羌族的崇拜物，在羌绣中多用各种针法表现“羊”的形象。“云纹”，羌族被美誉为云朵上的民族，在羌族服饰中有许多表现“云纹”的图案。“飞蛾”纹，在羌绣中常常会看到这种昆虫形象，羌绣将这种昆虫表现得纯真拙朴，肚子绣得特别夸张，象征着女性强大的生育能力。

羌绣在色彩运用上，采用强烈的对比色，以黑色、蓝色、白色为底色，在上面绣以红、绿、明黄、桃红、粉红、蓝色等几种颜色，虽然用色不多但色彩相互调配、穿插，使绣品显得绚丽多彩。

羌绣针法主要有平绣、锁绣、打籽绣、架绣、剪贴绣、剪花绣、挑绣等。

平绣亦称平针绣，线条排列均匀整齐，疏密得当。在纹样的轮廓线处用直线从一端到另一端，包括齐针、掺针、盘针、辅助针。这种针法在羌绣中运用广泛，头帕、围腰、鞋子、鼓肚、小孩帽子等都能见到这种针法的应用。

锁绣，是一种古老的针法，特点是圈圈锁套，像锁链似的相连，在此基础上羌族妇女又发展了“刨绣”，将锁扣刨开形成了现在的“游绣”。这种针法主要用于绣满襟围腰。

打籽绣，由锁绣发展而成，形成于东汉时期，它是将绣线在针上绕一圈，在近线根处刺下形成疙瘩小结，常用于绣花蕊。

架绣，以十字线迹等距排列构图，在织物经纬相交处运针，针法简单，构图严谨，装饰性强。常用于绣半襟围腰，腰带、袖套等。

剪贴绣，选取与底色相异的面料，剪出图案，粘贴在底面上，然后用辅助针法绣出图案轮廓。这种针法主要绣“云云”鞋、围腰等。

剪花绣，用牛皮纸剪出要绣图案，然后用色线将纸样包住，这种绣法图案对称、均匀，在绣鞋面、围腰时比较多见。

挑绣，在棉织面料上数纱挑绣，用彩色线挑出底色图案。挑花绣主要绣飘带、头帕，鞋口等。

羌绣一般采用纯棉布作为绣品底料。绣线，在 20 世纪 80 年代前多用丝线或棉线绣花，但由于丝线绣品不宜保存，极易褪色，后来逐渐被化纤线替代，这种化纤线称为“膨体纱”，用这种线绣出的绣品色彩艳丽，久洗不败色但不如丝线色彩柔和细腻。羌绣没有绣绷，都是直接拿在手上“撇出来”，当地人称羌绣为“撇花”。

羌绣这种传统手工技艺，是羌族妇女智慧和劳动的结晶。随着社会的发展，交通的便捷，现代工业的介入，这种传统手工技艺已渐渐离我们远去。羌绣的实用性越来越小，机绣代替了大多数的手绣，简单的复制与截取使羌绣陷入了两难的境地。想发展真正的羌绣没有良好的市场导入，简单的复制带来了低廉的价格也降低了羌绣的内涵，大批被复制简化的羌绣充斥市场，不仅失去了羌绣的地域特色，也让人们离真正的羌绣越来越远，只剩下一个华而不实的外壳。

羌绣所面临的问题和困难不是个案，在汹涌的传统艺术复苏潮中，民族传统技艺也越来越需要辨清自己的方向。当代社会发展越来越依靠高新技术和经济一体化，这种现代化模式已经深度改变了世界各国的物质生产和精神生产的方式方法，也由此造成许多传统文化正在快速消失，直接威胁到文化多样性的存在。优秀的传统技艺不仅体现了人类高超的身体技能和创造成果的精粹性、丰富性，还关联着情感、习俗、个性和精神思想。该如何让这些传统技艺在当代艺术实践中继续发挥应有的价值？该如何认识和处理好这些非物质文化遗产的保护与社会发展之间的平衡关系？这尚需深入探讨和思考。

任何手工技艺的保护和活态传承都不如让传统融合在我们的生活中，融合在我们现代的创造和设计中，成为我们现实生活的一部分，唯有如此，传统手工艺的传承与发展才有价值，有真正的意义。羌绣只有将艺术与实用相结合，将传统手工艺融入现代生活中，将羌绣实用中的科学性、结构设计的合理性、材料运用的工巧性、装饰的趣味性、题材的丰富性、形式的多样性等融入现代艺术设计中，将其内涵化为修养在设计中的自然流露，才能使羌绣的精神元素与现代设计语言重新组合，使其具有新的时代特征，重新焕发美的风采（图 1—图 7）。

图 1　羌族绣娘
2009 年，马占宇供图

图 2　刺绣细部（一）

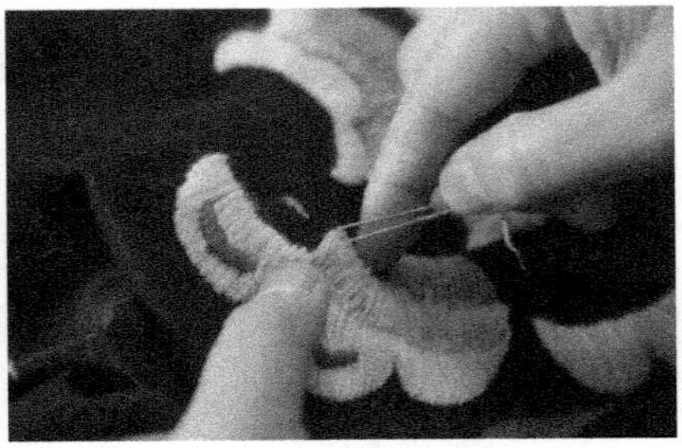

图 3　刺绣细部（二）

2009 年，马占宇供图

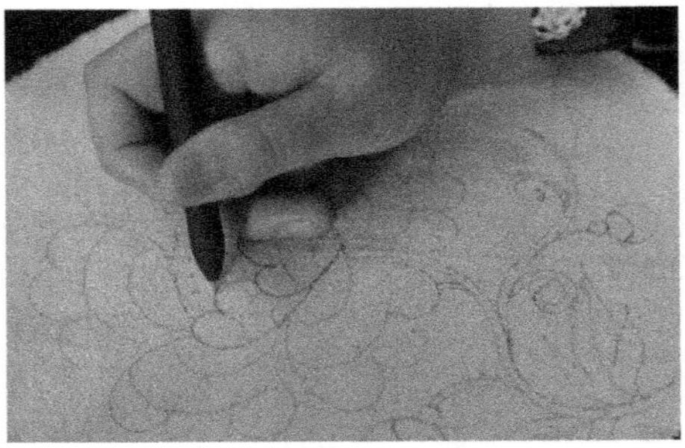

图 4　描样

2009 年，马占宇供图

图 5　刺绣图案

2009 年，马占宇供图

图 6　羌族上衣领襟刺绣纹样
2009 年，马占宇供图

图 7　羌绣云纹鞋
2009 年，马占宇供图

新媒体方法在宗教艺术遗产保存整理中的应用

新媒体方法在宗教文化保护中的应用研究

王　昕　戴　路　孙　伟　邓启耀[1]

一、引言

在历史发展的长河中，中国各民族创造了丰富多彩、博大精深的传统文化资源。其中，有一类历史悠久、规模宏大的传统文化，成为中国传统文化的重要组成部分，即宗教艺术汇集的寺庙和民俗信仰活动。一方面，我们惊喜地看到中国多民族文化资源，其丰富多样令人赞叹。另一方面，我们也惊讶地看到大量珍贵的文化遗产由于自然和人为的因素，出现大量损毁和病害，迅速消亡或变异；而某些被“保护”起来的东西，也因为展示条件限制，封存在库房中，不能为公众提供服务，甚至不能为专家的研究提供方便，这些文化遗产实际上成为废物或部门垄断的资源。针对中国传统文化博物馆的宗教艺术令人忧虑的现状，以及非物质文化遗产的民俗信仰艺术大量消亡的事实，本文提出将新媒体方法应用于宗教文化传播保护，以求教于方家。

新媒体（new media）的概念最先是 1967 年由美国哥伦比亚广播电视网（Columbia Broadcasting System，CBS）技术研究所所长戈尔德马克（E. Goldmark）率先提出的。之后，随着技术的快速发展，新媒体逐渐成为广

---

① 王昕、戴路、孙伟，中山大学软件学院；邓启耀，中山大学社会学与人类学学院。

受人们关注的媒介形态。所谓新媒体是相对传统媒体形态而言的，是继报刊、广播、电视等传统媒体发展以后出现的新的媒体形态，是利用数字技术、网络技术、移动技术，通过互联网、无线通信网、有线网络、卫星等渠道，以及电脑、手机、数字电视机等终端，向用户提供信息和服务的传媒形态。因此，严格来说，新媒体也可以被称为数字化新媒体。从类型来看，目前新媒体主要包括网络新媒体、手机新媒体和数字电视新媒体三大类型。

进入 21 世纪，以 Web 2.0、移动通信工具等为代表的新媒体正加速推进整个世界的技术、社会和文化的急速变迁，知识的生产、流通和传播量发生巨大的膨胀。媒介的转型导致知识生产和传播的转型。这让许多传统文化和传统学科发生危机，同时也给它们带来生机。所有这些都预示着新媒体正在塑造一个新的社会、新的传播文化、新的国家及新的市场，最终它将塑造一种新的文化与知识建构的过程，它的前景非常广阔。

目前，国内外运用新媒体方法传播传统文化主要依靠以下几种方法。

（一）基于互联网的新产品

随着信息技术的发展，传播手段与媒介形态不断进步、不断挑战时空界限。以 Web 2.0 应用为代表的新媒体也为当代佛教的传播提供了新的机遇。对比传统媒体，新媒体的传播更加强调交互化、人性化、个性化和多媒体化，受此影响，当代宗教文化传播也表现出与历史迥然不同的风貌，少林寺的网店、大悲寺的论坛、佛教大师的微博等都体现着传统宗教文化与新媒体技术的接轨。这种接轨体现为：以宗教文化资源门户网站为平台，运用文字、图片、音频、视频和三维动画等多种网络信息表现形式，向全球提供宗教文化资源保护、开发相关的各行业、各部门和各单位的主要信息，推进品牌塑造和传播，使之成为与外界交流、交易的信息化平台，以及对外展示和宣传的主要渠道，并为消费者提供一种参与式的文化创意体验。接下来，在加强监管的前提下，进一步推进宗教文化资源与网络产业的结合已成为可能。采用先进的数字技术，将民间歌舞、民间乐器、民间工艺美术以及民族语言神话等文化资源与原创视频、博客、播客、电子杂志、电子书等网络文化产业相结合，可以加大原创内容的制作、推广力度，丰富拓展产业链条，推动产业联动，既丰富网络内容产业的多样性，又为宗教文化资源特色产品的营销推广作出贡献，形成以网络内容产业为基础，相关产业联动发展的局面，其意义重大。

（二）基于移动电视的新产品

移动电视具有受众群广泛、强制性传播、目标有效达到率高的优势，传播内容多是短小精致的资讯娱乐节目。因此，打造宗教文化资源系列动漫节目和视频广告，通过公交移动电视、出租车移动电视、地铁移动电视、楼宇电视和户外大屏幕电视等无线数字网络播放，将会起到良好的品牌形象塑造和广告传播效应。

（三）基于手机的新产品

手机媒体传播具有移动性、个性化、时效性、交互性的特点，受众可以自主选择和发布信息。因此，将产品开发重心更多地向内容设计、顾客服务转移，制作具有知识性、趣味性、现实性的短信竞猜、主题 WAP、寻宝游戏等内容。

（四）基于 IPTV 的新产品

IPTV（交互式网络电视）作为文化产业和信息产业的结合点，将成为中国重要的信息服务平台，具有“多媒体化”“超链接化”的特点，可以即时、无限地扩展信息内容，在传者和受众之间创造更好的互动性。目前，运营商从影视、互联网和通信三个领域的现有应用出发进行内容的设计和组织，衍生了影视点播、时移电视、电子邮件、视频通话、互动游戏和信息服务等内容。IPTV 相对于有线电视最大的魅力在于其互动性所提供的强大功能和丰富的增值业务。因此，根据 IPTV 的业务定位来对服务内容、形式进行二次优化。例如，定期推出宗教文化资源电子音乐杂志；增设宗教文化资源的专题旅游频道，不仅在点播时加上虚拟情境游的互动参与内容，还可以增加互联网相关信息搜索功能；文化产品的电子商务可以与视频服务结合，进一步增强互动体验效果。

通过研究发现，现阶段关于文化传播的互联网产品对历史及文化的介绍仅仅局限于最基本的情况，内容雷同且基本都是以文字形式予以呈现①，缺乏专业性和趣味性，用户无法感受到信息化时代带给他们的全新感觉，缺少亲临其境的互动体验与对文化地域的特征感知。②因此，本文提出了构建基于数字地图服务的宗教文化公共传播管理系统，以达到为社会文化建设服务的目的。

二、基于数字地图服务的宗教文化公共传播管理系统设计

我们的数字化平台项目，希望能够直观呈现几个互可通联的界面：①地理分布。②宗教类型。③艺术类型。④时代分期。

这个平台是开放的，但未经授权者仅可看到相关内容的提要，经授权

---

① 韩拥兵、李敬洲：《土家族民族文化保护中的媒体参与——以石柱土家族自治县为例》，《重庆广播电视大学学报》2012 年第 6 期。

② 李蓉、邹坤、徐翔：《博物馆多媒体公共服务系统的研究和设计》，《计算机技术与发展》2010 年第 8 期。

者可进入平台看到全文，可下载、添加或修改文字、图像、视频和音像内容；添加时需输入内容所在地域、宗教类型、艺术类型和大致时代几个关键词，并注明作者、来源及发表情况；添加后可自动生成在各个界面或互可链接；如果属于综合性内容（兼有音乐、舞蹈、造型艺术等内容），则可通过不同索引抵达同一目标。

根据项目要求，初步制订如下实施计划。

（一）系统架构设计

将宗教民俗信息与数字地图相结合服务于文化建设是实现本系统的社会价值的关键所在。从总体上看，本系统是以宗教艺术遗产数据库为基础，通过数据交换与服务子系统，利用地理信息、地图服务、GPRS（general packet radio service，即通用分组无线服务技术）、Sliverlight（换灯技术）、API（application programming interface，即应用程序编程接口）等技术，基于百度地图 API 公共服务平台和 SQL SERVER 数据库构建的业务系统，在良好的网络基础环境下，为宗教艺术遗产数据库的专业应用提供服务。其系统架构如图 1 所示。

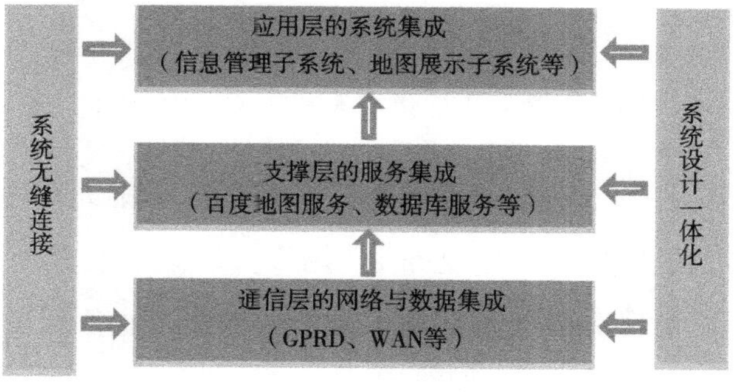

图 1　宗教文化公共传播管理平台系统架构

在设计系统时，我们充分考虑了系统的可扩展性与宗教民俗信息采集的特点，在通信层预留了 GPRS 方法与 WAN（wide area network，即广域网）数据传输相结合，确保未来通过手持设备采集信息的便利性；在支撑层使用百度地图 API 接口，对地图进行操作，采用 SQL SERVER 数据库部署系统应用数据库，对各种类型的数据进行管理，将百度地图服务与 SQL SERVER 数据库等服务相集成，实现查询即标注的方法，大大简化了标注过程，节约了时间成本。在应用层将宗教信息管理子系统、民俗文化数字地图子系统、用户管理子系统进行集成，便于用户使用，通过各种方式方法来进行宗教艺术遗产的研究和学习。平台的软件架构如图 2 所示。

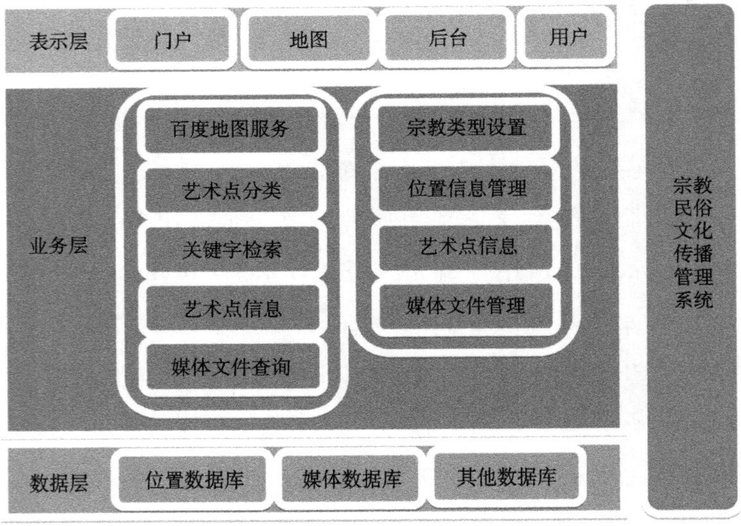

图 2　宗教文化公共传播管理平台软件架构

平台总体分为三个层次，“表示层”是用户与系统交互的接口，为用户服务提供一个可视化的界面。“业务层”用于实现系统业务运行的具体逻辑功能。“数据层”实现对数据库的访问功能，根据“业务层”的请求，执行数据库操作，并将结果返回给业务层。

（二）系统功能设计

宗教民俗文化的传播管理主要涉及两类工作：一类是对中国不同类型的代表性宗教艺术遗产进行系统的数字化保存整理，尝试建立中国宗教艺术遗产数据库，对这些信息进行管理；另一类是探讨文化遗产为公众和专业研究提供便利路径的方式，让不可接触或不能见天日的艺术珍品面对公众，为社会文化建设服务。简而言之，就是呈现。同时，为了查看与管理数字信息，需要一个人员管理子系统来分配权限。本系统的功能模型如图 3 所示。

图 3　系统功能模型

1. 宗教信息管理子系统

该子系统基于 Silverlight 技术，采用 B/S 架构，用于对宗教民俗及相关信息进行管理，并设置客户端的呈现方式。当用户设置好需要显示的宗教类型、年份、艺术形式、省市区县等配置后，浏览器端会智能地进行相应显示的调整；通过地图信息管理可以增加、删除、修改、查询海量宗教民俗地理位置，通过景点信息管理和媒体文件管理将每一个宗教民俗景点的信息进行数字化的整理，方便管理员对系统进行维护。Microsoft Silverlight 是一种新的互联网呈现技术，能在各种平台上运行。借助该技术，可以实现内容丰富、视觉效果绚丽的交互式体验，Microsoft. NET Framework3.0 中的呈现技术 XAML（可扩展应用程序标记语言）遵循 WPF（windows presentation foundation），它是 Silverlight 呈现功能的基础。Silverlight 是一种融合了微软的多种技术的互联网呈现技术。它提供了一套开发框架，并通过使用基于向量的图像图层技术，支持任何尺寸图像的无缝整合，对基于 ASP.NET、Ajax 在内的互联网开发环境实现了无缝连接。该子系统中，系统需要根据研究人员的想法进行年份、宗教类型、艺术形式、省份、城市、区县、艺术点、地图及媒体的分类设置，自动生成数字地图的检索部分以方便用户使用。基于 Silverlight 技术，用户可以实现一站式创建艺术点，每新增一个艺术点，系统会“傻瓜式”地进行 8 个属性的设置，标志该点的主键 ID 并且插入服务器数据库中。

2. 民俗文化数字地图子系统

该子系统基于百度地图服务技术，将数据库中的宗教民俗文化信息标记在地图上，通过 Jquery 技术与 DIV+CSS 技术，以多种多样的方式呈现在用户面前。基于百度地图服务，用户可以选择任何想要去的宗教地点查看其地理信息，也可以在地图中按照多种维度的分类，如宗教类型（汉传佛教、藏传佛教、道教、伊斯兰教、基督教等）分类，宗教年代（先秦时期、秦汉时期、三国两晋时期、隋唐五代时期等）分类，艺术类型（岩画、神像、神路图、石雕、玉雕、木雕、塔、角骨器等）分类等进行全国范围内的查看，选择每一个地理位置后，系统会开启单独的子页面进行更加详细的介绍，包括图像、文字、音频、视频等相关信息以便用户学习和研究。同时，还可进行位置信息查询，并且以短信方式发送到手机上作为备份。

系统首先需要根据后台配置的检索方式动态生成数字地图使用界面，

针对该问题，可通过 Jquery（Ajax）技术向服务器请求界面 XML 文件并通知客户端加载这些文件；同时在检索过程中，根据用户选择的“艺术点”或者其他检索方式动态创建属性信息并将结果展现于百度地图中。针对该问题，可通过 Ajax 客户端程序检测用户的检索请求，将请求需要的主键 ID 传递至服务器，进而在服务器端根据该 ID 生成与之相关的 XML 文件与 JSON 格式的地理信息世界文件。再次通过 Ajax 方式通知客户端程序加载这些文件并调用百度地图服务，将艺术点对象实例化并标注在地图上。同时，考虑到由于后期艺术点的海量数据，加载时必须关注系统的检索速度与标注速度。针对这个问题，本文在数据库设计及检索上采用了一定的策略，按照核心关键词宗教进行设计，不同的宗教类型设计不同的表，在标注上，调用百度地图的 markerClusterer 服务，自动实现点聚合，方便快捷。

3. 用户管理子系统

系统用户管理模块的功能是管理用户信息，主要包括用户的用户名、密码和权限，权限包括添加信息、修改信息、删除信息及查询信息等，管理员可以对新添加的用户进行权限设置等。

三、宗教文化公共传播管理系统的实现

宗教民俗公共传播管理系统使用 Ajax Web 应用程序模型，客户端采用 Ajax+HTML+CSS+Jquery 的模式，服务器端使用 ASP.NET 技术，通过 SQL Server 管理艺术点数据，使用 XML、JSON 作为数据交换的格式。整个系统的实施严格按照软件工程的方法进行。通过需求分析、逻辑设计、详细设计、数据库设计、编码及系统测试等过程完成了平台的开发。以下就部分系统功能的实现做简要介绍。

图 4 是系统平台首页视图，对项目整体作了简单介绍并给出网站地图，

方便用户进行浏览。进入下一页面后，中部为地图视域，左侧为分类查询条件选择，右侧为相关艺术点信息展示并进行滚动播放，给用户直观的视觉体验。

图 4　平台首页视图

（一）艺术点关键字检索

用户可以通过关键字来查询和检索艺术点信息。在首页上方的搜索框中输入参数，点击查询图标，系统会自动将符合要求的艺术点标注在地图上并显示在屏幕右侧，同时从地图上的标注点可以进一步进入具体的艺术点查看更加详细的民俗文化信息（图 5）。

图 5　艺术点关键字检索

（二）艺术点分类检索

用户可以通过宗教民俗的年代、艺术类型、时期等条件来查询和检索一类艺术点信息，在首页左侧的搜索框中选择参数即可，系统会自动将符合要求的艺术点标注在地图上并且显示在屏幕右侧，同时从地图上的标注点可以进一步进入具体的艺术点查看更加详细的民俗文化信息。

目前该系统已经用于宗教民俗文化的研究与保护中。宗教民俗文化遗产专题数据由社会学、人类学的研究成员以田野考察为基础方法，在现场观察和考察宗教艺术生存和变异情况，并进行数字化整理和录入，在此基础上进行宗教民俗文化的分布研究、历史演变研究等。

四、结论

对传统文化的保护是一个高标准、严要求的重大课题，将新媒体方法应用于对传统文化的保护具有十分重要的意义。基于百度地图服务的宗教民俗公共传播管理系统为宗教民俗文化遗产的调查、检索、评价和展示等提供综合平台，为这些宝贵民俗遗产的永续保护提供了有力的科技支撑。该系统的建设实践也证明，新媒体方法可以全面应用于文化遗产的保护工作中。

通过本课题的实践研究，新媒体方法在对传统文化的传播保护可以总结出如下经验。

1. 进一步规范和创新以新媒体为平台的宗教民俗文化保护与传播体系

我们应当总结宗教民俗文化在新媒体平台上的保护与传播经验并积极创新。传统文化在新媒体平台上的保护与传播尚处于起步探索阶段，各方面的理论与法规还不健全，在保护与传播过程中也缺乏经验。因此要对过程中群体、媒体和文化之间的各种关系进行探讨和分析，建立和总结传统文化在新媒体视阈下的保护与传播模式。同时，运用传播学、宗教学、社会学、经济学等多学科的基本原理及知识，完善新媒体视阈下传统文化的保护与传播理论，并提出保护与传播传统文化的建议。

2 进一步应用新媒体技术对传统文化进行全方位保护

我们应当意识到随着科技的发展，越来越多的技术形态将会被发明创造出来并应用于各行各业，所以我们需要对技术保持敏感。例如，本课题中提出的应用基于互联网的新产品来对传统文化进行传播保护，一方面数字化的整理有利于传统文化的长久保存，另一方面对数字地图服务的应用使研究人员和公众对传统文化的分布、信息、形态等有了更加全面的认识，其内容展现形式比传统媒体更为立体，表现形式更为丰富，能够吸引大量用户关注传统文化，拉近了传统文化与人民群众之间的距离，突破了口口相传的传播禁锢。①

中国是世界文明古国之一，幅员辽阔，历史文化源远流长，是世界上唯一有着 5 000 年以上连续发展史的国家，历史文化遗产众多。可以预见，随着信息技术的不断发展，国家对历史文化遗产保护的力度将不断加大，新媒体方法技术的需求也将不断增加，其在应用深度和广度上都将有广阔的空间。当前情况下，将新媒体方法应用于宗教文化保护还处于探索阶段，将来的发展变化性也非常大，因此，本课题也存在一些不足之处，在今后的学术研究中将逐步完善并不断提高，提出更加先进和科学的方法理念。

宗教民俗文化遗产是各民族各宗教的文化瑰宝，如何传承与保护这类文化遗产值得我们深入思考与研究，对新媒体方法的应用在信息时代将会得到更好的发展，并且将在弘扬中华民族的传统文化方面发挥重要作用。

---

① 姜珊、骆帆：《浅析湖北佛教文化的新媒体传播方式》，《西江月》2012 年第 28 期。

甘肃炳灵寺宗教艺术壁画保育及其数字化

曹学文[①]　付常青[②]

一、炳灵寺宗教艺术遗产价值及保护现状

（一）炳灵寺宗教艺术遗产的价值

甘肃炳灵寺石窟位于古丝绸之路交通要道上，是一座重要的佛教艺术宫殿，1961年被国务院公布为第一批全国重点文物保护单位。炳灵寺石窟始创于西秦时期，历经北魏、西魏、北周、隋、唐、吐蕃、宋、西夏、元、明、清等，先后有羌族、鲜卑、吐谷浑、吐蕃、党项等少数民族在这里开窟造像，是各民族共同创造的艺术结晶。炳灵寺石窟现存窟龛216个，造像815尊，壁画1 000余平方米，展现了自公元4世纪末（十六国）至19世纪末（清末）中国佛教艺术发展、演变的历史过程，具有极高的历史、科学、艺术价值。

1963年，甘肃省文物工作队架设云梯，登上169窟，在第6龛发现了“建弘元年”的纪年题记，这是中国石窟中迄今为止发现最早的纪年题记，为研究中国早期石窟提供了一个重要的标尺。以第169窟（图1、图2）为代表的西秦塑像、壁画，呈现出在凉州石窟影响下，由龟兹诸石窟辗转传

---

① 曹学文，甘肃炳灵寺文物保护研究所。
② 付常青，国家社科基金重大项目“中国宗教艺术遗产调查与数字化保存整理研究”子项目负责人。

图 1　第 169 窟 24 龛　壁画——说法图局部（西秦）

图 2　第 169 窟 24 龛　壁画——释迦、多宝说法图（西秦）

播的印度犍陀罗和秣荼罗艺术风格。同时，结合了中原汉晋石刻和绘画技法，展现出中西艺术初步结合的特征。同时期壁画尤其是供养人画像又反映出魏晋时期南朝艺术的特点。在169窟壁画中保存有昙摩毗、道融、法显、昙弘、道贵等古代高僧的画像及题名，这些高僧在炳灵寺的活动，促进了佛教在炳灵寺的传播和发展，增进了中外佛教艺术的交流，是研究中外关系及佛教文化艺术发展、演变的重要史料。此外，在169窟的造像和壁画中多次出现了叠压和打破关系，说明佛教在炳灵寺的活动有可能比西秦更早。

北魏时期造像、壁画受中原文化的影响，呈现出中原魏晋士大夫追求的“秀骨清像，褒衣博带”风格。在经过魏晋南北朝以来不断民族化、世俗化的发展演变后，至隋唐时，造像壁画艺术已完全成熟，艺术形式以世俗化、民族化的形象出现，皆石雕造像，造像多小巧玲珑，刀法简练，线条流畅简洁，尤其是菩萨造像，上身袒露，不着装，不饰色，或简单的飘带自然搭于双臂，装饰简单，透着一种特殊的自然美，同时也体现了古代匠师们娴熟的雕刻技巧（图3）。元明时期藏传佛教在此兴起，大部分壁画变成了多首多臂、形象怪异的艺术形式，饰色艳丽（图4、图5）。炳灵寺佛教艺术在地方民族文化的基础上，不断接受、汲取多种民族艺术形式，既有来自西域的秣菟罗、犍陀罗艺术，又有来自中原的汉传佛教艺术，还有来自雪域高原的藏传佛教艺术，形成了丰富而独特的石窟艺术形式。炳灵寺石窟展现了古丝绸之路上各民族、多种因素作用下的佛教信仰。

图 3　第 8 窟　壁画——众菩萨、弟子南壁（隋代）

图 4　第 3 窟　壁画——佛转故事正壁（明代）

图 5　洞沟第 5 窟壁画（明代）

炳灵寺石窟作为古丝绸之路上重要的佛教活动场所，大量的史籍对其自然景观和佛教活动作了记载。北魏郦道元《水经注》记载："河北有层山，山甚灵秀。山峰之上，历石数百丈，亭亭桀立，竞势争高，远望参参，若攒图之托霄上。参差夹岸连壤，负险相望。其下层岩峭壁，举岸无阶，悬岩之中，多石室焉。室中若有积卷矣，而世士罕有津逮者，因谓之积书岩。岩堂之内，每时见神人往还矣。盖鸿衣羽裳之士，练精饵食之夫耳。俗人不悟其仙者，乃谓之神鬼。彼羌目鬼曰唐述，复因名之为唐述山，指其堂密之居，谓之唐述窟。"

除《水经注》外，《法显传》《出三藏集记》《高僧传》《历代三宝记》《开元释教录》《法苑珠林》《元和郡县图志》《太平御览》《河州志》等史籍中亦多有描述。

（二）炳灵寺宗教艺术遗产的保护现状

炳灵寺石窟的创作形式多样，有泥塑、石胎泥塑、石雕等。古代匠师们因地制宜，巧妙、灵活地运用有限空间展现人们崇尚的佛国世界。他们已经熟练地掌握了壁画、泥塑材料的配制及石胎泥塑的制作技术。这些壁画、泥塑虽然经历了 1 600 多年的历史但仍保存得相当完好。经化验检测，炳灵寺石窟壁画、泥塑材料中含有苎麻、棉、细砂、麻筋、石膏、黏结剂等成分，石膏平涂在壁画表面不仅起到坚固壁画的作用，还被当作白色颜料使用，这些材料的配比、运用为科学研究提供了实物资料。

历经 1 600 多年的发展演变，炳灵寺壁画近 2/3 以上的造像、壁画保存完好，仍保持原有的历史风貌。20%左右的造像、壁画有轻度风化、褪色、烟熏、脱落，10%左右的有空鼓、起甲、酥碱等病害，需经常性小规模修复，10%左右的破坏较为严重，需进行大规模的保护、修复。前期的病害调查工作已经完成，现根据文物的残损程度，分为抢救性保护、强化性保护和正常维护来逐一维修保护，预计在 5 年内完成急需维修文物的保护修复工作。

因自然原因和历史原因，炳灵寺石窟部分造像壁画存有风化、酥碱、脱落病害，有些病害相当严重，保护工作刻不容缓。现代维修保护严格执行“尽可能不干预”和“不改变文物现状”的原则。除在窟区内增设防护墙、安装防鸟害的窟龛门窗、遮雨板、栈道、石阶外，仍保持原貌。

1955 年炳灵寺石窟的保护机构成立，开始了对炳灵寺石窟的保护维修工作。20 世纪 80 年代末 90 年代初，炳灵寺石窟的保护慢慢走上了专业技术保护的道路，科技应用在文物保护中所占的比重越来越高，气象学、物理学、化学、生物学、岩石学等领域的成果不断运用到文物保护工作中。进入 21 世纪，数字化成为文物保护的新宠，对文物的保护、研究、临摹、拍摄、测量、监测、安防、档案等工作大量借助数字化成果，使文物工作的效率成倍提高。

二、炳灵寺宗教艺术遗产的数字化方案

使用何种手段对炳灵寺壁画进行数字化，以及得到怎样的数据结果是我们一直在探讨和研究的。20 世纪末高速发展的计算机及图像处理技术、网络技术奠定了今天对炳灵寺壁画数字化的基础。数据技术可以在炳灵寺石窟壁画信息保护、保护现状调查、保护研究跟踪，以及以宗教艺术类为

题材的文化旅游产品开发等方面发挥重要作用。随着数据处理技术应用的深化，石窟壁画的管理保护将有一个极大的飞跃，推动壁画管理保护以及石窟寺的研究上一个新的台阶。

数据处理技术、网络技术给文物信息的表述、临摹带来革新的同时，也推进了计算机技术在文博领域和业务管理等方面的应用。一些有实力的文博单位率先启动馆藏文物数据库和管理系统，如故宫博物院、上海博物馆、南京博物院、敦煌研究院等，并积极创造条件进行文物数字化信息保护的研究和探索。敦煌研究院在长期的敦煌壁画保护研究中深刻体会到数字技术对壁画信息保护工作的重要意义，在大量的美术临摹与后期对壁画的摄影和摄像实践中，他们不断探索方法保存珍贵的壁画图像，也较早敏锐地意识到计算机图像技术所带来的技术变革和所具有的非凡意义。数据处理技术具有无损复制、良好的传播性、便于保存管理和便于使用、检索、查询等优点，因而成为一种非常好的文物信息保存手段。目前，美术临摹依然是展现壁画艺术的一种重要的手段，但是，临摹依赖于画家的修养，存在个体间的差异，并且大量的临摹复制，困难极大、效率极低。所以随着影像技术的发展，特别是数据处理技术的成熟应用，炳灵寺宗教艺术类壁画完全可以精美地呈现在观者面前。采用数据处理技术还可以克服传统技术在壁画图像保存和复制上的困难，并且极大地提高了对壁画信息采集的效率，具有管理和使用的优越性。影像数据处理技术在壁画保护中的应用体现了文物信息保护的新里程。

炳灵寺石窟遗址保护是石窟遗址文物管理的核心任务。炳灵寺遗存各代壁画 1 000 多平方米，世之罕见，弥足珍贵。近些年，炳灵寺文物管理和保护机构对近 10%的壁画进行了抢救性加固，使其保持了稳定，延长了寿命；通过不断进行科学试验和材料筛选，对严重起甲和酥碱的壁画进行了加固试验，对部分有烟熏的壁画进行了壁画清洗试验，取得了一定的成果。前述各方面的保护工作对积极保护炳灵寺石窟壁画这一珍贵文化遗产作出了贡献。在这个基础上，利用数据技术，未来不但可以让炳灵寺珍贵壁画信息有一个良好的展示手段，而且可以作为常规技术方法的良好补充，充分提高保护工作的效率，改进工作的质量，增强炳灵寺壁画保护工作的成效性。未来影像数据技术在炳灵寺壁画保护工作中的应用主要有以下几种。

壁画高精度数字化　炳灵寺壁画数字化不仅能保存壁画上的原有信息，同时也可以反映壁画保护的现状，所以数字化的壁画图像不仅成为第一手的壁画信息资料，而且为保存和研究提供基础性的资料，也为制定壁画保护的措施和研究壁画变化的原因提供可靠的依据，是壁画保护的重要档案资料。

壁画保护现状调查　在采集和处理高精度壁画数字化的基础上，可以通过解读和实地调查，绘制出各个洞窟壁画保存现状和病害发生状况，即壁画保护现状调查图。

保护研究模拟　对壁画病害与壁画颜色变化的研究，基于数字化壁画图像的高精度数据可以提供形象直观的变化过程，可以帮助制定具体的修复工作方法，避免对壁画造成直接破坏。

展览展示及壁画传播　高精度壁画数据可以输出高质量的供展览使用的图像，300dpi（dots per inch，即每英寸点数）以上的高精度壁画数据完全可以实现壁画的原大高清复制，实现与洞窟壁画同等精度的展览布置效果，也可作为今后炳灵寺宗教艺术类壁画对外展览的核心、传播炳灵寺宗教艺术的纽带。

宗教艺术文化及其延伸　相比其他石窟寺，炳灵寺文化资源利用和文化产品的开发相对落后。当前炳灵寺销售的文化产品质量档次低，不能满足高品位旅游的需求，也无法提升遗址管理面貌。所以开发精美文化延伸品、旅游纪念品、壁画艺术延伸品，是利用本地特色文化资源改善遗址管理状况的需求。

数据技术的深入发展，可以满足快速交换、大容量存贮和复杂数字化的各项要求。因此需要不断更新网络和硬件设备，扩充存贮量，容纳各种信息类型，提高文物数字化信息的完备性、可用性，完善数字遗产保存、处理与管理的有效性等。炳灵寺壁画的数字化包括壁画的数字图像、多光谱技术的应用，这里面所涉及的内容很多，包括数据的采集、处理、存贮及数据的安全和保护等方面。壁画数字化成果的重要应用之一便是数据技术在游客管理中的应用，如综合使用数字壁画影像制作高精度壁画展示、多媒体展播节目、多媒体展示等，以适应游客管理的需要，满足游客对炳灵寺参观游览的需求并体验数据技术的乐趣，满足大部分观众进入洞窟进行宗教艺术类壁画探秘的心理需求。

在以保护文物安全为前提的基础上，炳灵寺文物保护研究所采用非接触式高精度数据采集技术，对壁画进行数字化的采集。使用非接触式的采集设备，采集过程不与壁画有物理上的接触，可以避免造成壁画物理损伤；不使用连续光源，所用的条形聚光灯色温准确，条形灯管前安装有 UV 紫外线滤镜，使光源的紫外线减至最低甚至不含紫外线，因此对壁画没有损伤。在高精度影像数据采集时，根据采集的环境与壁画的大小，采取分段拍摄多张，然后再将这些单幅的影像数据拼接起来，单块壁画（10 平方米以上）拼接后的影像文件量超过 10GB 级以上，达到原大输出的光学分辨率数据级别，从而实现壁画原大复制。拼接影像是一项十分细致的工作，它要求计算机软硬件配置相当高，拼接过程中的操作要十分细心，否则一毫米的误差都无法还原被拍摄壁画的真实情况。为了保证后期拼接的精确性，需要对前期的采集过程有严格的品质管理。壁画采集后输出 400dpi 高精度壁画数据是一个关键的指标。400dpi 高精度的壁画数字化数据具备的功能有以下几种。

（1）壁画的原大复制（可用于移动展览）。

（2）壁画的颜色准备还原（所见即所得）。

（3）壁画修复的依据（壁画风化或颜色褪色后修复参考）。

（4）壁画出版（压缩成印刷文件格式）。

（5）壁画高精度网络展示（高精度数字画廊技术，对因特网开放）。

（6）壁画宗教艺术的研究（对专家学者数据开放）。

由于炳灵寺石窟壁画的重要性及壁画保存环境恶劣、颜色褪色很快、风化严重等现状，高精度数据采集越快越好、势在必行。而炳灵寺文物保护研究所并不具备高精度数据处理技术，所以需要紧急外包以解决问题。在外包过程中还需注意解决以下困难：壁画面积大；分布广；周全管理困难。

（一）设备的选择

经过多方考虑与测试后，我们发现可双向背移的技术相机在采集中符合要求，并且非常好用，而 8 000 万像素的数字后背可作为壁画影像数据采集的主要设备。采集文件格式使用 RAW，色域为 Adobe RGB，施耐德 APO 数字镜头，德国闪光灯照明；同一行的拍摄方向从左到右依次拍摄，确定采样分辨率，根据实际分辨率计算出实际的拍摄范围；相邻两张图像的重叠在 40%—50%，根据所摄图像的长度、实际拍摄范围、重叠率计算出拍摄行数，并详细记录拍摄数据。

主要采集设备：①可双向背移技术相机；②8000 万像素数字后背；③施耐德 APO 180/5.6 数字高清镜头；④德国高显色指数闪光灯；⑤苹果 MAC BookPRO；⑥法国原产捷信 5 号三脚架；⑦超级图形工作站。

选用这些设备原因如下：双向背移技术相机具有高度完美设计及操作方便之性能，精密的微调转钮使在调整平行位移、上下位移时可单手操作，能让数字后背 CCD（charge-coupled device，即电荷耦合元件）无论在垂直或水平轴上移动时，均保持在焦点平面上，以保证分段采集时每一张画面都处于同一平面上。8 000 万像素数字后背配备了世界公认的优秀的高质量的 CCD 影像处理器，也是目前世界上单次快速曝光中像素最高的数字后背，其对颜色的还原准确性极高。对壁画及书画类平面文物进行拍摄工作，拍摄得到的单张 16 比特 RGB 影像数据量为 480MB（8 000 万有效像素数）左右。我们在多方面比较后采用戴尔图形工作站配 EIZO-24 英寸专业双显示器进行后期处理，以此解决大块壁画的采集与拼接问题。

（二）技术应用

1. 确定炳灵寺高精度壁画影像采集的技术指标

技术指标在决定源文件质量的同时也决定了后期影像拼接的质量，因此确定技术指标对后期的拼接有相当大的帮助。影响后期影像拼接的因素有源文件的精度、色彩还原的准确度、画面几何尺寸的精度。

炳灵寺壁画采集具体指标是：原画幅单边尺寸精度要求达到 400dpi，色彩还原达到数值上的绝对灰平衡，像场均匀，画面内全像场内的线条绝对平直，不允许发生各种形状的畸变。

2. 确定影像文件采集方式

我们经测试与比较后，决定使用双向背移技术相机配 8 000 万像素数字后背对炳灵寺壁画进行高精度影像数据采集，使用同一像场原理采集，即利用技术型相机可以后组横移与上下位移的功能，移动相机后组对壁画进行数据采集，相当于拼接法将数字后背 CCD 的面积拼接为大于 4 英寸 × 5 英寸（1 英寸 ≈ 2.54 厘米）面积使用，因为 8000 万像素数字后背的 CCD 面积约为 54 毫米 × 40 毫米，单幅采集光学分辨率为 10 320 × 7752，我们选用的施耐德特别定制版 APO180 毫米高清数字镜头的像场圈，支持在 8 英寸 × 10 英寸胶片面积情况下使用，因此我们使用数字后背做上下左右各 2—2.5 厘米的移动是允许的，且在镜头的最佳分辨率范围内，整块壁画均为应用到镜头的最佳光学分辨率。

8 000 万像素专业数字后背，配备世界公认的高质量的复消色差高清施耐德数字镜头，对炳灵寺壁画进行拍摄工作，拍摄得到的单张 16 比特 RGB 影像文件数据量为 480MB（8 000 万有效像素数）左右。而采用双向背移技术相机配 8 000 万像素数字后背系统，配备德国高显色指数专业数字闪灯，拍摄合成后得到的数字影像数据量为 10GB（壁画在 9 平方米，镜头数为 36 个拼接时），最后采集得到的影像数据文件大，分辨率高，影像成像清晰、色彩还原精确。

3. 色彩控制

准确的还原色彩不但对真实反映壁画本身有重要意义，而且对后期的拼接也有帮助，它在很大程度上使拼接工作变得容易。以往采用传统银盐胶片要做到全画幅的精确灰平衡是不太可能的，我们在后期常常会发现两张影像之间存在或多或少的色差，这对拼接工作造成了很大困难，但是通过数字后背取得影像以后，再在后期的数字影像文件加工中引入专业色彩控制技术就可以很方便地达到预定的色彩还原指标。具体做法是将每张数字影像和针对这张影像生成的专用色彩描述文件保存在一起，无论在什么地方，都可以准确地还原炳灵寺壁画的色彩。

对于炳灵寺壁画采集来说，还原壁画的真实绘画艺术和真实色彩是工作的目的。如果控制好色彩的还原，在后期拼接工作中就会省力不少，因此拍摄的影像需要制作专有的色彩特性描述文件（ICC Profile）。每次在正式拍摄前，都要拍摄一张色卡，并把这个色卡文件与所拍摄的影像文件放在一起保存。拍摄色卡完毕后才可以进行正式的拍摄工作（图 6）。

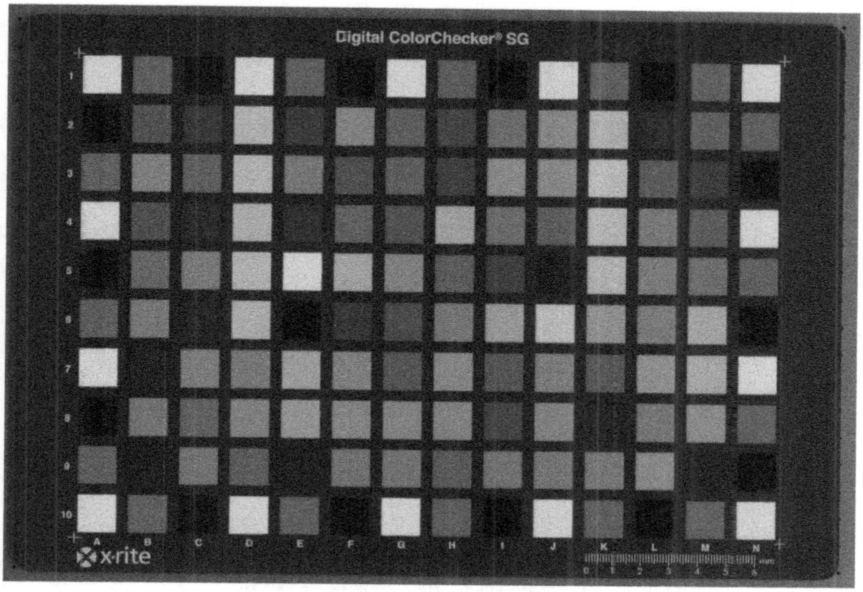

图 6　壁画之前必须先采集 SG 色卡

4. 确定拍摄画面内可使用的有效面积

通常我们所得到的照片本身已经是镜头在基准清晰像场中得到的标准清晰影像，但在此区域内中心像场与边缘像场的清晰度仍然有所差距。这个问题在后期进行多幅影像拼接时尤为明显。因此在影像采集时就要对其分段拍摄，然后通过后期拼接将所有分段影像合成一张完整的影像。

为了保证炳灵寺壁画影像拼接的质量，需要找出镜头中心及四周像场的清晰度，从而标出符合影像质量标准的镜头清晰度有效范围。我们使用清晰度分辨测试卡，并在由中心向四周辐射的观测线旁标出数字。拍摄时使用最佳光圈，并且让镜头的光轴与被拍摄的测试卡画面中心垂直。拍摄完成后，将影像放大至 100%，按观测线依次对比周边区域数字与中心区域数字的清晰程度，在观测线上分别标出可接受清晰度文字的位置。对比完成后，将每一观测线上的标注点连接起来就得到了镜头清晰度有效范围，在采集时，我们避免后组移轴范围超出镜头的像场范围，从而得到整幅壁画一致的清晰范围。

（三）图像清晰度

炳灵寺壁画数字化结果图像中具有400dpi的解像力，在图像的原始分辨率下能够完整地分辨壁画细节。整块壁画数字影像不失焦、不模糊，具有完整、均匀、一致的清晰度。整块壁画找不到明显的拼接痕迹，图像的采样分辨率不小于400dpi。

（四）案例总结

使用同一像场原理采集壁画在进行拼接工作时，为了追求更高的品质，要把相机的移动幅度减小，而这样做就会加大拍摄的工作量和增加后期处理的时间。因此质量和工作效率之间的选择是进行工作前应慎重考虑的问题。

使用同一像场原理采集壁画的优势，利用8×10胶片尺寸用高品质的施耐德数字对称式结构高清镜头可以得到更佳的分辨率，影像无变形，边缘无明显畸变，整块壁画的像质均匀一致；而使用不含紫外线的德国高显色指数聚光条形灯，光线照射均匀一致，布光简单，色温准确，显色指数达到97%以上，能完美再现壁画的精彩细节，并且采集效率高，文件精度大。

影响高精度文件拼接质量的因素有很多，其中主要包括色彩、分辨率、镜头球差、镜头光圈的选择及可接受的清晰度范围。因此想要保证拼接文件的高精度，就必须解决以上问题。随着科技的发展，施耐德超大像场特质高清数字光学镜头、单次快速拍摄8 000万像素数字后背、PM5色彩管理软件和图像处理软件的问世，使高精度影像文件的拼接工作变得越来越简单了，而未来随着科技的继续发展，也将会有更多更简单的方式实现高精度的影像数据处理技术。

曾几何时，我们把炳灵寺石窟的文物工作者比喻成辛苦耕作的老黄牛，数字化使这些老黄牛足下生风；曾几何时，我们把保护研究炳灵寺石窟的文物工作，当成愚公移山，数字化就是那些帮助移山的神仙；曾几何时，我们把炳灵寺石窟当做藏在深山人未识的艺术宝库，数字化将成为这些宝藏的现场直播，宣传展示更便捷、更透明，最大限度地达到文化遗产全人类共享的目标。

红外穿透摄影技术在佛教文化遗产保护中的新发现
——甘肃炳灵寺石窟 146 窟烟熏部分红外线穿透拍摄测试

曹学文[①] 付常青[②]

一、炳灵寺概述

2014 年，炳灵寺石窟作为中国、哈萨克斯坦和吉尔吉斯斯坦三国联合申遗的“丝绸之路：长安-天山廊道的路网”中的一处遗址点成功列入《世界遗产名录》。炳灵寺是中国佛教石窟，位于甘肃临夏永靖县西南 35 千米处的小积石山中，初建于十六国时期，距今已有 1600 多年的历史了。炳灵寺最早叫“唐述窟”，是羌语“鬼窟”之意。炳灵寺在唐代称为龙兴寺，宋代称为灵岩寺，明永乐年后，取藏语“十万佛”之译音，取“炳灵寺”或“冰灵寺”之名。

炳灵寺分上寺、洞沟、下寺（图 1）三处，以下寺最为壮观。现存窟龛 183 个，共计石雕造像 694 身，泥塑 82 身，壁画约 900 平方米。

由于各种原因，炳灵寺石窟受到了多次的伤害，如不可抗拒的暴雨、洪涝、地震等一些极端气候的影响，许多佛造像受到损毁，石窟墙体破裂，

---

① 曹学文，炳灵寺石窟艺术研究所。
② 付常青，“中国宗教艺术遗产调查与数字化保存整理研究”子课题负责人。

墙壁脱落等。还有许多人为的破坏，其中最常见的是烟熏，很长一段时间人们在石窟里祭拜，燃烧香火，也发现牧民在石窟里生火做饭的痕迹，石窟里的彩绘石雕造像、墙壁上的精美壁画被烟熏过后看不清原来的样貌。

图1 炳灵寺下寺

大佛位于170窟内

二、红外线是什么、能做什么

红外线是波长介乎微波与可见光之间的电磁波，波长在0.75—1000微米（图2），是比红光波长长的一种不可见光。红外线具有较强热效应，并易于被物体吸收，具有一定的穿透能力，在通信、探测、医疗等方面有广泛的用途。

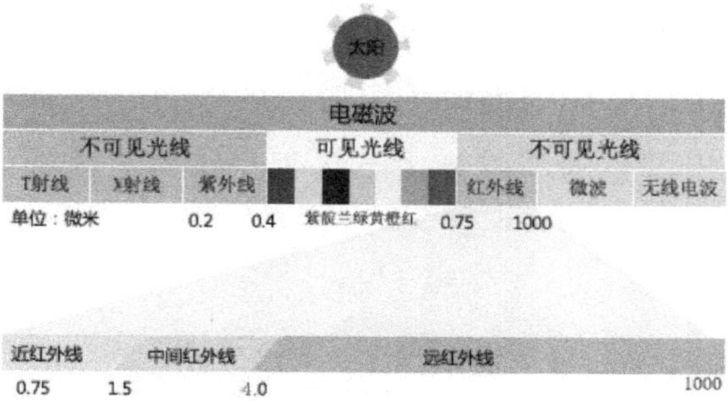

图2 红外线的波长

三、红外线摄影的工作原理及意义

由于红外线波长长，对绝大多数物质具有穿透力。利用这一特性，我们就可以红外线作为光源，通过能拍摄到红外线的广域数字后背进行影像采集，再加上红外滤镜，过滤掉其他波段的光波干扰，就能得到被烟熏过的壁画后面的信息。这对炳灵寺石窟的壁画修复、考古、绘画技艺、宗教艺术等方面的研究有着非常重大的意义。

四、146 窟红外线摄影案例与流程

应炳灵寺石窟艺术研究所的邀请，国家社科基金重大项目“中国宗教艺术遗产调查与数字化保存整理研究”子课题负责人付常青及广州汉阈数据处理技术有限公司承担了此次测试任务。我们非常重视这次红外线摄影测试，不仅带来了全套高科技设备，还请了清华大学的一位姓李的教授作顾问，李教授在红外线摄影方面有着丰富经验，曾经带领团队研究及应用红外线技术拍摄过多部古籍、竹简、壁画的多光谱影像数据。

在炳灵寺石窟艺术研究所工作人员的陪同下，我们带着设备来到了被烟熏覆盖得非常严重的 146 号石窟(图 3)。这是一个唐代开凿的石窟，石窟内部面积约为 4 平方米，高约 2.5 米，三面墙上有菩萨造像，四壁、藻井都画满了精美的壁画。但由于长时间的烟熏，石窟的大部分壁画都已被熏黑，看不出黑色的烟熏痕迹下是否有壁画，或画的是什么内容。

图3　炳灵寺被烟熏的146号石窟

1. 选用设备

我们选用的设备包括：

相机：Hasselblad 503cw

镜头：Hasselblad 80mm

数字后背：Leaf　Credo 60 广域数码后背

红外滤镜：Heliopan 滤镜（不同波段共10片）

相机脚架：Gitzo G1340

相机云台：Manfrotto 410

灯光：全光谱闪光灯

电脑：MAC PRO 苹果笔记本

2. 工作现场

我们选择了一处被烟熏得看不清模样的壁画进行红外测试。我们将相机架好，灯光对准要拍摄的地方，连接好电脑，然后进行拍摄（图4）。由于不同的光源发射出来的红外线波段长度不同，还有不同物质能被红外穿透的程度也不同，所以，我们要更换测试不同波段的红外滤镜以便找出最合适的。最后我们选择了波段 610—1000nm 波段红外滤镜，也拍摄得到了非常理想的效果。拍摄红外线成果与正常光影像比对见图 5。

a b c d

图 4　炳灵寺下寺 146 号石窟红外线测试工作现场

a 使用佳能 5DIII 相机在闪光灯下拍摄所成的影像

b 红外线光影像

图 5　使用佳能 5DIII 相机在闪光灯下拍摄的影像和使用红外拍摄获取的被烟熏壁画影像对比

数字化技术在石窟中的运用问题初探
——以麦积山石窟数字化进程为例

孙永刚[①]

麦积山石窟为中国古代重要石窟寺之一，因保存了大量的北朝时期泥塑造像，而被誉为“北朝雕塑陈列馆”。数十年来，我们采用临摹与胶片拍摄、文字记录和测绘等手段，存储了大量的文物信息。虽然在文物档案的建立、信息的存储方面起到了十分重要的作用，但由于现代数字技术的迅速发展，传统的信息记录存储手段已不能满足时代的要求。

随着以数字化信息记录为特征的技术的飞速发展，人类社会进入了一个快速多变的数字信息新时代。在数字信息时代的历史条件下，文物保护与研究也与数字化技术紧密地联系了起来，以计算机技术为核心的数字记录手段，以其像素不断增加，凸显了其优越的记录优势。数码摄影技术和信息数字化技术的迅猛发展，极大地丰富和拓展了图像信息的采集、处理、存储及传送的方式，也为实现资源共享提供了切实的技术支持和保障。技术的发展虽然为我们提供和创造了这样一个美好前景，但是，由于麦积山石窟所处环境等客观原因，数字化的进程被许多因素所制约，困难重重。作为一个代表先进文化与技术的合体，怎样才能更好地发挥其优势一直是比较引人关注的问题。所以，笔者通过本文向各位专家学者虚心讨教，以使麦积山石窟数字化技术应用工作得以加强和发展。

---

① 孙永刚，麦积山石窟艺术研究所。

一、麦积山石窟数字化技术在文物保护中的应用

麦积山石窟同其他文化遗存一样，在数字时代到来之前历经了40余年的胶片记录时期，以不同的片幅、不同分辨率的照相机与镜头拍摄，载体基本上都使用了国产的黑白胶片，受冲洗质量等因素影响，胶片内在质量不高。但是，从价值上看，它真实地记录了当时文物所能包含的所有可以分辨的细节。无论是从胶片拍摄本身物理的层面还是从被记录文物的历史层面，都有很高的使用价值。在底片保管上，因为麦积山石窟地处秦岭西端的林区，年降雨量在800毫米左右，潮湿的气候条件对底片的保管不利。20世纪80年代，在麦积山山体加固工程完工以后，规范的洞窟档案拍摄启动，当时以6厘米×4.5厘米、6厘米×7厘米幅面的黑白胶片摄制，以标准的方式拍摄记录洞窟档案，保存底片档案万余张。后来洞窟内的文物在自然环境不断恶化的条件下，出现了一些变化和退化，假设在今后数十年里这些雕塑和壁画不复存在，那么最终是这些胶片记录并保留下了遗迹，并且真实地记录了变化前的信息。所以说，虽然当时所使用的几乎都是上海DIN100黑白胶片，质量不是很好，但是，随着不断地积累和时间的推移，这些胶片已成了珍贵的历史记录。前述的胶片拍摄工作一直持续到数字技术时代的到来。

文物拍摄记录基本的目的是真实重现形象及其色彩和细节，为后来的考古研究、图书出版和壁画临摹放稿等工作提供方便。现存的少数彩色片，并没有完全解决裸露的红色砂岩反光带来的偏色问题，又加上供电线路是低压长距离输送，电压不足，故而很难保证色温的正确再现。靠调压器的支持下提高了一些色温，我们使用部分彩色反转片和彩色负片对为数不多的壁画进行了拍摄记录。通过长期积累，我们现已保存了数以万计的底片资料。保存底片的室内环境的温湿度应保持在15%—30%，如果湿度太大，彩色底片容易吸水褪色，湿度超过60%，褪色速度会增快一倍。另外，要

防高温，保存底片的室内环境温度应保持在13度以下。据国外实验表明，温度每降低1度，底片可延长10年的保存期。[①]实际上，麦积山石窟地处林区，年平均温度较为适宜，据监测资料显示，年平均温度在 0—13℃，而湿度年平均在65%，七八月湿度甚至更高。为了了解具体温、湿度环境，我们现已对胶片的保护环境进行温、湿度记录监控，以此设法调整先期的保护方法与措施。在进行了基本保管后，如何面对这样一个很不利于胶片保存的环境是最大的难题。除了环境问题以外，将这些记录了文物基本信息的底片资料长期完好、有效地保存下来，也是一件十分困难的事情。它将涉及的工作分述如下。

1. 微机管理

底片作为文物的另一种形式的载体，在数字化背景下如果没有相对应的名称及其他信息的输入，将会给保管和使用带来很多麻烦和不便。有人形象地称其为“记录的碎片”，每一个底片个体的存在，只说明了一个事件中的某个局部，难以形成整体的概念。在没有整体形象可以观察的情况下，命名完整、信息充足对每一个个体的底片来说显得尤为重要。在这里可以借用新闻“五要素”，即五个“W”的描述，尽可能地包含完整信息及产生的背景，为以后的研究提供准确的信息。但在目前的情况下，专门设计一款管理软件，费用很高。所以，我们设法使用现成的软件系统，对底片的管理存储，初步实现了微机化，实现了包括库存管理档案和各种底片信息录入、调用等功能在内的微机管理，入口简洁，调用方便，初步实现管理了有序目的，下一步要做的是完善管理办法，准确、持续地录入底片信息资料，并做好其他数据管理工作的实施。

数字时代的到来，为我们的资料建设工作，尤其是影像采集工作提出了一个很高的要求，这使我们必须要以全新的姿态学习新知识，适应从传统存储方式到数字存储方式的转型。在数字化的大框架下创建新的管理与运

① 苏杭：《照片资料数字化管理与利用》，《中国摄影报》2011年3月18日，第6版。

行模式，建立新的数据存储规范与工作程序，这是急需开展的基础工作。专业设备价格都较昂贵，经费的支持显得非常重要，我们在资金紧张的情况下，对这个部门投入了大量的资金，先后购置了联想 S20、戴尔 670 图形工作站、尼康 9000 ED 胶片扫描仪等基础设备，用于早期底片扫描存储。

2. 扫描存储

数字扫描以行业通行规范为标准（在无本行业技术标准规范之前），底片数字化过程中遵循的基本规范以 TIF 格式扫描存储。在保管条件完备的情况下，扫描存储方式包括如下两种。第一种，基本是以硬件最大光学分辨率进行处理，对于黑白底片通常都是以最大分辨率扫描，所得文件量也是巨大的。第二种，应该是以使用环境所需文件量的大小为标准，以适用为好，这也会在文件保护上起到一定的作用。数字化文件产生后，“一般不作技术处理和美化，减少照片的失真度，并以照片原始的状态予以保存”。①在存储方面，确保不被遗失，是底片数字化过程中遵循的基本要求。一般地应该存储在多种载体上，以防不测。我们以两分光学介质和两份磁盘介质分别保存，以区分固定与调用。具体而言，6 厘米 × 6 厘米以上底片扫描后处理为大于 50MB 的文件量，予以无编辑处理保存，最大限度地保持底片记录的文物原貌。同时建立副本，只在副本中调用图片，在转存 TIF 等格式后，视实际需要予以编辑处理所用。编辑原则是在不触动文物原貌的原则下，按使用格式对应使用目的，分类输出。在编辑时，只能对原始文件，诸如砂眼、药膜损伤等缺陷进行有限的修饰，尽可能地保持图片原始信息，使数字化的底片得到最大限度的保护。

在实际使用中，以使用格式与使用目的相对应，分类输出。在操作中我们可以通过手动设置来有限地调整因各种原因造成的误差，以最高 4.8D 的密度、4000PPI 的分辨率设置，可满足反差、密度的调整。从实际情况看，洞窟档案拍摄工作尚未完成高技术性能照相机的换代。以扫描黑白底

① 苏杭：《照片资料数字化管理与利用》，《中国摄影报》2011 年 3 月 18 日，第 6 版。

片实际的效果看，因胶片质量、镜头分辨率的限制，原本就未达到该画幅质量，经扫描后所得的文件，在显示器上以100%大小观察可见明显缺陷。底片扫描工作的流程，可参照的规范限于通常方法，胶片的数字化也是如此。在规范化方面，我们应及早参照《数字图像工作站规范》来执行，使图像的产生和存储按照规定的流程有序地分类存放，并及时写入关键词，以及时间、地点等一系列文件属性，做到存储安全，提取准确，分类详细，为保护和研究工作提供方便。要使数字采集工作走向正轨，我们还有大量的工作要做，如专业人员增配等。在进入了数字化时代后，数字CCD、COMS芯片以“摩尔定律”速度在翻新。不断更新洞窟档案拍摄与图像处理装备和人员配置同样重要。因为，技术保障、完备的处理与保管技术规范、管理制度是实现文物拍摄数字化的基本保证。COMS感光芯片的分辨率能力的提高使得所产生图像文件量变得越来越大。为了准确、有效、高分辨率地记录现有文物本身所包含的能观察到的所有信息内容，现在我们应该考虑购置专业数字相机及其附属设备，重新逐窟拍摄洞窟档案，以获取清晰、色彩正确、信息量更大的数字化洞窟档案，为分析研究以及保护和复制提供真实准确的图像资料。

3. 新技术的应用

在新技术的使用上我们会有所尝试，例如用红外摄影尝试对大部分已行将消失壁画、题记等重要痕迹的洞窟进行拍摄，以弥补考古研究、断代分析、个案判读十分困难的现状。对于技术更新换代带来的便利的选择，是有前提的，要有人力、技术及资金上大的投入。目前看来，这种投入显得很重要、很迫切。因为信息量更大的数字化洞窟档案，将为分析研究以及保护和复制提供真实准确的图像资料。

二、初现魅力的3D技术成为研究工作的新手段

全国各大石窟如敦煌莫高窟[①]、大同云冈[②]、洛阳龙门石窟[③]等，以及各地馆藏文物单位都已在逐步开展文物藏品的三维数字扫描工作，数字技术的应用突破了以往传统技术手段的限制。麦积山石窟近年来也开始尝试与国际、国内的相关机构合作进行洞窟的数字化扫描、建档工作。

2007年我们首先与日本筑波大学合作，对麦积山石窟第74、78、4、5、115、126等几个洞窟进行了数字化扫描，并应用于宣传和展示。这次扫描的成果，先期运用到了麦积山石窟网站页面上，以3D虚拟洞窟漫游方式，使观者感觉像置身于现场，虚拟了临场感。后来扫描的成果运用到了文物展览中，由于文件量小，运行方便，仅使用普通播放器就能实现流畅的播放功能。参观者使用鼠标点击、摇动即可进行多方位观察，收到了较好的观看效果。但是，这次数字化扫描也存在固有的技术问题，采集到的图片原始文件量为17.2MB，后期制作全景贴图，分析其最终展示图像文件量只有不到400KB。造成这一个技术问题的原因在于扫描仪机位偏低，视点明显仰角很大，雕塑图像变形十分明显。除此之外，这次扫描的成果只有网络版，无专业版本，细部观察时，图像变劣，也无对应操作方式可进一步观察。全景环视时镜头变形明显，功能较为单一（图1、图2）。这些缺点使得该次扫描成果无法充分满足文物保护、考古研究等业务的使用。当然，扫描成果存在的缺点可能与试验性质有关。[④]

---

① 宋立良、李大丁：《敦煌数字化工作中的洞窟全景漫游技术初步应用》，《敦煌研究》2010年第6期。

② 王恒：《云冈石窟测绘方法的新尝试——三维激光扫描技术在石窟测绘中的应月》，《文物》2011年第1期。

③ 龙门石窟研究院与北京大学，北京天远公司合作，在国内率先利用三位数字技术对石窟文物进行考古测绘，已经完成了擂鼓台三维数字化考古测绘工作。

④ 2007年麦积山石窟艺术研究所与日本筑波大学世界遗产学科合作，对麦积山石窟第74、78、4、5、115、126窟以扫描摄影方式制作了全景3D虚拟洞窟，它以因特网浏览器上安装“Quicktime”播放器运行该作品，具有文件量小，运行快捷、流畅的特点，成本相对低廉。以虚拟漫游的方式，使观者置身于现场，虚拟了临场感。

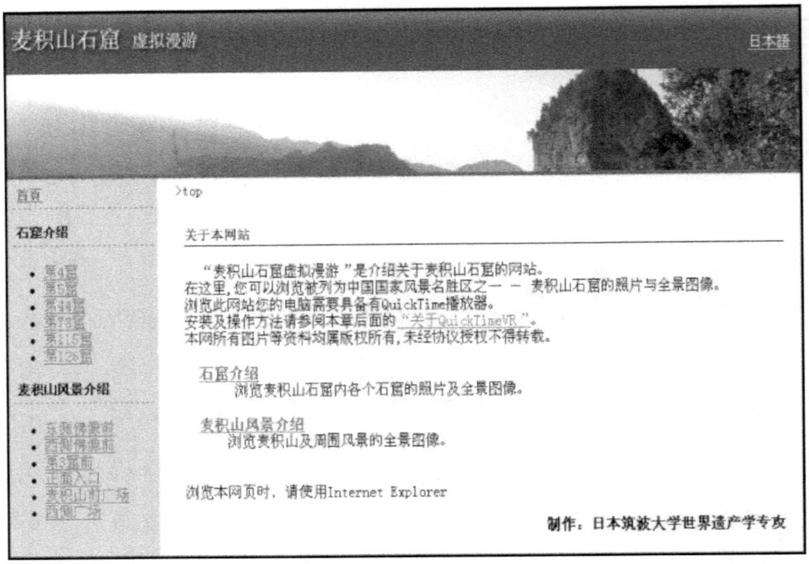

图 1　六个洞窟全景展示界面

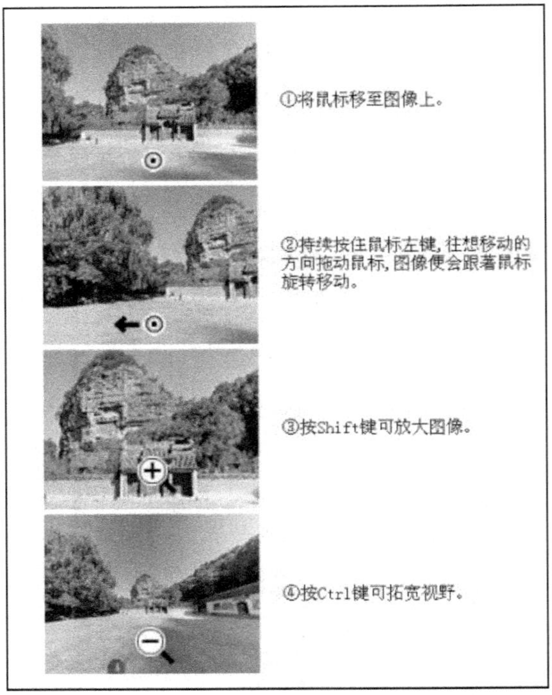

图 2　全景展示操作说明

2008年麦积山石窟艺术研究所和北京凸版数字有限公司合作，对麦积山西魏时期代表洞窟第123窟进行了数字化扫描。当时计划2008—2013年在资金支持许可的情况下，对15个具有重要历史价值与艺术价值的特级洞窟，分期分批地进行数字化拍摄和建立完整数字信息档案的工作。其中第123窟数字化制作，是国家文物局2008年度立项的“麦积山石窟数字化技术应用研究”国家课题之一，得到了国家文物局30万元的专项经费资助，该课题已于2010年通过国家文物局组织的专家验收。首个数字洞窟制作的完成，不但为麦积山石窟数字化工作的开展和建立数字信息档案工作奠定了良好基础，而且对麦积山石窟的保护、研究和开发利用发挥了重要的推动作用。这一工作使我们对初现魅力的3D技术成为研究工作的新手段，有了更多的感性及理性认识。

1. 三维数字化洞窟的优点

建立在数字化基础上的三维洞窟模型，可以作为真实的文物副本存储，为今后的保护和研究建立起完整、准确、永久的数字化档案。通过三维数字化记录的方法，可为文物保护和修复工作提供依据，并且能够在已知的三维数据基础上重新复制已不存在的受损毁坏的文物本体。在使用中，用户应该可以从三维图像中较为任意地浏览每一个关注的对象细节，测量精确的尺寸，获取相对应的数码高清照片，以及对应的文字与背景信息。从现在已经完成的麦积山石窟第123号窟来看，数字模型的建立，是一项耗资巨大、费时较长的工程，对于洞窟全貌和细部观察，由整体到局部细致入微的方式，一改传统的拼接效果，实用价值与观看效果较好，确实很引人入胜。它的优势很明显，第一，对于传统底片来说我们可以形象地形容他们，没有一个完整的图像概念，作为单独、个体出现的胶片，它是一个独立的图片概念，可以理解为它是一个个不同时间段产生的“碎片”，而要组合成一幅完整的图像则只能完全依赖视觉滞留信息，没有组合与随机抽取某个部分的概念。而3D洞窟模型构建了原始图像与最终产品之间的一个全方位、随机抽取静态图像，浏览动态画面的多用途工具，实现了从“碎片”到完整且随机将影像呈现在视域内的跨越，这是工作方式和形象概念的突破。第二，基于这样一个三维立体框架，我们可以依赖工具操纵每一个我们需要停留的部位进行观察。根据需要，观者还可以截图的方式截取所需部位，以作他用，十分方便快捷。三维洞窟模型因此成为在考古研究、文物修复与保护方面一个得力的工具。第三，对于文物保护来说，在环境和气候的双重压力之下，文物随着时间逐渐退化变质，文物本体细微的变化一直在进行着，只是我们的观察和监控还不够。我们作了很多努力来修复已经变得十分脆弱的文物本体，显得十分被动，但因为大环境如此，我们无法人为干预。从这方面来讲，三维模拟洞窟模型无疑为我们人为地搭建了一个“虚拟洞窟”，它具有全方位观察、提取的特质，也就等于我们建立了一个新的完全复制于“母窟”的数字载体，这种方式和结果的确十分便利有用。在技术和资金满足的情况下，在这方面构建的进步空间将是很大的，当然还需要我们去做很多实际的工作来不断完善它。

在麦积山石窟第 123 窟 3D 数字化洞窟模型完全建立之后，在技术标准出台前，应该协同乙方做好该数字产品转化工作，促使应用项目及早实现，应用到实际工作当中去。其转化而来的副产品是我们研究断代史和文物保护所必需的，通过技术手段可以提供各部位图像，可详细观察展示的内容（图 3、图 4）。3D 技术的强大功能优势得到了充分的体现。

2. 洞窟数字化工作的局限

这些经过直接采集于洞窟的高精度图片，其中留存有大量的光影信息，在后期的数字框架上搭建这些图片，使其完美真实地附着于圆雕之上，是一项兼具艺术修养与精湛技术相融合的系统工程，也是理念与现实的完美结合，不亚于一次再创造。正如世间完美与不完美都存在一样，经过扫描出来的三维物体也保留了这样或那样的缺陷。麦积山石窟现存最多的是三面

图 3　洞窟虚拟展示入口界面

图 4　数字化产品利用与推广

可观察得到的高浮雕或圆雕泥塑，在靠近圆形龛的背后部分，超出扫描仪和相机的有限焦距，是无法采集到的。扫描采集以后的三维数据量已经很大了，并在完成配合与融合以后，可以得到很大的三维模型。这对于我们保护和临摹复制来说非常有用，但是在数据的处理和传输上又带来了极大的困难，因此，设备的普遍升级，又成了工作中的新挑战。纹理映射是贴图中的重要环节，在实际工作中制作方对一些效果比较接近、过渡无明显特征的表面作了简化处理，使贴图的文件量大幅减少，这样给后期的观看提供运行环境的便利，但后期贴图简化缩小文件量也就在所难免了。这样的结果是目前同类工作的通常做法，也可以称之为“瓶颈”，因为运行本身是个困难。针对麦积山石窟特有的窟型，许多洞窟都非常小，仅容一人进出，如第 115 号窟窟室高 1.07 米、宽 1.10 米、深 1.00 米。扫描仪在这样的场地很难开展工作，图像的采集十分困难。有些塑像与壁面的位置近，或者塑像与塑像之间的距离很小致使无法扫描到全部图像，包括有些阴影部位的影像也就无法采集到。如麦积山第 121 窟菩萨与弟子塑像虽然是圆雕作品，但是其背部离壁面很近，其侧面的阴影部位也就无法全部采集信息（图 5）。因此，现已制作的三维数字图像还不能算是真正意义上的三维图像，如何解决这一难题，类似这样的洞窟怎么做，也是下一步研究、探讨的问题。

图 5　阴影部位难以采集

再说造型，光线是摄影图像的灵魂。清晰的图像、合适的光比、适中照度是雕塑细节得以完美呈现的必要条件。前期布光成了整个过程的关键，这也是我们所说的体现作品风采的关键所在。而后期的人工辅助光源在整体上的把握就显得尤为重要，如果不能很好地控制亮度，色彩也就不能正确地展现。只有在前期精心准备并满足设备要求的情况下，我们在“VR”作品中看到真实、细腻、美好的一面，才会成为最终完成的画面的实际效果。

3. 需要解决的问题

从已经完成的麦积山石窟数字化技术应用来看，目前还存在以下的局限。

（1）急需扫描一些重要的造像，还有一些遗存的圆雕未进行详细的扫描记录，如洞窟顶部及四壁的壁画，由于开放式洞窟难以控制温湿度、疾虫害，只能以自然通风为主，壁画因年代的关系比较模糊，对于这部分壁画在扫描时没有照顾到，因此，还未真正达到全面完整存储整个洞窟全貌信息的要求。

（2）在数字扫描工作中没有从事文物保护、考古研究人员的参与，使一些可能更为重要的遗存与信息遗漏，未能达到全方位为文物保护工作服务的目的。从国家文物局所组织的验收报告上看，专家对已建成的 3D 模型进行了肯定。此外，对现有状况也提出了建议，课题专家评估报告说，“课专家组就课题的应用提出可以在考古、文物保护、档案建设、资源共享等方面进行了更为广泛的应用，因此提出图像处理中使变形尽量减小到最低程度，并在色彩管理方面尽量使之保持原真性”。这正是我们前面提到的需要协同各个部门，尤其是从事考古、保护方面的人员共同参与，使信息采集达到更加完整，并合乎考古、保护工作的要求。

4. 需要改进的几个方面

麦积山石窟数字化技术应用研究课题已经完成了预期的主要目标，在研究成果的运用和社会效益方面初步展现了其强大的功能，对于今后继续完成同样的课题具有积极的指导意义。在实际工作中，以下问题我们需要特别注意和改进。

（1）在整体的光线影调上

现已完成的VR三维作品在整体上的影调表现得较为灰暗，缺少明快的观感，这与技术上的整体把握、修饰和控制有关，在图像扫描及后期制作上应紧密联系、不能脱节。

（2）显示设备硬件环境的支持

麦积山石窟第123号窟数字化项目开始于2008年，从立项到完工，交付产品历时两年，研究成果包括最终三维作品DVD中文展示视频节目，以及VR作品和素材。支持和运行该作品的硬件要求对于当时的环境来说已经很高，操作系统为Windows XP2，显示色深32位，在图片处理上3D渲染通常以8位色深作为输出标准（Adobe Photoshop输出色深8位）。系统内存要求在4个GB以上才可以流畅运行，而当时配备的戴尔370图形工作站的实际内存（单CPU模块）也只有2个GB。为了向公众展示这一作品，专门购置1套这样高配置的设备，运行在这样的硬件环境下可以初步实现展示，囿于当时硬件本身与系统兼容的问题，操作方法相对复杂，需要键盘加上游戏手柄才得以运行。而对于参观的游客，使用这样的工具，操作显然很麻烦，也不能方便地展示这种专业成果。所以，使用时故障频频，难以正常展示，又加上使用环境极度潮湿，设备主板、器件受损，运行一直不太顺畅。

此外，从功能上讲我们是最终用户，在完全满足该产品所需要的硬件运行环境下，可以浏览全部内容和细节，可以截取高清晰的图片作为他用，在临摹复制中可直接使用标尺丈量实际尺寸，从而得到准确的原始尺寸。这是一个系统完整的运行（包括最终产品所有的附加产物），唯有如此，它才是比较完美的。这也是三维数字化最终评价里的要求，即“能对三维数据进行有效的管理，方便展示、查询、研究”。问题在于，现在显然这些后期需要配套的工程并未得以实现。随着计算机技术的进步，现在运行速度已经发展到了“双核”以上的CPU，操作系统已经升级到了Windows 7，色深位也已提高到了64位，而现在使用的产品还只能运行在Windows XP2

32位以下，旧的设备淘汰、更新是个必然趋势，后期怎么使用同样是个问题。我们通过了解知道全3D虚拟模型并不是唯一的方式，用“全景摄影的特点是用接片的方式获得超越正常视角的平面影像，根据创作者表达意图的不同可以选择画面的视角宽度，最完整的全景摄影作品视角宽度达到水平360°”①，这一项技术制作手段成熟，展示方式通用性强、易实现普及使用，在成本和效果对比后，是可参照使用的一项技术手段和标准，也是可以选用的方法之一。

（3）麦积山数字化成果如何应用

在硬件满足运行条件后，3D的洞窟模型就应进入实际应用阶段，使成果变为现实有力的工具。或许我们还未接触到实例用以说明此项问题的关键所在。初步设想它应该是这样一个结构，即三维数据的全功能化的实现，要有既方便管理，又便于检索的结构运行。这方面在第123窟的前期工作的课题报告中已提出设想：①通过“树状结构”，可以实现从大的场景到局部细节的管理和查阅；②可以支持对三维模型随心所欲的细节浏览；③截取任一高清画面，绘制平面线图；④测量尺寸，实现在显示画面上以比例尺方式，等量出实际尺寸，得出准确的测绘数据。

鉴于该成果对硬件要求很高，就必须建立这样一个专门用于浏览检索的场所，应该在封闭式内网中使用，如多功能多媒体展示厅，也可用于学术报告厅使用。建立一个独立的数据存储系统，保管123号窟3D洞窟模型文件和继续生成新的洞窟数字文件。该系统应该包括文物保护、文物考古、馆藏文物、古籍书目与文字电子录入等其他电子文档。为安全稳妥地保管和使用，应采用集中保管、分散使用的原则，既可提高所有资料的安全性，又可为今后建立互联网共享提供一个翔实的资料库。这部分内容至少包含管理、录入、调用三个方面的工作要做。“磁盘阵列系统”是一个容量巨大，运行安全，共享功能齐全的存储设备。对于这样一个“存储库”，

① 苏杭：《照片资料数字化管理与利用》，《中国摄影报》2011年3月18日，第6版。

我们可以将它作为资产保存，这是基于管理和保护的重要性。因为它是建立在数据上的新形式的有价资产，一旦遭遇因管理无方的疏漏、外网病毒等因素侵入，则毁于一旦，损失将难以估量。在这里要特别提出关于正版软件的使用问题,要把使用正版软件提高到尊重知识产权的高度上来认识，这在购买和使用诸如操作系统、应用软件上显得尤为突出。虽然初期投入看似很大，但是使用正版软件所得到的技术后续服务将是安全、有效、周到的。相对而言，维护费用也会因之而降低。对于有形资产（磁盘数据库资料价值），也是重要的技术保护手段。

对于使用者来说，三维模型应该有一个很友好的界面，这是为不同需求层面的访问者考虑的。内网运行可以使用权限控制入口，分为高、中、低需求，分别以不同分辨率提供使用。这种设置使硬件运行的压力得到减轻，同时也满足了各方面的使用与观看需求。经过努力，展示手段在达到一定数量和质量后，还可使文物本身所承载的各种人为或物理因素受损情况图像化。这可以作为进行文物保护的参照手段，用以延续文物的历史生命，使脆弱的文物本体承载力得到缓解，使因人为因素受损减少到最低程度，从而达到使用与管理共享、共赢的结果。这才是我们数字化资料信息库建立的终极目的。

首个数字洞窟制作的完成，可以说为麦积山石窟数字化工作的开展和建立数字信息档案工作奠定了良好基础。因为它建立在全新的技术基础之上，虽然还不完善，但是可以通过我们的努力解决实际存在的问题，使之在应用技术上得到完善。到目前为止，它是最有力的工具，是充满希望与想象力的工作方式，而且对麦积山石窟未来的保护、研究和开发利用的诸领域工作，都将发挥其重要推动作用。

三、近年来洞窟数字化工作的新进展

2010 年麦积山石窟艺术研究所与北京双百爱玲珑数据公司广州分公司合作，在洞窟数字化工作中使用了 VR 虚拟漫游和 R2S 数据测量两项技术。R2S 文博/考古超媒体数据管理系统——“数字博物馆”定制版是基于微软 Windows 系统的媒体数据资料管理数据库软件。该软件是以客户机/服务器为基础，在场景文件中记录和管理数字图像（具有拍摄 HDR 球型全景图像及在球幕影像内实现尺寸的精确测量功能）、视频、音频，同时完成数据收集及归档等功能。在档案管理工作中，该软件可大大提高管理数据的信息量及查找效率，可实现跨平台、跨空间运行，体现数据信息的共享性。该软件系统的独特之处在于，它能够充分发挥高精度全动态范围全景 HDR 数字采集系统（Spheron VR）的功能。

我们通过实际使用球幕机首先以影像测量方式采集了数据，然后在 R2S 数据平台上，实现对洞窟环境、造像尺寸的数据测量，测量精度保持在 4 毫米以下。这项技术的优势是：通过一次性采集球幕数据，建立起高精度、高动态图像的（HDR）范围球幕影像数据（同时也产生了三维数据，可以供后来使用），后期通过球幕影像链接平面图像、视频、音频、文字及图表等内容，形成一个对单体洞窟全面的概述。这样一次性影像采集就产生了两个应用平台，即虚拟漫游和 R2S 数据测量。目前，我们已将各个部门提供的数据和链接内容交付该平台用于合成，使之在 R2S 这个平台上整合了现有资源，通过图示、界面、图标、导引，初步实现了多数据、多信息资料共存于一个数据平台上的功能，实现了随机方便的信息查阅、调用及测量等的功能。该系统以其精确、方便、快捷的整体优势，成为一个较为全面的展示平台。现在已经纳入该平台的资源有麦积山石窟档案（其中包含链接在 Word 中洞窟二维图像档案资料）、洞窟平面测绘图、洞窟视频档案、洞窟病害调查图示资料（CAD 文档格式），目前已经完成了 127、133、

135、142、165 等十五个特级洞窟的图像档案资料建设。

而 R2S 和虚拟漫游平台作为两个具有不同功用的展示平台，较之以前的 3D 虚拟方式有了质的进步。在 R2S 平台上初步实现了资料共存与闭环共享系统，在研究和调查的实际应用上也取得了可喜的进步。而虚拟漫游平台则可运行于互联网上。洞窟开放参观一直是个困扰我们的难题，因为文物保护和开放参观是相互矛盾的，一直以来存在着开放洞窟难以操作的局面，完全开放不利于“保护第一”的原则，开放的洞窟数量大了，人流所产生的空气污染，以及不可预知的损毁同时存在。麦积山石窟洞窟形制多为中小型窟，大型洞窟很少，很难容纳过多的参观者，这对文物保护也十分不利，从而形成了两难的境地。对于游览参观者来说，大部分洞窟处于保护和半封闭的状态，浏览洞窟如同管窥一斑，能够看到特级洞窟的受众也只是人群中的很少一部分，这是个很大的缺失与遗憾。几年前笔者投入大量的资金建成了以瑞应寺为展出场地的“麦积山石窟展”，对麦积山石窟作了较为详尽的总体介绍，展厅分门别类，给普通观者，特别是年老及体弱不易攀登者提供了一个良好的了解环境。但是，受众需要身临其境的感觉，仅这样的展示完全满足不了他们求知的愿望。而球幕影像所产生的虚拟漫游平台，可以在互联网上得到较为全面的展示，可以 1080 分辨率高清影像展示弥补诸多不足。在开放参观游览这个环节中，特级洞窟虚拟漫游的开放（正在组织技术人员实施）可以使目前特级洞窟难以整体展示、开放难度大的问题得以改善，使我们在游览开放与文物保护、资源信息共享利用工作方面又上了一个新台阶。

在实践中，我们首先要明确自己需要什么，用它来做什么，它能达到以什么样的精度。基于这些问题，我们才会选择适合我们这个石窟的数字化采集与展示的方式，到目前为止这些要求所能达到的高度与我们本身的接受能力成正比。R2S 为影像测量工具，必要的条件是机位必须是在建筑文物本体环境内，且距离不能超出规定范围。麦积山洞窟采集数据上存在的几个问题：一是麦积山石窟开凿在悬崖峭壁上，人行通道距离与洞窟紧挨，间距很小，可以选择的机位很有限；二是洞窟形制以中小型窟居多，大型洞窟很少。球幕数据的采集对于小于 1 米见方左右窟型无能为力，对长度高度大于 25 米的环境，数据精度不够，通过实验截取麦积山石窟第 127 窟地面至窟顶数据，其相对高度为 3.94 米，除去机位高度，采集的球幕影像中的局部放大至 100%，可见影像出现明显颗粒，这种量级的影像数据在展示时明显偏小。这样分配每一个平面上包含的数据量非常有限(采集精度限于技术进步速度，即像素数的大小)，而且对于高度不足 1.5 米的洞窟，限于支架高度，不能够进入洞窟采集数据。后来双方通过协商，找到可以改进的方法，在技术上我们向爱玲珑公司提议：加快改进附属设备的适应性，使之能够在数据采集中不受洞窟库容的限制。目前由瑞士公司初步解决了支架高度的问题，使其可以对小洞窟进行虚拟漫游影像的拍摄，但是由于精度的问题目前部分洞窟尚无法实现测量。以目前的技术发展来看，这方面还要依赖技术进步，期望这种采集影像的方式能够产生质的飞跃，能与摩尔定律的速度一样，尽快加入文物保护的应用领域里来。在古迹文物保护和数据建模的工作中，全国许多大石窟保护单位都在使用各种数字化技术，影像测量作为其中一种，此种为影像获取，与上文中谈到的已经建成的麦积山石窟 123 窟的数字建模洞窟等在技术上形成了鼎立的形势，孰优孰劣，全由需求一方的实际能力所决定。

四、网络的教育与展示功能

麦积山石窟网站建立于 2005 年，经过三次改版形成了现在的规模和版面。网站依托“天水在线”网站，进行服务器代理与技术维护，运行这些年以来，收到了比较好的效果。在普及文物知识及展示三维数字化成果等方面，麦积山石窟网是一个重要的平台，这个平台的基础工作做得好与不好直接关系到展示效果。当然充实内容也是平台建设的一项重要工作。该网站目前已有 14 个栏目，以不同的角度展示和介绍麦积山石窟的整体面貌。其中洞窟介绍、雕塑鉴赏等栏目详细地描述了造像风格、时代特点等重要信息。近年来我们又与日本筑波大学合作完成了 6 个洞窟的 3D 虚拟漫游网页版，以 3D 虚拟洞窟漫游方式，使观者仿佛置身于现场，虚拟了临场感。这种技术后来使用到了文物展览中。具体而言，基于 QuickTime Player 播放工具在网络上浏览文件量小的特点，观者只需用鼠标点击移动即可取得模拟三维效果的实景图像，达到了较好的展示效果。该网站已经注册全部域名。

在网站建设上，我们与知名的文博网站尚有很大的差距。这表现在网页内容的更新上，明显落后于其他专业网站，原因是管理头绪太多，无专业人员进行更新与技术维护。因此，在未来我们应该建立一个专业的部门，由专设的部门和人员维护网站，及时充实与更新内容。如不及时更新网站信息，会直接导致网站的时效性大为降低，与服务于公众的愿望和本意产生差距。所以，建设与运行网站仅仅由代理管理是不够的。在这方面，我们从北京故宫博物院数字化展示与网站的建设上得到了启发，他们把社会责任和教育功能提升到了一个很高的层次，时任故宫博物院信息技术中心主任的胡锤先生在一次国际研讨会上具体展示了故宫数字技术的应用。故宫的项目以数字技术全方位地展示了故宫博物院八十五年的历史，基于应用技术，探索和解决网络展示教育中多年来存在的问题，即：社会责任和教育功能的不足。博物馆在哪里？收藏的基础是什么？文化价值体现在哪里？故宫的项目提出了“没有教育和展示，就没有体现出历史真正的价值”[①]之说。他们通过数字三维技术视频片段与图片，配以协调的背景音乐和浅显易懂的解说，改变了过去“灌输式”表达方式，以及思想陈旧的传统展示模式。数字技术的展示为我们找到了一种寓教于乐的人机交互方式。他们分别与美国微软、日本凸版等公司合作，实现了虚拟游故宫三大

① 孙永刚：《北京“往昔世界——虚拟重生”国际学术研讨会侧记》，《麦积山石窟艺术研究所年报》，2010 年。

殿及“外景三大殿”的展示。另外，网站的数字平台也搭建了四个入口（即按不同文化背景、不同年龄等人群的欣赏需求所开设的链接入口），以方便不同人群的不同欣赏需求。相较于以前，我们只满足于“框架式吸收”，没有面对“实质”的感受，数字技术正是在把博物馆藏品展示出来的同时，变为教育的框架和物证有机的结合的双重模式，真正从技术层面上缩小了观众信息获取单一的缺失。对于麦积山石窟藏品特点而言，因石窟形制特有的局限性，开放式的展出场所有限，能够容纳的人数十分有限，再加上受到气候和环境等因素的影响，如何开放一直是个难题。数字化洞窟为我们描绘出了一个美好前景，现在需要我们做的是如何进一步去深化产品结构。为此我认为，第一是理念上的问题，第二是技术和资金人员方面的问题，从这样一个层面上来看，我们所要学习和改进的是切实有必要的、需求紧迫的事情。

先进的方式是我们学习的方向，虽然差距很大，但我们就是为解决问题而借“它山之石”的。基于先进的模式的存在，从资金和技术上共同予以支持是可行的。具体而言，我们可从以下几个方面入手：①通过外协单位专家帮助，改进版面栏目设置，取得一个既有丰富的内容，又有知识的延伸阅读，从而改进“说教式”理念，参考数字化应用管理方法，分级确定展示的“量”。增加入口，以为不同的知识层面的人们提供不同的需求。②增加实用信息的载入量，诸如本地公交车班次、火车车次、气候及物价指数等实用信息，使之更加人性化及具有实用性。③开发一些具有互动内容的网页，增加文物知识与保护活动知识的普及。我们的目标是解决现在网站版面老化、资讯太少的问题，增加版面的立体感，进而达到新时期文化普及的新高度。就此文化意义而言，我们任重而道远。

五、前景展望

以新技术建立的麦积山石窟洞窟 3D 模型，向我们展示了一个全方位的立体图像，为我们的文物保护、考古研究等工作提供一个内容丰富的可参照平台。在此基础上，我们会在新申报完成洞窟模型的课题上不断完善，会同项目承制方，分析存在的不足、商讨急需解决问题的应对方案，努力促进 3D 技术实际应用的早日实现。在技术日益成熟、不断更新，设备功能变得强大时，我们要保证在不断加大专业技术人员和设备投入的前提下做好工作。我们的头脑必须要得到武装，以适应这种变化。我们还有许多要做的事，任重道远，如努力培养新人，要加强专业人员培训与配置，向管理和应用成就卓著的单位学习取经，构建我们文物保护的屏障，使保护作用与促进应用并举。

云南巍山、大理、丽江宗教特色建筑数据采集

赵令杰等[①]

云南省巍山彝族回族自治县重要宗教文化遗产地巍宝山寺庙群，是国家社科基金重大项目“中国宗教艺术遗产调查与数字化保存整理研究”所列首批数字化保存整理的示范点之一。2015年3月，第一批专业人员初步完成对云南巍山、大理、丽江等地宗教特色建筑的数据采集工作，主要任务是针对这一带的知名特色宗教建筑，进行整体和局部的背景图采集。

一、采集地点

本次主要采集地点包括：巍山巍宝山长春洞、文昌宫、南诏土主庙、巍宝山玉皇阁、巍宝山文龙亭，大理天主教堂、崇圣三塔，丽江束河古镇大觉宫。这些景点宗教文化根基深厚，涵盖了佛教、道教、天主教等多种宗教文化元素。

其中，天主教堂坐落在大理古城下关一个静谧的胡同里，融当地白族、汉族、其他民族建筑特色与西方建筑特色于一身，蜚声海内外，世界各地

---

① 赵令杰等，国家社科基金重大项目“中国宗教艺术遗产调查与数字化保存整理研究”特邀数字技术专家。

的神父教友和游客慕名前来参拜游览，络绎不绝。

大觉宫位于丽江城西北 7 千米的束河村古街旁，建筑结构匀称和谐，四角房檐高挑，斗拱结构，额枋梁柱饰以各种鸟兽浮雕。殿内绘有明代壁画，现存 6 铺，计 21.64 平方米，皆为佛教内容。

巍宝山是道教名山，宫观密布，蔚为壮观，是当地彝族人民的祭祖圣地。其山分前后两边，前山绵亘叠嶂，宫观多藏于密林之中；后山险峻陡峭，庙宇多依山势建于岩壁之间。除大量道教宫观外，巍宝山还有一些佛教寺院，如观音殿、甘露亭。

崇圣寺三塔位于大理古城西北部 1.5 千米处，西对苍山应乐峰，东对洱海，距山脚约为 1 500 米，是大理历史上规模最为宏大的古刹，大理国时是皇家的寺院。崇圣寺三塔由一大二小三阁组成，三塔浑然一体，气势雄伟，是佛家所宣扬的成佛圣地。

二、设备与技术

（1）球幕数据采集机（图 1）

图 1　球幕数据采集机

一台镜头经过精确校正的数字扫描相机，设计上完全密封，可在潮湿、粉尘、低温等各种环境下正常工作。它一次扫描即能记录现场 360° 的球幕全景影像和数据，并可以分解出局部图片（图 2），如天花板、地面或其他局部，无须另行拍摄。

图 2　球幕图与局部图

（2）双球测量技术

采集时，利用高低点两次影像采集，通过内置的数学模型，计算出影像内各相关部分的物理尺寸，无须人手测量和记录。在需要了解某一部分的尺寸时，只需在影像中选取需要测量的两个点，所需尺寸即可即时显示，显示值精确至 0.1 毫米（图 3）。

（3）VAM 平台技术

VAM（visual asset management，即可视化数据资产管理系统）是针对巨量图像影像数据资料管理而开发，集数据储存、可视化管理、快速生成自定义展示等功能于一身的互联网应用程序解决方案，兼容不同移动、固定设备接入，兼容所有格式的影像及文本文件，包括文本、图片、视频、实时监控等数据。

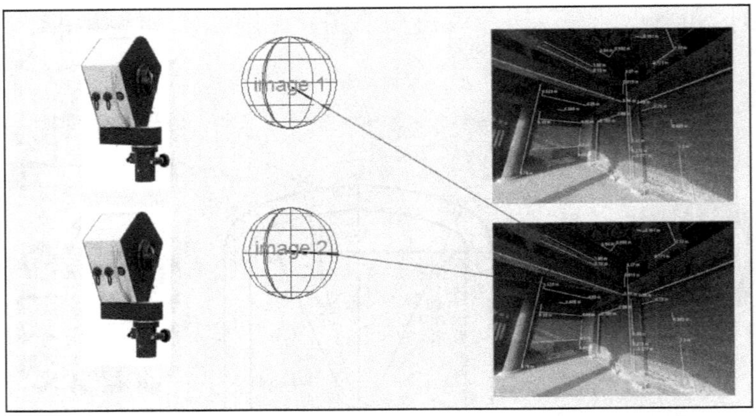

图 3 双球测量技术物体尺寸计算示意图

通过 VAM 专用数据库可以方便快捷地把不同类型的文件集成为数据包进行研究和共享，如录像、照片、文件等，并且可以通过授权边采集边分享及集成。结合与球幕机相配套的 VAM 数据库，可以把采集点相关的资料，如照片、文献、档案、视频及网页等集成到一起，通过网上分享或输出成 DVD 和 PDF 打印提供给资料需要方（图 4）。经授权的工作人员可以在任何地方通过无线网络进行观察或编辑。

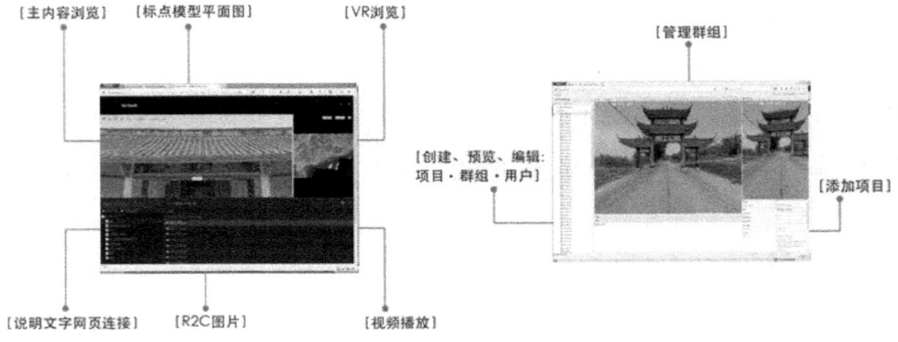

图 4 VAM 数据库不同类型文件集成应用示意图

三、项目团队

在该项目中，我们派出采集人员三名，负责取景和采集事宜；中山大学媒介人类学研究中心安排了两名当地协作人员，负责项目的协调和向导工作。以下为采集人员工作照（图 5）。

图 5　采集人员工作照

四、项目价值

本次采集工作进展顺利，如期取得了有价值的宗教建筑背景数据，该数据具有重要的科研、历史和宣传价值。

本次主要完成部分实地调研与数据采集工作，为研究宗教建筑的历史留存和延续提供了证据；另外，还为当地景点拍摄了部分宣传视频（为巍宝山的 XY 道长义务拍摄了太极拳视频，并拍摄了宝善寺洞经祈福视频），对宗教文化的传播和传承起到了一定的推动作用。

五、采集点部分背景图片展示

图 6　大理天主教堂

图 7　丽江束河古镇大觉宫壁画（佛教）

图 8　大理崇圣三塔（佛教）

图 9　巍山巍宝山（道教名山）

图 10　巍山巍宝山玉皇阁

图 11　巍山巍宝山文昌宫巍宝山文龙亭

图 12　长春洞

图 13　南诏土主庙

云南巍山巍宝山寺庙群数据采集

付常青[①]

受中山大学媒介人类学研究中心邀请，为2011年度国家社科基金重大项目（第三批）“中国宗教艺术遗产调查与数字化保存整理研究”进行文物及古代建筑（局部）高精度数据采集，我们于2015年8月10—20日随中山大学邓启耀教授赴云南大理对国家级文物保护单位——位于巍山巍宝山的长春洞及文昌宫、青霞宫、玉皇阁、紫霄宫、斗母阁等道观进行高精度的壁画数字化采集、虚拟漫游采集、3D数字采集及建模处理。此次赴云南巍山进行数字化采集的工作人员有来自广州汉阈数据处理技术有限公司的运营总监付常青、技术主管陈恺杰、数据采集工程师庄泽鹏。

一、采集过程

2015年8月11日下午，项目组到达巍宝山，3点去长春洞踩点要拍摄的壁画环境及壁画现存状况。由于住的酒店与工作地点有较远的山路（走路需要40分钟，路程约2千米，但均为山路，行走不易），搬运设备到长春洞后，当晚与长春洞XY道长约定设备就存在长春洞内。

2015年8月12日，项目组先从长春洞大殿的壁画开始拍摄，即从大

---

① 付常青，广州汉阈数据处理技术有限公司运营总监。

殿的右壁窗门上的壁画开始。上午先完成搭设与调试设备（金宝及 Leaf 数字系统）的工作（图 1）。下午开始正常拍摄工作（图 2），完成了大殿右壁壁画的拍摄。

a

b

c

d

图 1　设备的搬运、搭建与调试

a

b

图 2　长春洞大殿右壁壁画的拍摄

2015 年 8 月 13 日拍摄任务是大殿左壁壁画，项目组先对壁画进行除尘处理，然后拍摄（图 3、图 4）。

a

b

c

图 3　长春洞大殿左壁壁画的拍摄

2015 年 8 月 14 日，项目组采集在长春洞大殿内拆卸下来的门板画，共 14 扇（用于正射影和 3D 建模）。

a

b

c

图 4　长春洞大殿门板画数据采集

2015 年 8 月 15 日，项目组搭脚手架，进行高精影像数据采集，采集对象为长春洞前殿大门玄关上的壁画《三国故事》图。脚手架搭建过程见图 5。

a b c d e

图 5　长春洞前殿大门前脚手架的搭建与数据采集

2015年8月16日，项目组采集长春洞大殿正面木雕、牌匾及周边有文物价值的壁画（高精度影像数据），见图6。

图6 长春洞大殿正面木雕、牌匾等壁画高精度数据采集

2015年8月17日上午，项目组采集了长春洞道观整体虚拟漫游。至此，长春洞数据采集工作完成。

2015年8月17日下午，项目组到文昌宫，同时用骡子将设备运至文昌宫，开始测试设备，并对《打歌图》进行高精度的壁画数据采集，于天色将晚前，文昌宫的虚拟漫游采集工作完成。文昌宫壁画数据采集工作见图7。

a

b

图7 文昌宫壁画数据采集

2015 年 8 月 18 日，项目组拍摄整个巍宝山各个道观的 VR 虚拟漫游。采集数据的道观有南诏土主庙、太子殿、灵宫殿、新太子殿、青霞宫、三皇殿、玉皇阁、魁星阁、观音殿、三清殿、斗姥阁、培鹤楼群（苍天子殿、道源宫、培鹤楼、财神殿、三公主殿、含真楼）。

2015 年 8 月 19 日，项目组上午拍摄了大小寺 VR 虚拟漫游，在数据采集人员连续加班的情况下，将巍宝山各处道观虚拟漫游及壁画采集完成，并于当天下午离开巍宝山，前往大理古城。

二、巍宝山数据采集工作成果展示

1. 平面类：长春洞前殿壁画《三国故事图》（图 8、图 9）、文昌宫《打歌图》（图 10）、长春洞大殿正门门板木雕正摄影像（图 11）。

图 8 《三国故事图》

图 9 《三国故事图》局部放大

图 10 文昌宫《打歌图》

图 11 长春洞大殿正门门板木雕正射影像

2. 3D 类：长春洞大殿门板清代木雕三维点云数（图 12、图 13）。

图 12　长春洞大殿门板清代木雕三维点云数据

图 13　长春洞大殿门板清代木雕三维点云数据局部

3. 全景虚拟漫游类：巍宝山古建群入口全景图（图 14）、青霞宫大院全景球体文件（图 15）、长春洞大院虚拟漫游球幕文件（图 16）。

图 14 巍宝山古建群入口全景图（用于虚拟漫游制作数据）

图 15 青霞宫大院全景球体文件（用于虚拟漫游数据制作）

图 16　正在维修中的国家级文物保护单位长春洞大院的虚拟漫游球幕文件

三、巍宝山数据采集使用的设备

此次巍宝山数据采集使用的设备如下表所示。

巍宝山数据采集使用设备一览表

设备名称	数量	备注
13 寸苹果电脑	1 台	电源 × 1
利图 8 000 万像素数字后背	1 套	电池 × 2　充电器 × 1
施耐德 120 毫米镜头	1 个	
WRS 机身	1 部	荷兰金宝机械相机
后背卡板	1 个	哈苏 V
施耐德延长接圈	4 个	4.8cm × 2　1.8cm × 1　1.4cm × 1
激光尺	1 个	莱卡
测光表	1 个	世光
引闪器	1 对	接灯线 × 2 接相机线 × 2
镜头接后背同步线	2 条	德国原装
火线	2 条	德国原装
快门线	1 条	Nikon
康素笔灯	2 只	电源线 × 2　灯袋 × 1

续表

设备名称	数量	备注
100×100 柔光箱	2 只	
小野人绿色背包	1 个	
标准灯罩	2 个	
Athena 电动云台	1 套	
灯架	2 个	灯架袋×1
色卡	1 个	爱色丽 SG
气吹	1 个	瑞士
捷信脚架	1 个	
云台	1 个	曼富图
佳能 Mark3	1 套	16G 卡×2 充电器
读卡器	1 个	
水平珠	2 个	Sinar
无线鼠标	1 个	
卷尺	1 个	
佳能镜头	2 个	8—15 鱼眼 50mm 微距
密码锁	1 个	

VR 技术与数字博物馆建设

中山大学人类学系视觉人类学工作室

受展览条件等方面的限制，许多博物馆的藏品能够让公众看到的不及十分之一。对于一些自身就是文物的文物展现遗址（如敦煌洞窟）来说，人流限制和保护调控的硬性要求，更是使很多旷世杰作不能与世人见面。在这种情况下，应用数字技术建设虚拟博物馆，对于保护文物，同时又开放更多的藏品给公众和研究者，不失为一种可行的方式。这种方法超越时空的限制，可以让人在世界的任何角落，都能通过互联网观赏游览，如同身历其境。

VR 技术，在现在博物馆建设中的应用已经成为常态，技术手段也越来越简便快捷。十多年前，VR 技术还没有那么普遍的情况下，我们曾对一个小型博物馆作过一次数字化建设的尝试。这个尝试最终因资金与合作协调问题中止，但参与者付出的艰苦努力及其间的一些实践过程，还是值得记录一下。

这个实验项目的主要目标是对人类学系博物馆部分馆藏文物进行数字化采集，并建了一个虚拟博物馆。本项目主要计划有两个：一是采集部分文物样本数据，进行 3D 建模；二是对省级文物保护单位马丁堂建筑全面拍摄，设计一个可以展示平面和立体文物图像的虚拟博物馆。①

① 本项目为 2005 年中山大学人类学系、传播与设计学院和广州士丹尼文化传播公司联合设计制作，项目名称为“中山大学人类学数字博物馆”。项目负责人为邓启耀，项目执行为闫丽，总监为 George Stankevich，总技术指导为何炎桐、Tommy，数字资源管理为梁广寒，技术员为张晓浓，文物管理为朱韬全等。本部分内容主要来自项目组报告。

在技术上，主要是将 VR 与 3D 建模等相关科技，应用在博物馆的展示和设计等领域，其中的人机交互性、真实建筑空间感、大面积三维地形仿真等特性，都是传统方式所无法比拟的。需要说明的是，真正的 VR，除了应用软件和计算机外，还需要借助一定的硬件设备，如大视角投影系统、数据头盔、位置跟踪器、立体眼镜、数据手套等，实现真正沉浸式环境中的人机交互体验。VR 是由计算机生成的、模拟人类感觉的世界的实时表示，有时也被称为虚拟环境。这里的“世界”是指具有真实感的立体图形，它既可以是某种特定现实世界的真实再现，也可以是纯粹构想的世界。操作者可以通过视觉、听觉、触觉、力觉等与之交互，从而产生“身临其境”的感受。虚拟现实技术为人机交互提供了新的交互媒体。通常，VR 系统具有多种输出形式（图形、声音、文字等），具有兼容多种输入设备的能力，并且能够进行碰撞检测、实时交互、视点控制和复杂行为建模等。目前，VR 技术在军事仿真、娱乐、游戏、教育、医学、遥控机器人、虚拟设计、虚拟制造等领域都得到了广泛的应用。VR 技术研究体现了多学科交叉的特点，是伴随计算机技术、计算机图形学、计算机网络技术、图像处理和模式识别、智能接口技术、生理学、多传感器技术、语音处理和音响技术等的飞速发展而出现的一门多学科的综合技术。该技术的商业化步伐正在加快，这将会使越来越多的研究者加盟，随着相关技术的不断进步，VR 技术将会得到普及，并且将改变人类的生存方式。

“数字博物馆”的特点为交互式实时三维（interactive realtime 3D）。交互式即指人机互动——人有输入，机器立即有相应的输出；实时是指在当时立即发生。“实时三维”要求计算机在仿真程序运行时要有 30—60 赫兹的图形更新率。也就是说，将当前三维场景渲染为一幅画面的时间仅在 0.03—0.16 秒。

这对机器的硬件提出了非常高的要求，特别是其图形显示能力。以往 VR 应用只能在 SGI 高端图形系统的基础上实现，但近年来，随着 PC（personal computer，即个人计算机）计算能力、图形显示能力的迅猛提升，高端的 NT（new technology，新技术）图形工作站已基本能够满足要求。从另一角度，当机器图形显示能力既定时，则需要考虑当前三维场景的复杂程度和优化程度。

传统的设计/表现方法基本包括以下 4 种：人工手绘、微缩模型、建筑效果图、建筑动画。其中，人工手绘（或非真实渲染-NPR）只是偶尔作为点缀用在早期的概念设计中。效果图、动画、模型是目前广泛采用的三种方式。

这三种方法虽然流行，但它们各自的不足还是很明显的。制作微缩模型需要经过大比例尺缩小，因此只能获得建筑的鸟瞰形象，无法以正常人的视角来感受建筑空间，无法获得在模拟建筑中人的真正感受；常用的效果图表现也只能提供静态局部的视觉体验；三维动画虽然有较强的动态三维表现力，但不具备实时的交互性，人是被动的。

在“数字博物馆”中，人们能够在一个虚拟的三维环境中，用动态交互的方式进行身临其境的全方位的审视：可以从任意角度、距离和精细程度观察场景；可以自由控制浏览的路线，在漫游过程中，可随意将古物像放在手中把玩。这是传统的预渲染回放的三维动画所无法达到的。

中山大学第一期人类学“数字博物馆”分为主楼和文物两大类，主楼是中山大学人类学系建筑马丁堂。楼高三层，已有百年历史，文物估计有万多件。

数字博物馆制作过程包括如下几方面内容。

1. 实景实物拍摄

图片的清晰度是影响三维建模贴图的主要因素。在项目实施过程中，项目组使用了高解像度的摄影机。拍摄分为两个部分：博物馆的主楼和文物。

图 1 为项目组拍摄的主楼正面。项目组先拍摄主楼外观的每一个角度，包括外墙、楼梯、标志、楼顶、窗和门，然后拍摄室内的每一角度。

图 1　博物馆主楼

在文物拍摄时，项目组主要拍摄了文物（图 2）的前、后、左、右、上、下和有特点的地方，共拍摄了不少于 6 张图片。

a

b

c

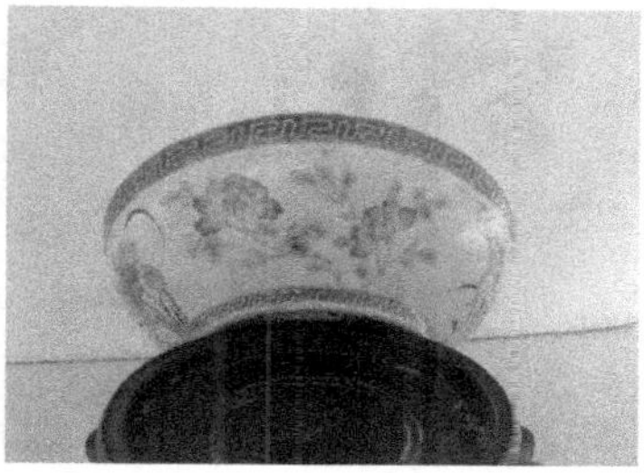

d

e

f

图 2　文物拍摄

2. 三维建模和纹理贴图

分别使用 Maya 和 3D Studio Max 两类三维软件制作建模（图 3）。无论建模时选用任何工具，如 Nurbs，最后一定要转换成 Polygon，因为虚拟现实软件（Virtools Dv.3.01）只能接受输入 Polygon 的模型（图 4）。

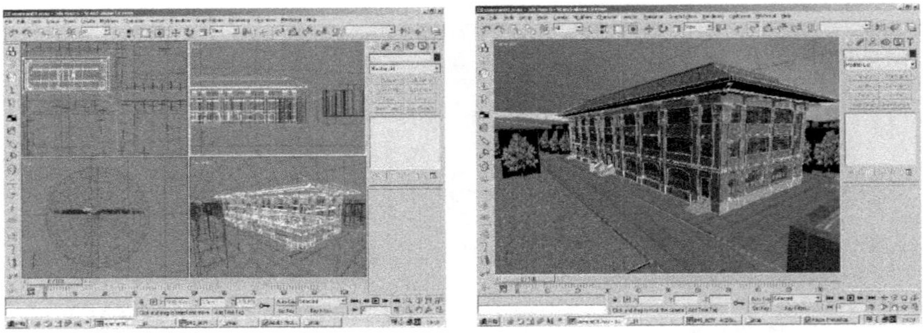

图 3　使用 3D 软件制作建筑模型

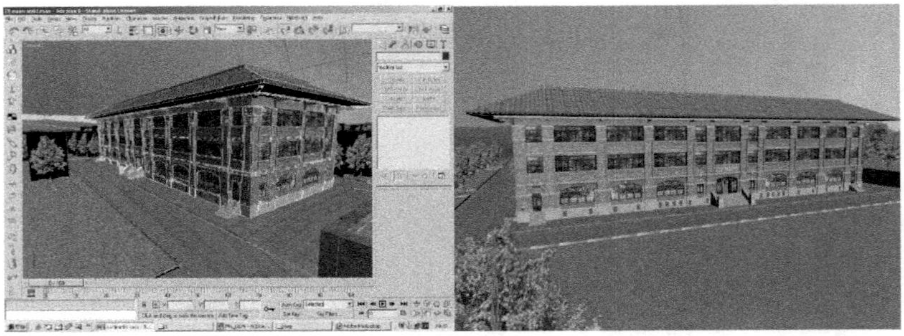

图 4　模型输出

项目组使用 3D Studio Max 来制作博物馆主楼的三维建模，因为软件对于尺寸处理比较准确。由于博物馆主楼已没有平面尺寸图，所以首先要量度尺寸，绘画平面图，然后才能建模。

至于处理纹理贴图，比建模更需要使用软件。具体做法是将拍摄的图片输入 Photoshop 进行贴图前的处理，然后再输入三维软件，进行贴图工序，这个工序非常重要，处理不当，整个模型效果便失色不小。

如图 5 所示，首先将影摄文物的图片，使用 Photoshop 软件进行修改，做成所需要的贴图。

图 5　将古物图片输入 Photoshop 进行处理

具体而言，就是将图片输入 Photoshop 中，从几幅不同角度看图片，进行裁剪，然后放在同一个文件中。

在将裁剪的图片连接在一起时，为了使边沿接合得更好，就要对其图层进行羽化，同时也把白边擦去，擦去白边之后把花纹按照图片重新整理（图 6），将球面化的贴图改成平面图，使弧形的线段改成直线（图 7），完成之后就可以用作建模的贴图。

图 6　修图时羽化后去白边并整理

图 7　修图时弧形线段改直线

图 8 显示了把处理好的贴图贴在已做好的模型上的过程，在图 8 上右图中可见到有很多的拉伸，就要根据物体的形状选择适合的贴图方法。以这一个杯为例子，便要使用圆柱贴图，并要裁去多余的部分（图 9）。

图 8　贴图过程

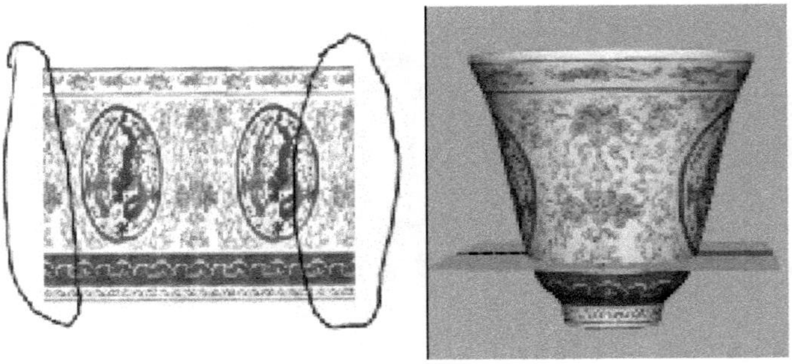

图 9　杯子贴图示例

为了消除接痕，可以在 Photoshop 中对贴图加以修改（图 10）。使其两边完全吻合。

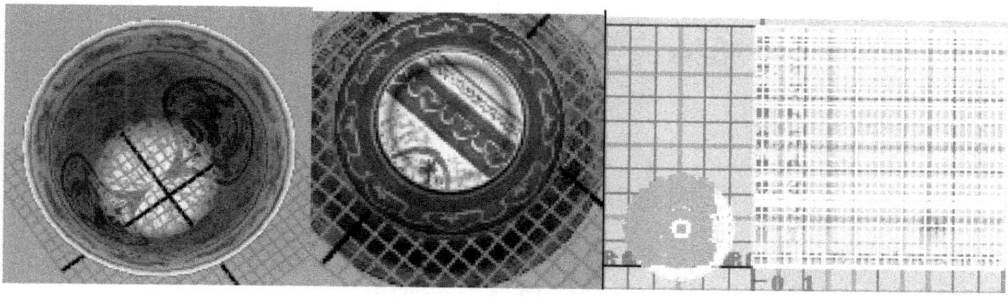

图 10　消除接痕的修饰

接痕消失了，但是杯内和底部的贴图乱七八糟，使用之前还需在 Photoshop 中做杯底和内部的贴图处理。在 MAYA 中，根据物体体型和贴图纹理，在 UV 纹理编辑器中，调整物体的 UV 点，直至完成一件文物的纹理、材质等各方面的处理（图 11）。

图 11　杯底和内部的贴图处理

在一定软硬件的基础之上，创建尽可能真实的场景和对象。在虚拟仿真中，场景和对象的真实感是最为关键一个因素。而如前面已提到过的，在 VR 的软件中是实时三维渲染，它受硬件条件的限制，三维建模不可能做得非常细腻，建模的精细和复杂程度不能太高，总要采取很多的“投机”手法，如多边形的数量必须受硬件机能的限制，而最真实的处理物体表面的光线与纹理特征的光线跟踪算法也无法使用，因为那根本不是普通的 PC 机所能承受的，在现今硬件渲染能力的限制下，只可以支持 250 000 个面，所以尽可能的低多边形（low polygon）。同时，由于实时仿真技术的限制，一些比较费时的渲染选项，如动态阴影、Bump map 等实现起来还有一定困难，我们所能期待的就只能是计算机硬件显卡能力的迅速提高了。

3. 动画、灯光设定和渲染

已完成三维建模和纹理贴图的古物，还需进行灯光设定、动画设定，然后进行渲染。在渲染时，我们选用 MentalRay 高级渲染器，可达致最佳效果（图 12），渲染所需的时间比建模和纹理贴图更长。

图 12　渲染示例

在 Maya 中实现光能传递，光能传递至 Maya 的应用 MentalRay 中，通过阵列灯光进行模拟真实灯光。然后设置三组动画，第一组是左右旋转，第二组是上下旋转，第三组是 Zoom 远和 Zoom 近，每一个文物合共 1 080 帧，再进行渲染，一件与实物无异的文物便在眼前展现（图 13）。

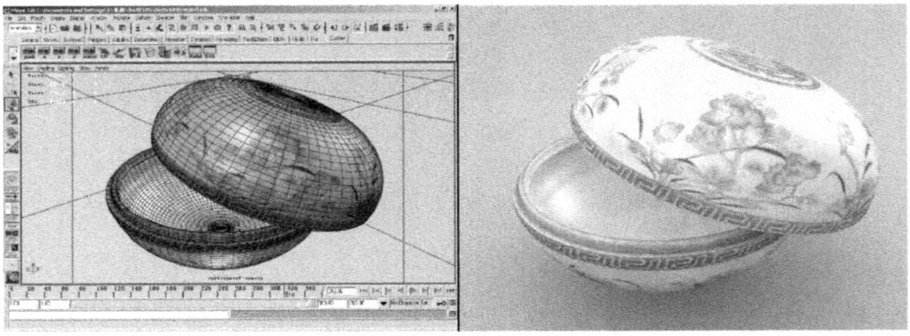

图 13　使用 Maya 软件制作文物的三维建模

4. VR 漫游的设定

最后一个步骤也是最重要的步骤，使用虚拟现实软件（Virtools Dev3.01）来创建虚拟现实漫游效果。操作者必须同时精于三维技术和编程，结合三维实时图形显示、动画、交互式碰撞检测和图像处理技术。

VR 技术发展速度迅速，应用领域非常广泛，许多过去无法想象的事情正逐渐地变成现实。

综上所述，项目组所做的数字博物馆主要包括如下四个方面的工作。①首先将已完成的博物馆主楼及周边场景输入 Virtools，在博物馆的陈列厅中设置古物，由于要维持博物馆的原貌，外观与内现不作任何更改，因博物馆的原地台花纹关系，放置文物陈列柜不大协调。②将已完成的文物三维建模输入 Virtools，放置于博物馆的陈列厅中，便如把文物放在手上，任意把玩。③把已完成三维动画的文物放置于博物馆的陈列厅中，让观赏者看到文物的动画。④最后在整个场景的内外，设置灯光和交互式碰撞检测，等等。

这类技术进展很快。在国内，关于遗址、文物、文化遗产保护等方面的数字化需求也越来越大。我们的校企合作单位北京双百爱玲珑数据技术有限公司，就承接过“内务府档案”“国家图书馆馆藏善本”“孔庙虚拟漫游”“山西许显秀墓”“敦煌莫高窟洞窟测量”等项目的数字化工作，包括“VR 虚拟漫游”“数据测量”“高精度平面采集”“三维建模”“城市虚拟重建”“定制高比特光源文件”等项目。近年来，在他们提供的设备支持下，我们带学生做田野考察实习及在东莞做古村落调查时，曾试用全景扫描仪拍摄祠堂内部空间和古村落巷道空间关系（图 14）。这项瑞士 elinchrom 公司开发的技术，在建筑空间三维图像构建方面更快更方便，而且很容易地得到过去需要大量人力才能获取的各种相关数据。它大大降低了技术的门槛，节约了大量制作时间，在考古学、建筑学、博物馆学和文化遗产保护等方面应用前景广泛。

图 14　使用全景扫描仪拍摄祠堂内部空间

2011 年，邓启耀摄

浅论宗教艺术品数字化与宗教艺术品产业

金　丽[①]

宗教艺术品是宗教传统、宗教文化与宗教艺术相结合的产物，是宗教内涵、艺术价值、历史文物价值的全面体现。

狭义上讲，宗教艺术品包括宗教造像、宗教画、经卷、器皿、木偶、面偶、泥塑、各种竹木编扎品、布艺品等在宗教祭祀仪式中制作使用或宗教日常用品用具。广义上讲，宗教艺术品还包括与宗教相关的各类艺术作品和艺术形式，如壁画、舞蹈、音乐等。

从市场角度来讲，宗教艺术品是指那些既满足宗教文化需求，又具备艺术品投资、收藏的特殊商品领域。

一、宗教艺术品与数字化

传统的艺术展览展期固定，展出地点固定，并且每天开放展出的时间也有限制，错过展期或苦于展览在异地举办无法前往而失去参观机会，这对于宗教艺术品爱好者来说是很大的遗憾。

而如今，世人足不出户轻点鼠标就能游览世界上一些顶级的美术馆，尽情欣赏珍贵的艺术品。法国罗浮宫、台北故宫博物院、中国美术馆等大

① 金丽，中视和阳传媒科技（北京）有限公司。

牌艺术展馆先后推出网络虚拟展馆。2013 年“十一黄金周”，上海数字博物馆正式上线。这是国内首个具备 360°全场景游览功能的数字博物馆，标志着市民在家中即可身临其境参观线上艺术宫。进入数字博物馆后，访客可以按照地图指示，随意选择从场外入口到各层展厅的任意路线进行参观，一如在馆内自由行走，画面中的各项陈列装置，乃至一幅画作中飞鸟的羽齿都清晰可辨。据了解，数字博物馆采用实景虚拟浏览，其中的图片是按照区域内不同照度分别采集后进行拼合，将高反差的图像进行优化，以保证图像的清晰细腻。此外，数字博物馆还为艺术爱好者提供了不同画作的“对比研习”功能。

这是世界各地越来越多的艺术品实现数字化的结果，是数字时代给艺术爱好者带来的便利。

所谓数字化，是将许多复杂多变的信息转变为可以度量的数字、数据，再以这些数字、数据建立起适当的数字化模型，把它们转变为一系列二进制代码，引入计算机内部，进行统一处理，这就是数字化的基本过程。宗教艺术品数字化，一种方法是将数字科技与现有的宗教艺术品相结合，将艺术绘画、雕塑、建筑、工艺美术、影像等一切艺术作品通过拍照、扫描等方式，进行数字、数据的处理，引入计算机内部而形成虚拟宗教艺术品，可以储存在计算机中，或在网络上搜索。另一种方法是为宗教艺术品进行 3D 建模，这也是数字化的一种主要途径。3D 激光扫描技术的基本原理是将具有特殊结构形状的光源投射到待测物体上，形成光条纹，根据光源与机器的相对位置，按照计算机视觉理论，由光条纹的形状计算出被照射点的三维坐标，最终形成被扫描物体完整、精确的三维点云模型。之后，通过相应的软件对所扫描物体进行数字化还原，生成被扫描物体的原始数字模型。

除此之外，数字化还包括对于记载宗教艺术品及其相关影像的视频、音频资料进行数字化转存，实现宗教艺术品历史影像的数字化存储和流传。例如，宗教艺术品制作工序、宗教舞蹈，以及制作重要的宗教艺术品之前举行的宗教仪式等。

二、宗教艺术品数字化：保护与传承的新途径

保护与利用之间的尴尬，一直伴随着宗教艺术品的保存、传承、流通和收藏。在此，我们可以借鉴文物保护领域和虚拟博物馆中的数字化手段，实现对宗教艺术品保护与传承的突破。

以宗教文物为例，敦煌莫高窟以精美的壁画和塑像闻名于世，但是游客人数太多，对莫高窟文物环境的扰动很大，直接威胁到文物本身的“寿命”。如今，壁画高保真的数字技术、立体彩塑的数字化采集和存储，使莫高窟找到了新的存在方式。至 2013 年末，敦煌研究院已完成了 59 个洞窟的拍摄，其中 22 个洞窟的图像拼接已完成，按面积计算，已采集壁画图像 10 812 平方米，约占敦煌莫高窟壁画总面积的 24%。同时，已试验性地完成了莫高窟 332 号窟 3 尊彩塑的三维信息采集和 3D 复原。虽然复原作品与原作在色彩上还有一些差别，但是随着技术完善，这一问题应该能够解决。

珍贵文物、藏品的 3D 数字化对于提高文物和展品的保护、管理、陈展及合理利用，发挥文物的社会功能，都具有十分重要的意义。

内蒙古博物院对吐尔基山辽墓出土文物进行了全面的数字化，通过三维扫描和高清照相等采集手段获取文物的三维数据和色彩纹理信息，而后建立实物三维模型数据库，保存文物原有的各种形式数据和空间关系等三维数据，实现文物数据的科学、精准、翔实和永久保存。此外，博物馆还可以利用取得的数据开发互动虚拟展陈产品，提升展陈质量。同时，三维数据还被用于加工文物的无触摸包装，大幅度提高文物包装的保护作用。

“如果把文物的特性、形状、历史沿革统统保存下来，永远流传下去，这样即使它不存在了，后人还是看得到，而不是像现代人那样，只能抱着

化石想象着恐龙的模样。”时任北京师范大学信息科学与技术学院院长周明全如是说，无论是可移动还是不可移动的文物，都可以数字化展现，如钟鼓楼、大小雁塔，形状、环境皆可复原，非物质文化遗产同样也可被数字化后记录下来。

再以博物馆为例，在博物馆藏品数字化领域，静态平面数字技术、静态立体数字技术、动态平面数字技术、动态空间数字技术（包括虚拟现实技术和三维动画技术）等目前均得到了广泛应用。随着互联网的发展，各大博物馆纷纷向虚拟博物馆进军，以扩大观众人群，增强观展体验。

2004 年法国罗浮宫把 3.5 万件馆藏和超过 13 万件库藏作品放在网站上，提供 3D 虚拟参观服务。运营 9 年来，上网逛罗浮宫的观众已与去巴黎实地参观罗浮宫的观众数量相当。2011 年，美国耶鲁大学公开了该校博物馆收藏的 25 万个艺术品图像；美国梅尼尔收藏博物馆与惠特尼美国艺术博物馆、哈佛大学艺术博物馆合作，对艺术家档案进行数字化并公开。英国广播公司则与英国图像目录基金会合作，推出了网上艺术博物馆，展示全英 21 万张油画、丙烯画和蛋彩画。

近年来国内博物馆也纷纷试水数字化技术，北京、甘肃、西藏等地的各大博物馆和研究机构采用数字化技术完成对部分文物的信息采集、管理等工作，并开始尝试开设一些游客数字化参观体验项目。

借鉴文物保护和虚拟博物馆的成功经验，我们不难看出，从对宗教艺术品的保护、研究到展示、流通，数字技术都有广阔的利用空间。有了高清数字图像和立体模型，宗教艺术品将得到一定程度的保护，最大限度延缓宗教艺术品的磨损、退化进程。

此外，宗教艺术品是宗教内涵、艺术价值、历史文物价值的全面体现，除艺术品本身外，记录宗教艺术品相关影像的视音频资料尤其是记录宗教艺术品制作工序、制作重要宗教艺术品之前举行的宗教仪式等的视音频资料，对于宗教的内涵、演绎、传承和研究都有着十分重要的意义，数字技术将使这些影像资料得到永久保存和科学管理。

三、数字化与宗教艺术品产业

数字化技术对宗教艺术品产业将产生哪些积极影响？笔者看来，近在眼前的便有以下几个方面。

1. 扩大传播范围，增加传播途径

在很长一段时间内，宗教艺术品的传播途径以信众之间的相互告知、艺术品交流互补、结缘书籍、展览、拍卖会等为主。至于宗教艺术品的海外传播，则很大程度上依赖民间宗教团体的往来、拍卖、洽购会等。无论是国内还是海外，宗教艺术品的流通范围和规模都有很大的提升空间。

宗教艺术品产业可以充分借鉴法国罗浮宫、上海数字博物馆等的数字化经验，广泛开展各种形式的网络展览，或与实地展馆联合进行网上展出。展出方不必担心展览场地与容量、安全保卫等问题，参展商不必担心热门展会预定不上展位、参加异地展会消耗大量人力物力、展会展出时间有限等问题，宗教艺术品爱好者和专业的观众可以坐在电脑前轻松欣赏展品，并能够全方位地对展品进行详细了解，对于实地观展无法尽情欣赏的细节之处也能一一品味。

2. 提升市场化程度

在中国的古玩市场中，佛教艺术几乎渗透传统文化的方方面面。木器玉雕、石刻铜器、字画古籍到处都记录着宗教文化的发展踪迹。那些历尽沧桑的寺庙、石刻壁画，甚至是反映宗教文化的各种材质器物上都是古人留下的艺术瑰宝，深入中国文化意识的各个领域。2005 年前，一件好的佛像 3 万—5 万元；如今，一件明代永乐官款的佛像在 150 万元以上。尽管如此，与国外相比，国内佛像成交价还是明显偏低，相差很大。例如，翰海 2004 年专场的成交纪录最高的也不过 300 多万元，而在海外 600 万—700

万元甚至上千万元的成交纪录也不鲜见。

鉴于此，提升国内宗教艺术品产业市场化程度，建立完整的市场链条，对于实现宗教艺术品产业化发展具有重要的作用。以在线竞拍为例，当在线竞拍用户心仪某件拍品时，可以第一时间通过搜索引擎了解拍品的相关数据，如年代、等级、历史背景等，再通过图片或 3D 模型观察拍品的颜色、品相等各类细节。由于整个过程都是自己主动地结合数据进行思考，因此通常会给拍品一个相对理性的价格区间。在此基础上，竞拍者还可以同时搜索到国外同类拍品的竞拍情况、收藏价值、市场价值等，使整个竞拍活动更加自如，市场良性运行。

提升宗教艺术品产业市场化程度，还应着眼于建立艺术品交易中心，以及宗教艺术品的评估、鉴定、数字化、保险、拍卖、网上交易、艺术品收藏，形成良性产业链。

此外，针对宗教艺术品周边的产品，如珍贵视音频资料等的交易，都不失为产业化发展的良策。

这一切的实现，是以宗教艺术品的普遍数字化为前提的。

3. 促成交易方式多样化

以近年来势头强劲的佛像艺术品来说，精美的佛像不仅具有宗教意义，还是颇具收藏价值的艺术品。从 20 世纪 80 年代开始，佛教造像尤其是鎏金铜佛像逐渐引起国际收藏界的重视，这几年更是在国内外受到广泛青睐。2004 年起，中国嘉德、北京翰海、天津文物等拍卖公司分别举办了佛像艺术品专场拍卖或集中大量拍卖，都取得了令人瞩目的好成绩。

在电子商务飞速发展的时代，在淘宝、天猫以“双十一购物节”席卷国人钱包甚至影响到大洋彼岸的美国都开始出现“双十一”购物折扣的今天，依靠拍卖会途径成交的宗教艺术品虽然屡创拍卖纪录，然而方式略显单薄，影响力和辐射力远远不够。

大力发展宗教艺术品网络交易平台建设，打造开放、便捷的交易平台，实现多种形式的交易，对于扩大市场、吸引新的投资收藏者将起到积极的作用，而这些预期得以实现，都是以宗教艺术品数字化为前提的。

附　　录

附录一　“中国宗教艺术遗产调查与数字化保存整理研究”项目小型研讨会发言纪要①

会议时间：2012 年 1 月 12 日

会议地点：中山大学马丁堂一楼中厅

主持人：邓启耀

与会人员：

袁旭阳（中山大学社会科学处副处长）

项目子课题负责人：

周凯模（星海音乐学院）、康保成（中山大学中国非物质文化遗产研究中心）、付常青（中山大学全媒体研究院媒介人类学研究中心）、王建新（中山大学社会学与人类学学院）、肖海明（广东省博物馆）

项目成员和邀请专家：

广东省博物馆：黄青松、郭舒琳、刘谷子

中山大学全媒体研究院媒介人类学研究中心：陈恺杰、辛宇麟

中山大学传播与设计学院：冯原、刘琛、梁广寒、曾繁旭、龚彦方、熊迅、苏芸、黎黎

华南农业大学艺术学院、人文学院：魏乐平、杨正雄、王宇丰

---

① 根据录音整理，部分来自项目通信。

仲恺农学院：牛加明

深圳职业技术学院：杜洁莉

湖南吉首大学美术学院：周亚辉

中山大学人类学系、中文系研究生：甘政、王晓青、欧丁、陈大卫、秦志敏等

香港中文大学、云南省社会科学院楚雄彝族文化研究院、云南红河学院、湖南怀化学院、青海民族研究院和年都乎寺、云南巍山巍宝山道观等相关机构和项目成员、合作者通过网络、电话或面谈等方式沟通了意见。

邓启耀：（首先就课题的设计、前期考察和学术准备、价值和意义、投标答辩、工作计划、学校给予的配套支持，以及与部分示范点相关机构和人士沟通的情况，向与会专家和项目组成员作了全面介绍，对于评审专家提出的建议，也作了如实汇报）这个项目，需要对大量以宗教艺术形式出现的物质和非物质文化遗产，进行调查和多媒体数字化保存整理，研究对象包括建筑、雕刻、绘画、书法、工艺、音乐、舞蹈、戏剧和文物珍品，以及一些宗教信仰占人口较大比例的族群（如佛教与藏族、傣族，道教与瑶族，基督教天主教与苗族、怒族、傈僳族、拉祜族，伊斯兰教与回族、维吾尔族等），是一个跨学科研究项目。也就是说，除了常规的人类学民俗学田野考察和宗教学历史学文献研究，还需要艺术学、传播学及多媒体手段的介入。由于本项目涉及面广，触及宗教、民族和文物的几个敏感地带，困难度与复杂度较大，希望借助过去有前期调查和人脉关系的基础，采取点面结合的方式，进行结构性布局。一方面，对我们过去 30 多年的调查，要借此机会做一个全面梳理，厘清大致的知识谱系和学术脉络，绘制宗教艺术遗产的文化地图；另一方面，重点抓住几个已经有一定基础的点，开展较为深入和全面的研究，作出类似艺术志或专题研究的成果，并用多媒体数字化手段呈现，形成有显示度和推广范本意义的示范点，如青海藏传佛教及其热贡艺术、云南巍山的巍宝山道教艺术、广东古村落和宗祠艺术等。同时积极拓展，寻找更多更合适的田野点，挖掘研究深度。根据初步

联系，云南省社会科学院楚雄彝族文化研究院、青海民族研究院、广东佛山市城乡发展规划展览馆，以及青海年都乎寺的住持、云南巍宝山的道长等都表示全力支持，这对于项目的开展，是个好的开头。

康宝成：建设数据库至关重要，应选取与宗教有关系的艺术，设点逐个扎实研究，如以江西的傩戏、福建或海南的木偶、陕西或河北的目连戏皮影等为代表的个案研究。属于非物质文化遗产的点，每个点逐个突破，形成一套既有文字，又有图片和视频的系列研究。其中有些点须进行扎实的田野调查，并进行相关文献搜集，包括碑刻、各种地方志和各种口述资料。

周凯模：当代其实也很重要，过去了就成了历史，现在正缺乏一种对当代的记录。

王建新：项目实施有难度，应结合课题组成员研究的积累，设立重点研究，如道教，最初的发源地在四川，而云南属于蜀道，可以抓几个点来做。关于汉传佛教、南方民间宗教信仰研究，如南海神庙、广东祖庙，建议按点深入挖掘并合并同类项，以点带面。

我自身的研究兴趣主要在三条线索上：一是西北走廊——从甘肃东部到新疆西部；二是从内蒙古、宁夏到横断山脉；三是从云贵高原到粤东一线。这三条线主要关注民族宗教文化，但在研究民族宗教艺术方面力度还有不足。此三条线上的历史互动非常密切，其中更有很多宗教文化，包括音乐、服饰和建筑。

就方法论而言，在各民族宗教文化互动和融合大前提下，宗教民族志研究应如何开展，希望讨论宗教人类学与艺术人类学接轨的可能性，希望每年能够为此课题向核心刊物贡献一篇文章。

肖海明：国家文物局即将推进全国全部馆藏文物数字化的工作，广东省宗教文化文物数字化工作也早已开展。目前由专门的数字信息中心负责数字化工作，已取得一定成果。就文物局在人力、技术和调查方法等方面与本课题合作的可能性分析，建议应深入细化选点的工作，充分认识到项目的复杂性和经费需求。

黄青松：我们的数字化工程已通过专家验收，除馆藏管理系统外，还另搭建两个数据库，一是物质文化遗产数据库，二是非物质文化遗产数据库，已可以实现在即时地图上标注全省国宝数据，同时配套若干业务辅助系统。这一整套数据库作为国家知识库工程建设，目前都在作初级数据收集的工作，层次平台已搭建。

周凯模：我的研究兴趣是民族音乐学，从云南到岭南，从肢体语言转移到民间信仰和传统仪式音乐等，关注宗教仪式方面的音声研究。本课题的宗旨主题宏大而放眼长远，但限于课题完成时间，第一期工程实际选点要根据现有的人力、物力选取经典的有代表性的田野点。在道教音乐（武当山、青城山、香港弘一仙观和黄龙观）、佛教音乐（岭南佛寺、河南相国寺）、基督/天主教音乐（香港教会、广州教会、少数民族地区音乐）等都可找到典型示范点，可关注全球化和世俗化如何影响宗教音乐发展、民间宗教仪式音乐地区流变、少数民族信仰西方宗教等问题。其他可能的新研究现象，如岭南天主教团体传教过程中对宗教音乐的再创造。

冯原：本课题特色在于以人类学研究角度（理论、方法和研究）、关注宗教艺术的眼光并以数字化手段呈现成品（超媒体数据平台）供使用者自主取用。限于课题经费，建议课题改名“示范研究”并采取典型取样的方法，样本应至少能够呈现包括空间地理版图结构、项目内容结构、宗教类别结构在内的结构，足以反映文化类型。这可以做类似地铁线路规划，设计取样“站点”。超媒体数据平台权限应开放，允许不断补充内容，可由各地研究者自主输入数据；在有限的时间和经费下，课题应至少设计好数据库的框架内容，如空间、年代、宗教类别、艺术门类等。

付长青：我们在全国已有多个示范点数据。以敦煌为例，我们已与敦煌签订 60 个特窟录入高精度（超过原尺寸 20 倍）影像数据采集协议，影像测量效果好，效率高。手头已有 16 个地方的数字化资料，因此技术上呈现数字化全景虚拟漫游不成问题。我们已作了大部分全景扫描，前期数据已获得。我们刚完成了南海神庙，接着再进行一个古村落的扫描。但虚拟漫游的地图等数据包中我们做得较多的是关于佛教的，道教的基本没有涉及。目前，课题需建立超媒体数据平台，这种数据平台将颠覆以往存档的任何方式。文物数据化有两个目的：一是存档；二是测量（包括厚度、结构的测量，我们测量已精确到微米）。强调数字化虚拟漫游的效果是本课题可主攻的研究方向。虚拟漫游旨在“打破”博物馆围墙，通过高精度低误差率的影像测量和三维数据效果实现文物的数字化保存。应注意数据录入和浏览时的级别权限管理、文物保密协议等问题。

邓启耀：佛教和道教的庙宇其实可各选一两个点，研究生必须做扎实的田野调查，而其中在点的进入上最难的是最前期调查以及与当地的人脉关系的处理上。

冯原：数据平台确实应从示范样本入手，提供范式。应首先使用能够反映文化类型的典型示范样本，并在示范样本数据录入的过程中关注宗教艺术在空间地理结构和分布结构上如何呈现。

周凯模：选点和精选示范点是第一要务，应整合参会者资源和技能长处，做好研究结构设计，精选几处宗教艺术（视听艺术）的典型。示范点的精选要用一种结构展示出来。下一期碰头会应讨论敲定哪些能够作为涵盖各方面的示范点，结合结构讨论可行性，逐步深入。

曾繁旭：非常感谢邀请我参会，非常受启发！这些天我一直在思考如何从传播学角度参与到课题当中。从传播的角度看，宗教艺术在新媒体时代的“流行”与“变迁”，其实也是“数字化保存”的一种形态，它是宗教艺术自我再生产的过程。事实上有很多信徒和文化人都参与到这样一个传播链条当中，原来的经典宗教艺术就带有了草根化、世俗化的色彩，某些“电子宗教仪式”“电子宗教艺术”正在流行，这与原来的宗教艺术可能构成了一种互文关系。我们可以用“网络民族志”的方式，回应这个传播过程中的一系列问题，如其传播的形式、平台、主体及其对经典宗教艺术的影响等。我可能参与的研究方向如下：传统宗教艺术在新媒体（社交网络等）上如何与“人”发生联系，如何“流行化”“大众化”，传统的传播过程如何发展变异。

梁广寒：我可能的研究方向是全球化现代化背景下传统宗教文化如何传承，此种传承是否可借助新媒体整合体验研究成果进行设计，并采取更吸引人的体验方式，如全景全场域模拟的视觉体验式电脑游戏可以吸引玩家进入虚拟“仪式”并进行了解；在数字化成果之外，文本整合研究也应同期进行；以传播学视角观察在网络新媒体（豆瓣等社交网络）上，大众对传统宗教艺术的再生发与再创造。出于课题的研究取向和保存需要，对元数据的标准规范如何设计应有要求。

龚彦方：可能的研究方向是宗教艺术传承和宗教仪式开展的经济成本（人力物力）调查。

魏乐平：应讨论在这个数字化宗教艺术的课题中，宗教艺术的历时性要如何体现。研究中的时间问题有两方面：一是宗教庙宇形成的时间；二是调查者的时间（如 30 年前拍到的与 30 年后的会形成一种对比）。

邓启耀：课题既需要研究历史上宗教艺术如何发展传播，也要求我们研究者在整理录入影音数据时应注意尽可能地收集（短期内）不同年份的宗教艺术仪式影像资料进行比较研究。

熊迅：是否应对数字化宗教艺术研究手段和相关人类学研究理论等进行一些必要的培训普及，同时也能让参与者意识到使用此种研究方法有何好处和局限性。在数字化宗教仪式和艺术的过程中，空间如何界定与体现？一方面，宗教空间地理分布的问题毋庸置疑；另一方面，如在一个微观的村庄内部，庙宇的内部空间、游神的路线等空间信息，如何在影像数字化的过程中合理呈现出来并能够进行有效的不失偏颇的解读？这是值得注意的。

刘琛：课题作为信息视觉化的工作，在数字化理论与人类学理论间的桥梁如何架构。可能的研究方向是以用户受众为导向的宗教艺术传承传播研究应如何开展。

杨正雄：“中国宗教艺术遗产调查”和“数字化保存整理”两部分要

衔接好，一定要沟通协调，如果我们下去做田野，不能各做各的，要清楚保存整理的技术要求。还有数据收集与后期整理如何整合进行，也需要统筹考虑。

王宇丰：宗教艺术是宗教情感的具象化表现，那么在数字化宗教艺术过程中，某些特定的宗教情感如何纳入研究范畴中去。我个人比较感兴趣的是关于建筑的装饰或植物纹饰，佛教中的莲花、菩提、旃檀、贝叶棕；彝族的马缨花、苦荞；陶瓷上的据说有宗教渊源的忍冬纹；等等。

杜洁莉：该课题中似乎没有涉及宗教书法艺术部分，我觉得这部分非常必要。此次在岭南民间访谈，发现不少寺庙的牌匾在“文化大革命”期间遭受破坏，寺庙牌匾与其他一些宗教文字的书写背景、书写人、文字内涵，以及牌匾的破坏、重修过程、保存现状应该是个不错的话题。因为我自小习学书法，对书法艺术兴趣较浓，我想从这里着手，搜集些许资料，归结宗教书法艺术的特点，分析在不同时代背景中，由于政治、经济、文化思潮等影响，文字的变迁情况以及所反映的时代精神内核。

周亚辉：我现在工作单位所在的地区是湘西土家族苗族自治州，我工作的美术学院在张家界校区。土家族和苗族是湘西地区的主体民族，在张家界市的桑植县还有白族。就我目前所了解的情况，湘西地区的宗教舞蹈、宗教音乐和宗教戏剧方面所能见到的资料相对来说多一些，但大多是一些基础性的研究，没有找到数字化保存整理研究相关的文献。以前我们也申报过湖南省的社科基金项目，是关于湘西民间艺术的数字化传承方面的，因为我们单位有数字媒体艺术专业，实验室也在不断完善中，所以我们就从这个角度申报了，但是连续几年都没有获得立项。

土家族原始宗教艺术一个非常重要的载体就是“梯玛文化”，“梯玛”是土家语，汉语即“敬神的人们”，俗称土老司。“改土归流”以前，梯玛在族内享有族权和神权。后来虽权神分离，由于土家族只有语言而没有文字，梯玛大多都是当地的能人或文化人，他们通晓天干地支、阴阳五行，有的还精通医术，熟悉历法，对地产风物、民族历史等也比较在行。因此梯玛就成了本民族文化的主要教育者和传承者。在他们身上几乎集中体现了土家民间艺术中的“吹、打、演、唱、跳、摆、做、讲、画、织”等所有的传统项目，所以他们又是“楚巫”遗风的主要体现点，有土家文化“活化石”之称。

宗教戏剧里面的傩戏，湘西地区的泸溪县是一个比较有代表性的地区。我去泸溪做过一段时间的田野调查，因为主要是去做踏虎锉花，所以对傩戏没有深入调查，只是做了一些基本的访谈，拍了一些傩面具的照片。另外，湘西自治州北部的永顺县有比较传统的宗教舞蹈，如摆手舞、毛古斯。永顺县大坝乡有一个双凤村，双凤村是土家族摆手舞之乡，最能代表土家族建筑艺术特色的建筑也在永顺县，而这些特别的木结构房屋又集中在双凤村。

邓启耀：马上就放假了，大家可以根据项目要求并结合自己的情况，开始进入田野考察。项目经费暂时没有到位，但时间不等人，春节期间各地都会有许多庙会和祭祀活动，将有不少宗教艺术呈现，所以，请各位抓住机会，开始调查。

按照项目要求，希望能够每年发表一批论文，项目结束时力争编撰一套“中国宗教艺术丛书”（条件许可的则附录音录像光碟），拍摄一套“中国宗教艺术影像志”；力争积极采用新技术如全景扫描、虚拟建模等多媒体技术，建立超媒体数字传播平台，开放数据库，录入包括文字影像音乐等在内一系列数据，最终成果应该为国家、学校、项目参与者和资源地所共享。

附录二 “中国宗教艺术遗产调查与数字化保存整理研究”项目两次获全国社科规划办滚动资助

据全国哲学社会科学规划办公室社科规划办通字2013（44）号《关于国家社科基金重大项目滚动资助的通知》，中山大学社会学与人类学学院、传播与设计学院邓启耀教授承担的“中国宗教艺术遗产调查与数字化保存整理研究”（11&ZD185），经过专家评估，给予滚动资助30万元。第二次中期（2015年）检查后，项目再获滚动资助70万元。项目组及媒介人类学研究中心多媒体影像文献库建设初见成效。

一、影像拍摄

目前，项目组已经完成数十小时DV磁带视频资料的数字化采集和场记整理，剪辑视频作品如下：邓启耀调查拍摄的道教仪式及其宗教艺术《气的舞蹈》《长春洞早课》《空山箫笛》《金兰结拜》，民间信仰艺术《古桥老庙打歌》《葬礼洞经》《彝族祭城隍》；赫振伟调查拍摄的《过关仪式》等影视民族志作品。子课题负责人周凯模团队拍摄广东梅州地区《西河镇上北塘村张府“老屋转火”仪式》《镇葵坑村李府“老屋转火”仪式》《光德镇九社村李氏祠堂“祠堂落成庆典”仪式》《枫郎镇和村郑氏祠堂“接新灯、婚灯”仪式》《大东镇花萼楼“迎神（花萼楼观音娘娘）祈福”仪式》《西河镇大靖村“迎白马祈福”仪式》《西河镇东塘村“化白马”仪式》《三河汇东村“迎财神”仪式》《三河老街“迎财神”仪式》《刘氏祠堂“祭祖”仪式》，以及广东潮汕地区民间节祭活动“英歌舞”“拜老爷”“燃灯会”等素材（数字化音像采集约 4 000 多分钟，数字化摄影 6 000 余幅）。

项目组其他成员，如拉马文才、杜新燕、王晓青等也分别对自己调查对象进行静态影像拍摄和录音，有条件的拍摄了录像。

二、文献资料收集整理

项目组完成近千幅民间仪式用木刻灵像“纸马”的装裱，并进行了扫描和数字化归档工作；完成数万幅民族服饰图片的整理，筛选出其中具有宗教象征意味的图片几百幅，拟用于邓启耀主编的大型图文套书“中国民族服饰全集”中的“象征卷”（国家“十一五”重点出版计划）。

三、多媒体影像文献库

广州市历史乡村保护与发展协会执行秘书长、媒介人类学研究中心特聘研究员何绍光先生赠送邓启耀个人 2 000 多部纪录片拷贝及相应文献资料，作为其影视人类学教学和研究之用。这批影像文献现藏于中山大学媒介人类学研究中心多媒体影像文献库，经传播与设计学院和社会学与人类学学院志愿者整理编目后，可提供相关研究和教学人员内部观摩。

四、“中国宗教艺术遗产调查数字化平台”初建成功

经子项目负责人、中山大学软件学院孙伟教授牵头的团队半年的努力，“中国宗教艺术遗产调查与数字化保存整理研究”数字化平台初建成功。该平台基本实现了项目设计的多媒体存储、多界面呈现、多路径进入的要求。在创建过程中，课题组成员、传播与设计学院讲师熊迅负责申购相关设备，积极组织学生设计界面，上传资料，也做了不少工作。

目前，数字化平台在广州汉阈数据处理技术有限公司和广州万格软件技术有限公司支持下，正在进行最后的设置。

附录三　“中国宗教艺术遗产调查与数字化保存整理研究”阶段成果报告会暨首届媒介人类学论坛在中山大学举办

国家社科基金重大项目“中国宗教艺术遗产调查与数字化保存整理研究”自立项以来，已经开展了近两年的工作。为了回顾近两年来的工作情况，由中山大学传播与设计学院和中山大学社会学与人类学学院主办，中山大学媒介人类学研究中心和中山大学中国公益慈善研究院承办的“国家社科重大项目‘中国宗教艺术遗产调查与数字化保存整理研究’阶段成果报告会暨首届媒介人类学论坛”，2013年12月5日在中山大学举办。论坛主题是“中国宗教艺术遗产调查与数字化保存整理研究”阶段成果报告，媒介人类学理论与方法；议题是中国宗教艺术遗产调查问题的理论探讨，中国宗教艺术遗产调查数字化保存整理的方法和技术实现，媒介人类学与当代社会，社会文化转型中的媒介转型，人类学田野考察与数字技术合作支持社区的公益行为，数字、传媒与文化保育，新媒体与新人类等。报告会和论坛邀请人类学、民俗学、宗教学、传播学、艺术学和文化研究领域的同行和项目成员60余人参会，为“中国宗教艺术遗产调查与数字化保存整理研究”阶段成果把脉。论坛收到论文30多篇，主要为中国宗教艺术遗产调查研究、数字化技术及其应用和关于媒介人类学理论与方法的探讨。来自中山大学社会学与人类学学院、传播与设计学院、软件学院，中国公益慈善研究院，非物质文化遗产研究中心，星海音乐学院，广州美术学院，华南农业大学艺术学院，广东省仲恺农学院，深圳职业技术学院，肇庆学院，北京航空航天大学新媒体艺术与设计学院，浙江大学新闻学院，澳门大学社会学系，赣南师范学院客家研究院，甘肃炳灵寺石窟研究所，甘肃麦积山石窟艺术研究所，湖南怀化学院湖南省非物质文化研究基地，湖南吉首大学艺术学院，天津大学冯骥才文学艺术研究院，云南大学新闻系传播与民族文化研究所，云南省社会科学院民族学研究所，云南省文山壮族苗族自治州民间文艺家协会，广东省博物馆，广东省民间工艺博物馆，广东省民族与宗教研究院，南方传媒研究院，贵阳苗疆故事民族服饰博物馆，以及台湾长河艺术博物馆、东方文化遗址保护联盟的项目成员和媒介人类学研究学者共聚一堂，探讨中国宗教艺术遗产调查与数字化保存整理研究和媒介人类学学科建设的问题。同时，我们还邀请美国艾美奖多次得主、媒体风暴执行制片人和创始人布莱恩·斯多姆，德国欧亚艺术联盟秘书长陈澄声，普利策危机报道中心创始人约翰·索耶尔等，带来国外的经验。广州历史乡村保护和发展协会、中山大学人类学系新媒体实验室、亚洲协会美中关系中心也为论坛作出了贡献。

这个论坛举办于中山大学传播与设计学院建院 10 周年之际，是为献礼，亦作为对中山大学包容、务实精神和传播与设计学院跨学科建设的一个认同。

附录四　本项目创立“宗教艺术遗产”微信公众号

微信平台“宗教艺术遗产”，是国家社科基金重大项目“中国宗教艺术遗产调查与数字化保存整理研究”考察和研究成果的展示与传播平台之一，由广州著名微信平台营运商朱觉敏先生无偿提供相关支持。

微信平台于2015年10月29日开始发布项目相关信息。

微信号：zgysyc

后　记

认识到新的媒介在人类学中的重要性，1964 年第七届国际人类学与民族学大会（芝加哥）通过了《关于影视人类学的决议》："电影、录音带和录像带在今天已是一种不可缺少的科学资料的源泉。……他们能将我们正在变化着的生活方式的种种特征保存下来，留传给后世。我们所处的时代不只是一个变化的时代，而且是同一性增强而文化大量消失的时代。为了纠正这一过程可能导致的人类的短视行为，按现存的多样性和丰富性记录人类遗产就非常必要。"

自 19 世纪摄影机、电影机等新的书写媒介和传播工具出现以后，人类文化书写和传播的历史就发生了划时代的改变。进入 21 世纪，以互联网、移动通信工具等为代表的新媒体正加速推进整个世界的技术、社会和文化的急剧变迁，人们的认知模式和生活方式迅速改变，知识的生产、流通和传播量发生巨大膨胀。

新媒体的出现使国家治理方式发生变革，网民得以更广泛地参与社会舆论的建构甚至影响政府的决策；新媒体成为民众的重要的交往平台和休闲资源，数以亿计的人在使用博客、微博、微信等传播新闻和交流信息，网络游戏、Flash 动漫等成为今天年轻人最重要的休闲方式，并对他们的生活和成长发生重要的影响；"虚拟"世界甚至极大地影响了现实世界，新媒体所产生的人聚效应给很多普通人带来了商机，带来经济市场的变化。

"中国宗教艺术遗产调查与数字化保存整理研究"是中山大学近年所获国家社科基金重大项目之一，与此相关的新兴交叉学科媒介人类学近十余年来在哈佛、麻省理工起步，是人类学、传播学和新媒体研究等新的学科增长点。

过去因意识形态原因，长期对宗教问题采取不恰当的政策。改革开放后国家能够把中国宗教艺术遗产调查纳入社科基金支持的重大项目进行立项研究，是尊重传统文化遗产、有利于国家文化建设的明智举措。项目组在调查中亲眼看见中国传统文化的博大精深，看到宝藏遍地，进行全面调查十分必要；调查中也发现不少急需解决的问题，许多具有重要文化价值、学术价值和艺术价值的东西既缺基本整理，更乏深度研究。项目组希望通过项目研究，为保护这一珍贵的文化遗产作出应有贡献。

在调查和学习过程中，看到许多人默默耕耘，有很多成果。如果有一个开放的学术交流平台，能够打破地方、门派、学科、单位等区隔，让学者和公众都能参与，对于学术和社会都应该是件好事。我们希望通过项目的数字化平台，为这个目标的实现搭一个桥。

国家社科基金重大项目的品牌效应，为团结人才、整合资源，实现上述目标起到重要作用。项目组全体成员希望通过扎扎实实的工作，以开放的心态，兼容众长，使项目进一步延展和深化。更重要的是，这个项目属于跨学科研究项目，为人类学、宗教学、艺术学和传播学交叉研究的课题，如何以国家社科基金重大项目为助力，促进学科创新建设，一直是项目组关注的问题。

近两年的项目工作，我们得到学校和各地研究机构、调查地的大力支持。项目立项后，即获得学校配套专项调研经费 30 万元（每年 10 万），用于与项目相关的研究生调研，同时增加博士生招收名额，大大增强了项目组的有生力量。根据项目要求，结合个人条件，项目首席专家和子项目负责人指导的研究生、本科生已经全部进入项目研究，并以此为题进行学位论文或学年论文的调查研究。本文集的许多成果，即来自于此。

国家社科基金重大项目的品牌效应，使项目组较顺利地与相关机构建立项目共建和资源共享关系。我们与甘肃炳灵寺文物保护研究所签订了资源互补协议，获得炳灵寺 10 个特窟数据版权应用权；与广东民间工艺博物馆签订了合作调研协议，开放博物馆馆藏文物，对与民间信仰相关的民间工艺进行调查；与浙江大学汉藏佛教研究中心签署合作研究协议；与云南、河南、江西、青海、四川、广东、湖北等相关调查点建立了很好关系。项目组拟采用滚雪球方式，与更多的合作者共建“中国宗教艺术遗产调查与数字化保存整理研究”项目数字化平台，扩大社会影响，共享研究成果。

鉴于本项目覆盖范围较大而经费有限，项目组采用借力延伸的办法，通过争取横向合作项目，支持国家项目的延伸。在完成项目原定任务的同时，我们还与佛山市城乡规划展览馆、东莞市博物馆、广州番禺沙湾古镇、广州历史乡村保护与发展协会等建立了合作关系，争取到佛山、东莞、广州、顺德等关于古镇古村文化遗产保护方面的合作项目，进一步支持了项目组对相关庙宇、祠堂的调查研究工作，并在顺德举办了“顺德祠堂”摄影展览，初步落实了项目评审专家在评审意见中关于“选择不同地区、民族具有代表性的寺庙、名村等单位进行较全面调查”的建议。

特别需要感谢的是，项目的数字化采集得到了广州正度数据处理服务有限公司和广州汉阈数据处理技术有限公司的无私帮助；项目数字平台、微信平台的建设，得到了中山大学软件学院、广州汉阈数据处理技术有限公司、广州万格软件技术有限公司和广州著名微信平台营运商朱觉敏先生的全力支持。文集中的一些论文和工作报告，反映了部分的情况。

本文集只是项目组成果的很小一部分，项目组部分成员还在田野点调查，相信他们会带回更好的成果。

“中国宗教艺术遗产调查与数字化保存整理研究”项目

首席专家及文集主编

邓启耀

2018年12月